Andreas R. Batlogg SJ

Der evangelische Papst

Hält Franziskus, was er verspricht?

Kösel

Sollte diese Publikation Links auf Webseiten Dritter enthalten, so übernehmen wir für deren Inhalte keine Haftung, da wir uns diese nicht zu eigen machen, sondern lediglich auf deren Stand zum Zeitpunkt der Erstveröffentlichung verweisen.

MIX
Papier aus verantwortungsvollen Quellen
FSC® C014496

Verlagsgruppe Random House FSC® N001967

Umschlag: Weiss Werkstatt, München,
unter Verwendung eines Bildes von © dpa
Satz: Satzwerk Huber, Germering
Druck und Bindung: GGP Media GmbH, Pößneck
Printed in Germany
ISBN 978-3-466-37209-6
www.koesel.de

Dieses Buch ist auch als E-Book erhältlich.

Dem Wiener Erzbischof,
Christoph Kardinal Schönborn OP, gewidmet,
der mich vor fünfundzwanzig Jahren,
am 24. April 1993,
in der Konzilsgedächtniskirche Wien-Lainz
zum Priester geweiht hat

Inhaltsverzeichnis

Vorwort

Vor fünf Jahren: Am 13. März 2013 wurde der argentinische Jesuitenkardinal Jorge Mario Bergoglio vom »Ende der Welt« zum Papst gewählt. Eine riesige Überraschung! Der erste nichteuropäische Papst seit mehr als 1200 Jahren nach Gregor III. († 741). Zum ersten Mal ein Lateinamerikaner (mit italienischem Migrationshintergrund). Der erste Ordensmann seit 1831 (Gregor XVI. war Kamaldulenser und bei seiner Wahl zwar Kardinal, musste aber vor seiner Krönung erst zum Bischof geweiht werden). Zum ersten Mal zudem ein Jesuit. Und zum ersten Mal ein Papst, der sich Franziskus nannte. Der Name steht für ein Programm! Und der neue Bischof von Rom setzt es um, wie zu sehen ist, in vielen kleinen, aber auch größeren, spektakulären Schritten.

Franziskus hat immense Erwartungen geweckt: durch sein bescheidenes Auftreten; durch den ostentativen Verzicht auf Machtinsignien; durch prägnante Ansprachen und Predigten mit Vergleichen und Metaphern, die auf deutschsprachige Ohren manchmal zu direkt, zu salopp, zu derb oder untheologisch wirken können; durch seine Veröffentlichungen und Interviews; durch das von ihm ausgerufene Außerordentliche Heilige »Jahr der Barmherzigkeit« (2015/16); durch den Kardinalsrat (K8/K9), der, vier Wochen nach der Wahl eingerichtet, Möglichkeiten der Reform der Römischen Kurie ventiliert; durch Personalentscheidungen; durch ungewöhnliche Kardinals- und Bischofsernennungen …

Viele interessante Papst-Biografien sind in den letzten Jahren erschienen. Was jetzt noch bekannt wird, sind mehr oder weniger originelle Details, die einzelnen Weggefährten und Freunden abgerungen oder entlockt wurden oder die Menschen ausplaudern, um ihre eigene Biografie mit der von Jorge Mario Bergoglio SJ aufzupolieren.

Zum fünften Jahrestag seiner Wahl will dieses Buch Papst Franziskus würdigen und fragen, was sich in den vergangenen fünf Jahren verändert hat – und was uns möglicherweise erst noch bevorsteht. Vier Wörter sind in diesem Pontifikat wichtig, und sie erklären sich aus der Biografie Jorge Mario Bergoglios: Unterscheidung sowie Barmherzigkeit, Zärtlichkeit und Hoffnung. Auf sie kommt es an, wenn man diesen Papst verstehen will. Und in allem geht es, wie sein Apostolisches Schreiben über die Verkündigung des Evangeliums in der Welt von heute vom November 2013 lautet, um die »Freude des Evangeliums«.

Uwe Globisch, Leiter des Programmbereichs Religion und Gesellschaft im Kösel Verlag, München, hat dieses Buch angeregt. Ihm danke ich für die aufmerksame und professionelle Begleitung. Michael Sievernich SJ, der seit 1986 den Weg Jorge Mario Bergoglios verfolgt, machte auf viele wertvolle inhaltliche Hintergründe aufmerksam. Stilistische Hinweise gaben Karl Kern SJ und Dr. Astrid Schilling, die auch bei der Durchsicht der Druckfahnen geholfen hat. Ihnen allen sei herzlich gedankt!

München, 17. Dezember 2017,
81. Geburtstag von Papst Franziskus

Der Papst – evangelisch?

Evangelisch? Der Papst ist doch Katholik! Und er wird es auch bleiben, keine Sorge. Auch wenn er da und dort heimlich verdächtigt oder gar offen bezichtigt wird, die römisch-katholische Kirche zu »protestantisieren«. Was man eben einem Jesuiten so nachsagt, wenn einem die Argumente ausgehen. Der renommierte US-amerikanische Theologe Richard Gaillardez (Boston College) fragte – ironisierend: »Is the Pope a Catholic?«[1] Das Reformationsgedenkjahr 2017 musste auch dafür herhalten, Jorge Mario Bergoglio SJ als Martin Luther des 21. Jahrhunderts zu karikieren – einer, der wie seinerzeit der Wittenberger Mönch aneckt, provoziert und »Rom« die Leviten liest. Das tut Franziskus gewiss, auf seine Art und Weise, und viele wundern sich nach wie vor über seine manchmal brutal wirkende Direktheit. Aber der Papst ist durch und durch katholisch – und das heißt bekanntlich »allumfassend«.

Orientierung am Evangelium

Manche erinnert dieser Papst an den Konzilspapst Johannes XXIII. (1881–1963), der mittlerweile selig- (2000) und heiliggesprochen (2014) wurde. Andere denken, wenn sie Papst Franziskus erleben, schlicht an das Evangelium und seinen Hauptakteur: Jesus von Nazareth. Als Jesuit von den Exerzitien, den Geistlichen Übungen nach Ignatius von Loyola (1491–1556), geprägt und tief in der Meditation des Lebens Jesu verwurzelt, ist es dem Papst ein Anliegen, dass in der Kirche der Geist des Evangeliums aufleuchtet und in ihrem Handeln die Menschenfreundlichkeit Gottes zu spüren ist, wie sie im Umgang Jesu sichtbar und erlebbar wurde.

»Mit dem Brückenschlag zum Ursprung«, befindet Kurienkardinal Walter Kasper mit Blick auf Papst Franziskus, »ist er Brückenbauer in die Zukunft.«[2] Die Zukunft der Kirche hat mit dem Evangelium zu tun oder die Kirche hat keine Zukunft! Weil sie sonst nur um sich selbst kreist, auf die Bewahrung von Traditionen aus ist, aber den Anschluss ans Heute verpasst, an die Nöte und Sorgen der Menschen, an ihre tiefe Sehnsucht nach einem gelingenden Leben.

Es kommt nicht von ungefähr, dass Papst Franziskus sein erstes, ebenso programmatisches wie prophetisches Schreiben – das auch, aber nicht exklusiv auf die noch unter Papst Benedikt XVI. abgehaltene Weltbischofssynode vom Oktober 2012 reagiert und als »Programmschrift zur Kirchenreform« (Bernd Hagenkord SJ) verstanden werden kann – mit dem Titel »Evangelii gaudium« (EG) überschrieben hat. Der allererste Satz darin lautet: »Die Freude des Evangeliums erfüllt das Herz und das gesamte Leben derer, die Jesus begegnen.« Und von Anfang an lässt Franziskus keine Zweifel darüber aufkommen, worum es ihm in seinem Wirken als Bischof von Rom vordringlich geht: »Mit Jesus Christus kommt immer – und immer wieder – die Freude. In diesem Schreiben möchte ich mich an die Christgläubigen wenden, um sie zu einer neuen Etappe der Evangelisierung einzuladen, die von dieser Freude geprägt ist, und um Wege für den Lauf der Kirche in den kommenden Jahren aufzuzeigen.« (EG 1)

Kann es da wirklich überraschen, dass ein von der ignatianischen Spiritualität geprägter Jesuit, auch wenn ihn sein Lebensweg ins Bischofs- und, erstmals in der Kirchengeschichte, ins Papstamt führte, vor allem zu einem anstiften will: Jesus zu entdecken – um ihm dann zu begegnen, ihn kennenzulernen und als Erlöser und Heiland zu bekennen? Jesuitisch ausgedrückt, nun mit den Worten eines Papstes: »Ich lade jeden Christen ein, gleich an welchem Ort und in welcher Lage er sich befindet, noch heute seine persönliche Begegnung mit Jesus Christus zu erneuern oder zumindest den Entschluss zu fassen, sich von ihm finden zu lassen, ihn jeden Tag ohne Unterlass zu suchen.« (EG 3)

Für Christen anderer Konfessionen fruchtbar

Ein evangelischer Papst! Dieses Prädikat ist natürlich doppeldeutig: Wen kann da verwundern, dass der Ratsvorsitzende der Evangelischen Kirche in Deutschland (EKD), der bayerische Landesbischof Heinrich Bedford-Strohm, der bereits mehrere Papst-Audienzen hinter sich hat, von Franziskus beeindruckt ist, ja sogar von ihm schwärmt – was manchen seiner Glaubensgenossen gar nicht recht ist? Vor seiner ersten Begegnung meinte er in einem Interview: »Diesem Papst Franziskus fühle ich mich verbunden. Als er gewählt wurde und ich seinen Namen als Papst hörte, habe ich einen innerlichen Luftsprung gemacht.«[3] Und im Umfeld einer Audienz für eine Abordnung der Evangelischen Kirche in Deutschland am 6. Februar 2017, bei der auch der Vorsitzende der Deutschen Bischofskonferenz, Kardinal Reinhard Marx, dabei war, meinte Bedford-Strohm: »Dass ein Mensch wie Papst Franziskus weltweit große Aufmerksamkeit genießt, kann auch für Christen anderer Konfessionen fruchtbar sein.«

Damit löste Bedford-Strohm eine Debatte darüber aus, ob es vorstellbar sei, dass der Papst so etwas wie der »Ehrenvorsitzende« der Protestanten werden könne. Die Schlagzeile einer Tageszeitung lautete: »Wird der Papst evangelisch?« In einer Predigt zur Evangelien-Perikope Lukas 5,1–11 im Rahmen eines Bachkantaten-Zyklus aus Anlass des Reformationsgedenkjahres in der Münchner Jesuitenkirche St. Michael nannte Bedford-Strohm am 16. Juli 2017 einen Grund, warum er diesen am Evangelium orientierten und das Evangelium ständig bemühenden Papst viel abgewinnen kann: »Es ist kein Zufall, dass Papst Franziskus weltweit so viele Herzen gewinnt. Nicht weil er von Demut, Bescheidenheit, Liebe und Barmherzigkeit spricht, sondern weil er sie für alle Welt sichtbar selbst lebt. Duschen für Obdachlose schafft, Gefangenen die Füße wäscht und Flüchtlinge aufnimmt. In alledem ist Papst Franziskus auch für mich ein wahrhafter Nachfolger des Petrus, dem Jesus in der Geschichte vom Fischfang den Auftrag zur Nachfolge in der Liebe gegeben hat.«[4] Nicht im Manuskript stand ein Satz, der an diesem Nachmittag auch fiel: »So ein Papst ist auch mein Papst!«

Zweifellos ist das Evangelium der beste Ausgangspunkt, von dem aus ökumenische Anliegen und theologische Problem-, ja »Minenfelder« angegangen werden oder neue Impulse erhalten können, um aus theologischen Grabenkämpfen herauszukommen. Aus orthodoxer Sicht hatte – vier Jahre vor Bedford-Strohm bereits, am Anfang des Pontifikats von Papst Franziskus –, der in Graz lehrende orthodoxe Theologe Grigorios Larzentzakis festgehalten: »Von orthodoxer Seite aus kann es ohne Weiteres innerhalb dieser Gemeinschaft von Schwesterkirchen auch einen Ersten geben, einen *primus inter pares*, den Bischof und Papst von Rom. Dieser Primus, der Erste der Gesamtkirche, der Bischof und Papst von Rom, hätte also in einer vereinten Kirche nicht nur einen bloßen Ehrenprimat, sondern konkrete Pflichten und Aufgaben, ja auch Rechte im Dienste der Gesamtkirche: das Initiativrecht, das Einberufungsrecht, das Vorsitzrecht, das Koordinationsrecht usw. oder was auch immer in der heutigen Zeit wichtig und notwendig für die Gesamtkirche und für das Heil aller Menschen gemeinsam vereinbart wird.«[5]

Das Leben ist größer als Erklärungen und Deutungen

Dabei kommt es auch auf Zeichen an, die die vielbemühte Rede von der »versöhnten Verschiedenheit« glaubhaft machen: Bei seinem Besuch am 15. November 2015 in der evangelisch-lutherischen Gemeinde im römischen Stadtteil Ludovisi, der Papst Johannes Paul II. als erster Papst nach der Reformation im Jahr 1983 einen Besuch abgestattet hatte, schenkte Franziskus Pastor Jens-Martin Kruse einen Messkelch.

Die deutsche Botschafterin beim Heiligen Stuhl, Annette Schavan, wies später einmal in einem Interview darauf hin: »Seit der Papst den deutschen Protestanten in Rom einen Abendmahlskelch schenkte, haben wir einen Kairos, den man ergreifen muss.«[6]

Eine mit einem (natürlich katholischen) Römer verheiratete (evangelische) Deutsche, Anke de Bernardinis, bekundete dabei dem Papst gegenüber ihren Schmerz darüber, dass sie nicht gemeinsam mit ihrem Mann zum Abendmahl gehen könne. Franziskus reagierte zunächst – mit einem verstohlenen Seitenblick auf die anwesenden Kurienkardinäle Kurt Koch und Walter Kasper, den amtierenden und den ehemaligen Präsidenten des Päpstlichen Rates für die Einheit der Christen, zurückhaltend – oder war es ein Schuss Selbstironie? –: »Auf die Frage über das gemeinsame Abendmahl des Herrn zu antworten, ist nicht einfach für mich, vor allem vor einem Theologen wie Kardinal Kasper. Da ›fürchte‹ ich mich!«

Dann aber kam Franziskus, wie so oft, ins Erzählen, und mit einer Geschichte, mit persönlichen Lebenserfahrungen, erläuterte er einen Sachverhalt, aus dem später Kommentatoren herauslesen wollten, er habe zur (für Katholiken verbotenen) Interkommunion angeregt: »Es stimmt, dass in einem gewissen Sinn teilen heißt, dass keine Unterschiede zwischen uns bestehen, dass wir die gleiche *Lehre* haben – ich unterstreiche das Wort, ein schwer zu verstehendes Wort –, doch frage ich mich: Aber haben wir nicht die gleiche Taufe? Und wenn wir die gleiche Taufe haben, müssen wir gemeinsam gehen. Sie sind ein Zeugnis eines auch tiefgründigen Weges, da es ein ehelicher Weg ist, ein Weg eben von Familie, menschlicher Liebe und geteiltem Glauben. Wir haben die gleiche Taufe. Wenn Sie sich als Sünderin fühlen – auch ich fühle mich sehr als Sünder –, wenn Ihr Gatte sich als Sünder fühlt, dann gehen Sie vor den Herrn und bitten um Vergebung; Ihr Gatte tut das Gleiche und geht zum Priester und bittet um die Lossprechung. Es sind Heilmittel, um die Taufe lebendig zu erhalten. Wenn Sie gemeinsam beten, dann wächst diese Taufe, wird sie stärker. (…) Die Frage: ›Und das Abendmahl?‹ Es gibt Fragen, auf die man – nur wenn man ehrlich zu sich selbst ist und mit den wenigen theologischen ›Lichtern‹, die ich habe – ebenso antworten muss, Sie sehen es. ›Das ist mein Leib, das ist mein Blut‹, hat der Herr gesagt, ›tut dies zu meinem Gedächtnis.‹ Und das ist eine Stärkung auf dem Weg, die uns voranzuschreiten hilft. Ich pflegte eine große Freundschaft mit einem Bischof der Episkopalkirche, 48 Jahre alt, verheiratet, zwei Kinder, der diese große Unruhe hatte: die Frau katholisch, die Kinder katholisch, er Bischof. Sonntags begleitete er seine Frau und seine Kinder zur Messe, und dann ging er den Gottesdienst in seiner Gemeinde feiern. Es war ein Schritt der Teilnahme am Abendmahl des Herrn. Dann ging er weiter, der Herr hat ihn gerufen, einen gerechten Mann. Auf Ihre Frage antworte ich nur mit einer Frage: Wie kann ich es mit meinem Mann machen, damit das Abendmahl des Herrn mich auf meinem Weg begleitet? Es ist ein Problem, auf das jeder antworten muss. Ein befreundeter Pastor sagte mir jedoch: ›Wir glauben, dass hier der Herr gegenwärtig ist.‹ Er ist gegenwärtig. ›Ihr glaubt, dass der Herr gegenwärtig ist. Was ist der Unterschied?‹ – ›Nun, es sind die Erklärungen, die Deutungen …‹ Das Leben ist größer als Erklärungen und Deutungen. Nehmt immer auf die Taufe Bezug: ›Ein Glaube, eine Taufe, ein Herr‹, sagt uns Paulus, und von daher zieht die Schlussfolgerungen. Ich werde nie wagen, *Erlaubnis* zu geben, dies zu tun, denn es ist nicht meine Kompetenz. Eine Taufe, ein Herr, ein Glaube. Sprecht mit dem Herrn und geht voran. Ich wage nicht mehr zu sagen.«

Das Leben ist größer als Erklärungen und Deutungen – Franziskus hatte zuvor dem neunjährigen Julius (»Was gefällt dir am meisten daran, Papst zu sein?«), dem Sohn des evangelischen Pastors Jens-Martin Kruse, gegenüber gemeint: »Nun, ich bin gerne Pfarrer, und wenn ich Pfarrer bin, ist das, was mir am meisten gefällt, das mit den Kindern sein, mit ihnen zu sprechen, und man lernt viel, ja man lernt viel dabei. Ich bin gerne Papst im Stil eines Pfarrers. Der Dienst. (…) Papst sein heißt Bischof sein, Pfarrer sein, Hirte sein. Wenn ein Papst nicht Bischof ist, wenn ein Papst nicht Pfarrer ist, nicht Hirte ist, dann mag er ein sehr intelligenter Mensch sein, sehr wichtig sein, großen Einfluss in der Gesellschaft haben, aber ich denke – so denke ich! –, in seinem Herzen ist er nicht glücklich.«

Das ist narrative Theologie. Sie bringt auch schwierige Fragen auf den Punkt, sie weicht nicht aus – sie traut dem konkreten Leben und dem Glaubensvollzug etwas zu, sie weiß darum, dass Leben und Lehre oft auseinanderklaffen, dass aber Deutungen und Erklärungen nicht die volle Wirklichkeit abbilden, sondern nur Denkversuche sind, um ein Problem zu lösen. Das ist die Theologie des argentinischen Papstes, der keine Komplexe hat, weil er, anders als sein unmittelbarer Vorgänger, kein Theologieprofessor ist. Und trotzdem bringt er mit genau solchen Äußerungen etwas weiter, macht Mut – und eckt an bei denen, die um das »katholische« Profil besorgt sind.

»Er hält uns einen Spiegel vor«: Was Christsein bedeutet – Horst Köhler würdigt den Papst

Protestantische Christen haben im Rückblick auf ihre Geschichte nicht unbedingt Grund, einem Papst Rosen zu streuen. Am 17. November 2016 ist das aber passiert. Der ehemalige deutsche Bundespräsident Horst Köhler hielt in Berlin eine Laudatio auf Papst Franziskus. Anlass war die Verleihung des Millenium-Bambis an den Papst (der nicht anwesend war) im Stage Theater in Berlin, die live im Fernsehen gezeigt wurde. Ohne große Umschweife erklärte Köhler am Beginn: »Ich bin weder Katholik noch großer Fan von Veranstaltungen mit roten Teppichen. Und trotzdem freue ich mich, hier zu sein. Weil mich dieser Papst von Anfang an tief berührt hat.« Und zwar deswegen: »Papst Franziskus hält uns den Spiegel vor, was Christsein bedeuten kann. Was *Menschsein* bedeuten kann. Er wäscht muslimischen Asylbewerbern an Gründonnerstag die Füße. Er frühstückt an seinem Geburtstag mit Obdachlosen. Er bezeichnet Flüchtlinge als ›Geschenk‹. Der Papst zeigt uns seine Menschenliebe mit einer solchen Leichtigkeit und Fröhlichkeit und so völlig ohne Angst, dass es fast schon eine Provokation ist.«[7]

Wohlgemerkt: Ein evangelischer Christ, der jetzt für die UNO tätig ist, spricht so! Der Papst – eine Provokation! Aber der Bundespräsident a. D. meinte das anders als diejenigen, die sich von dem Argentinier mit bürgerlichem Namen Jorge Mario Bergoglio genervt fühlen, immer mehr und immer häufiger: Weil er ständig mit neuen Ideen daherkommt; weil er den Apparat – die Römische Kurie – provoziert und ausbremst; weil er die römisch-katholische Kirche auf den Kurs des Evangeliums bringt (oder: zwingt?); weil er von den Armen spricht und sich eine »arme Kirche für die Armen« wünscht. Es gab zweifellos Zeiten, in denen diese Einschätzung und andere positive, wertschätzende Zeugnisse protestantischer oder orthodoxer Christen für einen Papst ein absolutes »No-go« gewesen wären. So ändern sich die Zeiten!

Der Papst, der bei der dreistündigen TV-Show nicht anwesend war, hatte das goldene Rehkitz, die berühmte Bambi-Trophäe, vorab im Vatikan überreicht bekommen – von der syrischen Schwimmerin Yursa Mardini, die bei ihrer Flucht über das Mittelmeer vielen Menschen das Leben rettete, indem sie gemeinsam mit ihrer Schwester ein havariertes Boot kilometerweit schwimmend an Land zog.

Vorsicht: evangelisch?

Längst verdächtigen Katholiken ihren obersten Chef selbst, nicht mehr katholisch zu sein – und die Protestantisierung der katholischen Kirche voranzutreiben. Christian Geyer, Feuilletonist der *Frankfurter Allgemeinen Zeitung*, stellte im Vorfeld des Papstbesuches beim Lutherischen Weltbund im südschwedischen Lund Ende Oktober 2016 die keineswegs rhetorisch gemeinten Fragen: »Ist Franziskus der Luther von 2017? Macht er in einer Art historischer Punktlandung aus der katholischen Kirche die reformierte Einheitskirche?« Der Papst – ein Kryptoprotestant? Lakonischer Nachsatz: »Das wäre im ersehnten oder gefürchteten Ergebnis Rückkehrökumene andersherum: Der Heilige Stuhl siedelt tiefenentspannt nach Wittenberg über, statt, wie jahrhundertelang üblich, die Protestanten nach Rom zwingen zu wollen.«[8]

»Rückkehr-« und »Unterwerfungsökumene«: Sie sind längst passé, von mehreren Päpsten definitiv ausgeschlossen und ganz sicher nicht das, was Franziskus, im Gegensatz zu anderen, anstrebt. Solche Karikaturen sind Zerrbilder dessen, was der Papst will und was er tut. Aber entsprechende Szenarien hinterlassen in manchen Kreisen ihre Wirkung – und die ist gewollt. Meine These ist, dass ihre Propagandisten genau spüren, dass Papst Franziskus das Ende einer lehramtlichen Verketzerung evangelischer Christen einläutet. Seine Botschaft lautet: Christen können voneinander lernen!

Muss man sich dann davor fürchten und denunziatorisch von »Kuschelökumene« sprechen? Muss man in die Kassandrarolle schlüpfen? Heftige (katholische) Reaktionen können nicht überraschen: »Doch im Windschatten der politisch-angeheizten Islam-Debatte«, so Geyer, »geht es in der katholischen Kirche längst um etwas anderes: um die Frage der Selbstabschaffung ihres religiösen Lehramtes.« Der Journalist ist um die päpstliche Autorität besorgt. Wächst solche nicht genau dadurch, dass sie den Dialog sucht, der nicht nur ein intellektueller, akademisch geführter sein muss?

Allen Unkenrufen zum Trotz überzeugt mich mehr, was Pastor Kruse als Chance für den ökumenischen Dialog sieht: »In dem, wie Papst Franziskus seinen Dienst als Bischof von Rom ausübt, zeichnen sich die Konturen eines aus dem Geist des Evangeliums erneuerten Papstamtes ab. Innerhalb kurzer Zeit ist Papst Franziskus zu einem der entscheidenden Akteure und Impulsgeber der Ökumene geworden. Sein ökumenisches Handeln ist getragen und motiviert vom Glauben an die Auferstehung Jesu.«[9]

Ist das nicht eine Basis für einen neuen theologischen Anlauf? Dieser beginnt nicht bei null. Er kann auf Dialog-Dokumente wie die »Gemeinsame Erklärung zur Rechtfertigung« (1999), »Communio

Sanctorum« (2000) oder »Gemeinschaft der Kirche und Petrusamt« (2010) oder »Vom Konflikt zur Gemeinschaft« (2013) zurückgreifen. Kruse sieht eine historische Chance in diesem Pontifikat: »Wenig scheint mir gegenwärtig für die Ökumene so förderlich und verheißungsvoll zu sein, wie an diese Dialogergebnisse anzuknüpfen. Denn hier sind theologische Argumente angelegt und vorbereitet, die helfen können, um sich von der Fixierung auf das Papsttum als ›Hindernis‹ zu lösen und sich der neuen Situation zu öffnen, die durch die Wahl von Papst Franziskus eingetreten ist.«[10]

Hält er, was er verspricht?

Hat Papst Franziskus denn etwas versprochen? Eine Papstwahl ist kein Wunschkonzert. Und wer auch immer gewählt wird, kann niemals sämtliche, an ihn herangetragene Wünsche erfüllen, ja nicht einmal allen Erwartungen entsprechen – Franziskus, der erste Jesuit auf dem Stuhl Petri, kann es nicht und will es nicht. Er hat keine Wahlversprechen abgegeben und betreibt auch keine Klientelpolitik. Trotzdem fragen nach fünf Jahren im Amt viele Menschen, vielleicht mehr Angehörige der Katholischen Kirche als Andere: Was hat er eigentlich getan und zustande gebracht? Was ist wirklich weitergegangen seit der überraschenden Wahl vom 13. März 2013? Gibt es, jenseits zu Herzen gehender Predigten, spektakulärer Gesten und Zeichen, handfeste Ergebnisse? Oder ist alles nur Symbolpolitik? Haben diejenigen recht, die meinen: Es gibt doch keine tatsächlichen Reformen, keine gravierenden Änderungen in der Personal- und Besetzungspolitik, keine Kurien- und Verwaltungsreform …?

Was hat sich faktisch geändert in den vergangenen fünf Jahren? Haben Bischöfe und Kardinäle den Papst nicht in Schranken weisen wollen, wie der Ende Juni 2017 überraschend nicht in seinem Amt bestätigte Präfekt der Glaubenskongregation, Kardinal Gerhard Müller, der mit Blick auf die heftige Debatte um das Nachsynodale Schreiben »Amoris laetitia« in einem Interview Ende Mai 2017 meinte: »Die Ehe ist und bleibt unauflöslich, egal was der Papst sagt«[11]?

Welchen Einfluss haben die beiden Nachsynodalen Apostolischen Schreiben »Evangelii gaudium« (November 2013) und »Amoris laetitia« (März 2016) oder die Öko- und Umwelt-Enzyklika »Laudato si'« (Mai 2015)? (Die Ende Juni 2013 veröffentlichte Enzyklika »Lumen fidei«, die zu großen Teilen auf Benedikt XVI. zurückgeht, spielt in der Rezeption des neuen Pontifikats keine erkennbare Rolle.)

Haben die Bedenkenträger recht, die jede Äußerung dieses Papstes mit Texten, Dokumenten und Äußerungen seiner beiden Vorgänger konfrontieren, um Änderungen in der Lehre festzustellen? Kann, darf ein Papst überhaupt von bisherigen Lehrtraditionen abweichen? Will Franziskus die Kirche neu erfinden? Führt er sie in den Abgrund? Verunsichert er einfache Gläubige? Verwirrt er?

Ein Papst verstört – mit Unterscheidung

Ohne Zweifel: Franziskus irritiert. Er stößt vor den Kopf. Er überrascht. Nach wie vor. Kardinal Kasper warnte: »Die positiven wie die kritischen Beurteilungen stehen in der Gefahr einer Banalisierung und Trivialisierung des Pontifikats. Machen die einen aus dem Papst eine Art Star, so betrachten ihn die anderen als theologisches Leichtgewicht. Papst Franziskus ist weder das eine noch das andere.«[12]

Dreizehn Kardinäle haben im Nachgang der beiden im Oktober 2014 und im Oktober 2015 im Vatikan abgehaltenen Familiensynoden in einem angeblich vertraulichen, aber an die Öffentlichkeit geratenen Brief ihre diesbezügliche Sorge bekundet. Sie waren allesamt Synodalen, also Teilnehmer an der Familiensynode, keineswegs Hinterbänkler. Prominente Kardinäle waren darunter, die teils hochrangige Ämter innehatten, wie der australische Kurienkardinal George Pell, Präfekt des Wirtschaftssekretariats und Mitglied der K8/K9-Gruppe, oder die Präfekten der Glaubens- und der Gottesdienstkongregation, Kardinal Gerhard Müller und Kardinal Robert Sarah. Auch die Erzbischöfe von Toronto, New York, Durban, Paris, Mailand, Utrecht waren darunter (die Kardinäle Thomas Collins, Timothy Dolan, Wilfrid Fox Napier, André Vingt-Trois, Angelo Scola und Willem Eijk). Mit Kardinal Peter Erdö, dem ungarischen Primas, Erzbischof von Estergom-Budapest und Generalberichterstatter der Synode, und dem Erzbischof von Caracas, Kardinal Jorge Urosa Savino, der als stellvertretender Synodenvorsitzender fungierte, oder Kardinal Mauro Piacenza, Großpönitentiar (ein monströser Titel!) und zuvor Leiter der Kleruskongregation, waren auch drei weitere hochrangige *Officials* unter den Unterzeichnern.

Der Ende Oktober 2015 als Erzbischof von Bologna emeritierte Kardinal Carlo Caffara († September 2017), ein Moraltheologe und langjähriger Konsultor der Glaubenskongregation (sein Kardinalswappen lautete – Ironie der Geschichte – »Sola Misericordia Tua«), hat sich später mit den beiden deutschen Kardinälen Walter Brandmüller, Joachim Meisner († Juli 2017) sowie mit dem US-amerikanischen Kurienkardinal Raymond Leo Burke zusammengetan, um vier sogenannte »dubia« (Zweifel) anzumelden. Diese Kardinäle – die Presse sprach von einer »Revolte« bzw. einem »Aufstand« gegen den Papst – wollten Franziskus nach der Veröffentlichung von »Amoris laetitia« zwingen, zu ihren Bedenken Stellung zu nehmen. Als er auf ihren Brief nicht reagierte, veröffentlichten sie diesen, um den Druck auf den Papst zu erhöhen. Bis dato hat Franziskus immer noch nicht auf den Brief reagiert. Er lässt die Zeit für sich spielen – und sich nicht unter Druck setzen. Was er geschrieben hat, hat er geschrieben. Soll er sich selber kommentieren oder erklären?

Wie würde der Aufsichtsratsvorsitzende eines internationalen Konzerns auf solche Methoden reagieren? Kann ein Papst sagen und tun, was er will? Wer kontrolliert ihn? Wer berät ihn? Wem vertraut er? Wer arbeitet ihm im Hintergrund zu?

Fragen über Fragen! Sie werden gestellt. Laut oder hinter vorgehaltener Hand, öffentlich oder auf den langen Couloirs des Apostolischen Palastes, in Salons und Hinterzimmern, in denen sich manche nach Benedikt XVI. zurücksehnen und dessen spektakulären, völlig unerwarteten Rücktritt vom 11. Februar 2013 bedauern.

Unübersehbar ist der frühere Erzbischof von Buenos Aires zu einer riesigen Projektionsfläche geworden. Buch gewordener Ausdruck war noch im Jahr der Wahl ein Sammelband der österreichischen

Verlegerin und Theologin Gerda Schaffelhofer, die innerhalb kürzester Zeit fünfzehn Autorinnen und Autoren für ihre Stellungnahmen gewinnen konnte: »Anforderungen und Erwartungen an den neuen Papst«[13]. Realistischerweise ließ sie diesem Buch ein Jahr später eine Sammlung von teils sehr persönlich gehaltenen Gebeten folgen, die einhundertdreißig Autorinnen und Autoren versammelte.[14]

Der Papst als Projektionsfläche – das macht auch einsam. Das Amt lastet auf ihm. Er hat damit gefremdelt, am Anfang. Aber er hat längst seinen Stil gefunden – und dabei scheut er auch keine Konflikte oder direkte, manchmal harte und überdeutliche Worte. Unberechenbar ist dieser Papst. Das macht ihn für die Römische Kurie, die Regierung und den Apparat des Heiligen Stuhls, für Kardinäle und Bischöfe zu einem überdimensionalen Risikofaktor. Ob alle, die ihn am 13. März 2013 gewählt haben, ihn heute wieder wählen würden?

Die frühere Aura der Unnahbarkeit, das ihm verhasste spanische Hofzeremoniell, das im Vatikan herrschte, diesen Papst aber erdrücken würde, protokollarische und andere Gewohnheiten, die das öffentliche Bild eines Papstes prägten, jetzt aber obsolet geworden sind, der einfache Lebensstil, das Ende der klerikalen und liturgischen Sonderwelten und vieles andere mehr: Papst Franziskus ist nahbar, er lässt sich ansprechen und angreifen. Erinnert sein Umgang und sein Auftreten nicht an den, dessen Stellvertreter auf Erden (*vicarius Christi*) er ist, wie einer der dem Papst zugeschriebenen Titel lautet?

»Wenn ich mich nicht irre, war es Sigmund Freud, der gesagt hat«, so Franziskus gegenüber dem Journalisten Ferruccio Bortoli vom Mailänder *Corriere della Sera* Anfang März 2014, »dass jede Idealisierung eine Aggression in sich birgt. Den Papst als eine Art Superman, eine Art Star darzustellen, kommt mir wie eine Beleidigung vor. Der Papst ist ein Mensch, der lacht, weint, ruhig schläft und Freunde hat wie alle. Ein normaler Mensch.«[15] Was spricht eigentlich gegen die Entmythologisierung eines Amtes, das seinen Inhaber fast zu einer Art Gottmensch gemacht hat?

Für ihr 2015 veröffentlichtes Heft *Herder Korrespondenz spezial* »Das Papstamt im Wandel. Phänomen Franziskus« haben die Kollegen der *Herder Korrespondenz* ein ausdrucksstarkes Cover gewählt und begründen im Editorial »Projektionsfläche Papst« die Auswahl: »Das Titelbild verweist auf Franziskus, der die jahrtausendealte Bürde dieses Amtes spürt. Es ist ein Bild, das wiederum viele Assoziationen wecken kann. Es zeigt den Papst in sich gekehrt als jemanden, der um die Schwierigkeiten von Veränderungen weiß und die Aufgabe vor sich sieht, die Einheit der Kirche zu wahren. Das Titelbild mahnt, dass man es sich mit Franziskus nicht zu einfach machen soll, dass er sich schlichten Zuschreibungen und Instrumentalisierungen verweigert. Es zeigt den betenden Papst, der zur Umkehr zum Evangelium aufruft und immer wieder sagt, dass er einen missionarischen Aufbruch ersehnt.«

Dieser Essay schaut auf fünf Jahre zurück: auf das, was war; auf das, was in Gang gesetzt und auf den Weg gebracht wurde; auf das, was der Papst »bewirkt« hat; auf das, was er ausgelöst hat – jenseits der ihm von den Medien, von Reformgruppen ebenso wie von Traditionalisten, von Priestern, Bischöfen und Kardinälen nahegelegten oder unterstellten »Agenda«. Eine Bilanz also, aber keine »Leistungsschau«. Und ich frage, ob den Bemühungen dieses Papstes, die Katholische Kirche wieder näher ans Evangelium heranzuführen – in ihrem Handeln und Denken –, Erfolg beschieden sein kann: Gelingt die pastorale Wende? Wird sich die Lehre ändern? Oder scheitert der Papst? Resigniert er, weil er, wie manche Beobachter im »heißen« Frühjahr und Sommer 2017 meinten, zunehmend isoliert ist?

Ich bin kein Prophet. Aber von Anfang an möchte ich klarstellen und bekennen, dass ich von Papst Franziskus positiv eingenommen bin – nach anfänglicher, für einen Jesuiten typischen Skepsis. Nicht nur, weil mir gefällt und weil es mich beeindruckt, ja fasziniert, wie er sein Amt ausübt. Sondern weil ich davon überzeugt bin, dass er in fünf Jahren mehr verändert hat, als manche vor ihm – auch wenn sich der Stil- und der Perspektivenwechsel, der auf einen Paradigmenwechsel hinausläuft, nicht immer so festmachen lässt, wie das deutsche Augen und Ohren sehen und hören wollen. Dass dieser Papst Jesuit ist, dass er demzufolge eine ganz bestimmte Ordensspiritualität internalisiert hat und viel davon geprägte Leitungserfahrung einbrachte, als er 1992 Weihbischof, 1997 Erzbischof-Koadjutor, 1998 Erzbischof von Buenos Aires und 2001 Kardinal wurde, spielt eine vielleicht noch immer unterschätzte Rolle.

Neben »Freude« lautet das maßgebliche Schlüsselwort seines Denkens und Handelns »Unterscheidung«. Darauf kommt es ihm an! Ein Jesuit übt sie in den jährlichen Exerzitien ein, den Geistlichen Übungen, die Ignatius von Loyola der Kirche hinterlassen hat. Sie müssen sich freilich, das ist die Kunst, auch im Alltag und in alltäglichen – kleinen wie großen – Entscheidungen bewähren. Der frühere Top-Manager bei J. P. Morgan, Chris Lowney, der in seinen Bestsellern Managementthemen mit ignatianischer Spiritualität verbindet, hat darüber nachgedacht, wie heute Leadership im Vatikan ausschauen muss, und der amerikanische Originaltitel bringt es besser auf den Punkt als die deutsche Übersetzung: »Pope Francis: Why He Leads the Way he Leads« (»Franziskus – Führen und Entscheiden. Was wir vom Papst lernen können«).

Die ignatianische Spiritualität wie auch die durch ihre spätere Veröffentlichung durch den kubanischen Kardinal Jaime Lucas Ortega y Alamina, den mittlerweile emeritierten Erzbischof von Havanna, viel beachtete Rede von Kardinal Jorge Mario Bergoglio im Vorkonklave sind der Ausgangspunkt, auf den viele Beobachtungen und Analysen immer wieder zulaufen werden.

Die prophetische Dimension: »Macht Krach!« und »Weckt die Welt auf!«

Zwei Worte haben sich mir eingeprägt wie ein Evergreen und sind mir zum Ohrwurm geworden: Das eine stammt vom Weltjugendtag in Rio de Janeiro Ende Juli 2013, den Franziskus von seinem Vorgänger sozusagen geerbt hat, so wie seinerzeit Papst Benedikt XVI. auf dem Weltjugendtag in Köln im August 2005 seine erste Auslandsreise absolvierte, nachdem fünf Monate zuvor Johannes Paul II. verstorben war. Das andere Wort fiel bei einer Unterredung mit Ordensoberen im November 2013, die von meinem Kollegen Antonio Spadaro SJ protokolliert und später veröffentlicht wurde.

Jugendlichen aus seiner Heimat Argentinien hat Franziskus in Rio zugerufen: »Macht Krach!« (»¡Hagan lío!«). Aus dem Mund eines Papstes sicher ungewöhnlich oder mindestens gewöhnungsbedürftig – und es wurde auch sofort als »Copacabana-Theologie« denunziert. Ausbuchstabiert bedeutete es, für die Jugendlichen dort und alle, die die Aufforderung auf sich beziehen wollen: Macht euch bemerkbar! Findet euch nicht ab! Mischt euch ein! Stiftet Unruhe! Wirbelt durcheinander! Im übertragenen Sinn wird man mit einer hierzulande gängigen Floskel sagen dürfen: Auftreten statt austreten! »Beteiligung« lautet das Zauberwort dafür, und Papst Franziskus hat wiederholt »Salonchristen« kritisiert, die mit verschränkten Armen dasitzen und sich zurücklehnen. Im wörtlichen Sinn oder im übertragenen: wenn etwa, wie bei den beiden alten Herren in der *Muppet Show*, Waldorf & Statler, alles von der Loge aus kommentiert und kritisiert wird, ohne selber einen Finger zu rühren.

Das zweite Wort: »Weckt die Welt auf!« Zunächst für 120 Ordensobere am Ende der 82. Generalversammlung der Generaloberen im November 2013 bestimmt, ist dieser Weckruf in meinen Augen durchaus übertragbar auf christliche Existenz im Allgemeinen: »Kirche muss attraktiv sein. Weckt die Welt auf! Seid Zeugen eines anderen Handelns!« (»Svegliate il mondo! Siate testimoni di un mondo diverso di fare, di agire, di vivere! È possibile vivere diversamente in questo mondo«). Franziskus glaubt an die verändernde Kraft des Glaubens. Realpolitisch. Glaube darf sich in seinen Augen nicht verstecken oder auf Sakristeichristentum beschränken. Er ist davon überzeugt, dass christliches Zeugnis darin besteht, zu zeigen und zu bezeugen, dass man in der Welt anders handeln, anders denken und anders leben kann. Dass es lohnt, ja vom Evangelium her geboten ist, eine Kontrastgesellschaft zu entwickeln, nicht gefallsüchtig jede Mode mitzumachen, mit dem Strom zu schwimmen und nur den gesellschaftlichen oder kirchlichen Mainstream zu bedienen.

Mit seinem Appell an die Ordensoberen, deren prophetisches Zeugnis er bei dieser Gelegenheit anmahnte, knüpfte Franziskus an Ausführungen seines Vorgängers Benedikt XVI. an. Der hatte in einer Predigt am 13. Mai 2007 gemeint, dass die Kirche »durch das Zeugnis wächst, nicht durch Proselytismus«. Das anziehende, überzeugende Zeugnis sei »nicht an gewohnte Haltungen gebunden«. Dabei auf Abwege zu geraten, Umwege zu riskieren, ja vielleicht sogar Irrwege einzuschlagen, gehöre dazu: Irren sei menschlich, so Papst Franziskus weiter: »Das Leben ist komplex und besteht aus Gnade und Sünde. Wenn jemand nicht sündigt, ist er kein Mensch. Wir alle irren und müssen unsere Schwächen anerkennen.«

Und nicht nur Ordenschristen sollen Propheten sein und immer mehr werden. Das gilt für alle Christen! Nach der Priorität des Ordenslebens gefragt, betonte Franziskus, es gehe darum, tatsächlich »Prophet zu sein« und »nicht nur einen solchen zu spielen«. Dabei dürfe auch ruhig einmal »Krach« gemacht werden: »Prophetie macht Lärm.« Das gilt genauso fürs Christsein: »Ausbildung ist ein Handwerk, kein Polizeiwerk. Wir müssen das Herz bilden. Sonst schaffen wir kleine Monster. Und diese kleinen Monster schaffen das Volk Gottes. Das verschafft mir wirklich Gänsehaut.«

Also: Seid Zeugen eines anderen Handelns – das hat sehr wohl Konsequenzen für mein Tun und Lassen. Bei euch kann, bei euch soll es anders sein und anders zugehen. So lesen wir im Johannesevangelium, und was Jesus im Angesicht des Todes sagte und tat, hat Vermächtnischarakter.

Die Fußwaschung (Joh 13,1-20) wurde wohl nicht ohne Zufall auch zu einem der ersten prägenden Eindrücke des neuen Papstes, in der Karwoche 2013. Für die Chrisammesse war er zwar im Petersdom, den Abendmahlsgottesdienst jedoch hielt er in einer römischen Strafanstalt für Jugendliche und wusch dabei zwölf Jugendlichen, darunter zwei Frauen (eine davon war Muslima) die Füße – was zu heftiger Kritik vonseiten einiger Kanonisten und Liturgiewissenschaftler führen sollte. Dass es unter Christen anders als im sogenannten »normalen« Leben zugehen soll, dass es um das Dienen geht, dass man sich schmutzig machen, manchmal im wörtlichen Sinn in die Knie gehen muss, das hat Papst Franziskus selber eindrücklich vor Augen geführt – und dieses Bild ging um die Welt.

Franziskus verkündet nicht in erster Linie von der Kanzel herab, sondern führt selber eindrücklich vor Augen, worum es in einem Leben nach dem Evangelium geht. Und er geht mit gutem Beispiel voran. Natürlich kann man fragen: Ist es die vornehmlichste Aufgabe eines Papstes, Duschen für Obdachlose unter den Kolonnaden des Petersplatzes einrichten zu lassen? Obdachlose zu seinem Geburtstag einzuladen und ein Pizzaessen zu organisieren? Die Menschen verstehen solche Zeichen offenbar sehr wohl. Manche Theologen und manche Mitglieder des Apparats tun sich schwer damit.

Permanenter Aufbruch: die Reform der Strukturen

Ein drittes Wort möchte ich an den Beginn stellen. Es eignet sich aber weniger als Kennmelodie, die man tagsüber stundenlang nachsummt. Es steht wieder in dem Schreiben »Evangelii gaudium«, das mit Fug und Recht als Regierungsprogramm dieses Pontifikats bezeichnet werden kann, obwohl es eigentlich auf die Weltbischofssynode 2012 reagiert, aber eben deutlich die Handschrift von Papst Franziskus trägt.

Es heißt in Nummer 27: »Ich träume von einer missionarischen Entscheidung, die fähig ist, alles zu verwandeln, damit die Gewohnheiten, die Stile, die Zeitpläne, der Sprachgebrauch und jede kirchliche Struktur ein Kanal werden, der mehr der Evangelisierung der heutigen Welt als der Selbstbewahrung dient. Die Reform der Strukturen, die für die pastorale Neuausrichtung erforderlich ist, kann nur in diesem Sinn verstanden werden: dafür zu sorgen, dass sie alle missionarischer werden, dass die gewöhnliche Seelsorge in all ihren Bereichen expansiver und offener ist, dass sie die in der Seelsorge Tätigen in eine ständige Haltung des ›Aufbruchs‹ versetzt und so die positive Antwort all derer begünstigt, denen Jesus seine Freundschaft anbietet.«

Das ist theologischer und pastoraler Sprengstoff! Strukturen, Gewohnheiten, Stile, Zeitpläne – alles bedarf der Reform. Und es braucht die permanente Haltung des Aufbruchs! Das ist provokativ. Und es ist anstrengend. Weil wir schnell merken, dass wir uns eingerichtet haben. Dass wir unsere theologischen, unsere pastoralen, unsere privaten Nester und Burgen, unsere Schutzhütten und Mauern errichtet haben, hinter denen wir uns verbarrikadieren, weil wir uns dahinter sicher fühlen. Solche Sicherheiten stellt dieser Papst infrage. Und fragt, ob es mehr um Selbstbewahrung geht oder um Menschen, um »theologischen Narzissmus« und »Selbstbezogenheit« (*autoreferencialidad*).

Gerade in politisch wie ökonomisch unsicheren Zeiten, wo es große gesellschaftliche Umbrüche (Migrationsdebatte) gibt und akute Terrorbedrohungen von außen, klammern sich viele Menschen an das sichere Althergebrachte der Katholischen Kirche. Und dann kommt ein Papst und schickt einen in die Unsicherheit – »unmöglich!«.

Papst Franziskus will verändern

Der Papst will verändern. Reformieren. Nicht aus purer Lust und Laune. Oder um die Kirche zu stressen. Sondern weil er sich mit einer (oft selbst gewählten) Isolation der Kirche nicht abfinden will. Weil er pastorale wie theologische Sackgassen sieht, die nicht weiterführen. Weil er die Menschen im Blick hat, die unter der Kirche leiden, von den Sakramenten ausgeschlossen sind, obwohl diese doch Heilmittel, Medizin, sein sollen.

»Echter Glaube«, so Franziskus an die Kollegen der italienischen Jesuitenzeitschrift *La Civiltà Cattolica* am 7. Februar 2017, »setzt immer den tiefen Wunsch voraus, die Welt zu verändern. Das ist die Frage, die wir uns stellen müssen: Haben wir große Visionen und Tatendrang? Sind wir kühn? Oder sind wir mittelmäßig und geben uns mit Reflexionen ›aus dem Labor‹ zufrieden? Eure Zeitschrift soll sich die Wunden der Welt zu Bewusstsein führen und Therapien erkennen. Es soll ein Schreiben sein, das das Böse zu verstehen versucht, das aber auch danach strebt, Balsam auf die offenen Wunden zu gießen, zu heilen.«

Wenn man den unmittelbaren Anlass beiseitelässt und absieht von den ersten Adressaten, den Redaktionsmitgliedern einer Zeitschrift, lassen sich diese Überlegungen auch auf christliche Existenz ganz allgemein übertragen: Leben wir Christen aus Visionen heraus? Sind wir wagemutig? Begnügen wir uns mit dem Mittelmaß? Haben wir im Blick, dass es nicht nur um die Theorie, sondern um die gelebte Praxis des Christseins geht? Dass es darum geht, heilen zu helfen?

Wenn im Zusammenhang mit der – nach Ablauf seiner ersten Amtsperiode von fünf Jahren erfolgten – Ablösung von Kardinal Gerhard Müller als Präfekt der Glaubenskongregation, die in der Presse wilde Spekulationen über »Machtkämpfe« im Vatikan auslöste, davon gesprochen wurde, dass »die Chemie« zwischen dem Papst und dem Präfekten nicht gestimmt habe, übersieht eine solche Behauptung etwas. Wenn es denn einen Konflikt gegeben haben sollte:

Im Hintergrund steht ganz offensichtlich eine »Wende im Theologiebegriff« (Jan-Heiner Tück). Während Müller von der Lehre her die Herausforderungen der Pastoral betrachtet, scheint es bei Franziskus genau umgekehrt zu sein.

Es sei erinnert an das Interview mit Antonio Spadaro SJ, in dem Franziskus die starke Metapher von der Kirche als Feldlazarett aufbrachte: »Ich sehe ganz klar, dass das, was die Kirche heute braucht, die Fähigkeit ist, die Wunden zu heilen und die Herzen der Menschen zu wärmen – Nähe und Verbundenheit. Ich sehe die Kirche wie ein Feldlazarett nach einer Schlacht. Man muss einen schwer Verwundeten nicht nach Cholesterin oder nach hohem Zucker fragen. Man muss die Wunden heilen. Dann können wir von allem anderen sprechen.«[16]

Das ist nicht eine Geringschätzung von Theologie oder theologischer Reflexion. Noch einmal: Duschen für Obdachlose sind zunächst einmal kein theologisches Programm. In den Augen mancher sollte Franziskus lieber den Zölibat abschaffen oder das Frauenpriestertum einführen. Der Papst hat die Reihenfolge und die Schwerpunkte verändert. Ihn deswegen für ein »theologisches Leichtgewicht« zu halten, ist eine krasse Fehleinschätzung, auch wenn diese Charakterisierung sich oft von der Tatsache herleitet, dass sein Vorgänger Benedikt XVI. »Professor Dr. Papst« oder auch »Mozart der Theologie« genannt wurde –, um Franziskus als »Harnoncourt des Glaubens« zu apostrophieren. Solche Vergleiche und Insinuationen bringen nichts – und werden keinem der beiden gerecht.

Kardinal Müller hatte im März 2015 in einem Interview mit der französischen Zeitung »La Croix« allen Ernstes gemeint, als Chef der obersten Glaubensbehörde gehöre es zu seinen Aufgaben, »das Pontifikat von Franziskus theologisch zu strukturieren«[17]. Das wurde so gedeutet: Der argentinische Papst braucht theologische Nachhilfe von einem deutschen Professor, Müller müsse dem Pontifikat »Form und Gehalt« geben. Auf den Punkt gebracht, mit den Worten von Wolfgang Beinert, emeritierter Professor für Dogmatik an der Universität

Regensburg: Wer sagt, Franziskus »kann Papst nicht«, produziert einen Affront, den der Papst nicht auf sich sitzen lassen kann.

Interessanterweise hat der *Osservatore Romano*, die Tageszeitung des Vatikans, mitten im Sommer 2017, in der Sonntagsausgabe vom 23. Juli, einen kurzen Artikel von Giulio Cirignano veröffentlicht, der schlagartig breite Aufmerksamkeit erfuhr (»Gewohnheit ist nicht gleich Treue«). Der emeritierte Bibelwissenschaftler kritisierte die Reformunwilligkeit vieler Kleriker: »Das größte Hindernis, das sich der Veränderung entgegenstellt, der Papst Franziskus die Kirche unterziehen will, besteht zum Teil in der Haltung eines guten Teils des Klerus, des hohen wie des niederen. Eine Haltung, in Teilen jedenfalls, des Abschottens, wenn nicht der Feindseligkeit.« Und weiter: »Ein großer Teil der Gläubigen ist in Feststimmung. Trotzdem wird jener Teil, der näher an den wenig erleuchteten Hirten ist, innerhalb eines alten Horizonts gehalten: der Horizont der gewohnheitsmäßigen Praktiken, der altmodischen Sprache, des sich wiederholenden Denkens ohne Lebendigkeit. Im Grunde ist der Hohe Rat sich selbst immer treu, reich an untergebener Ehrfurcht vor der Vergangenheit, die verwechselt wird mit Treue zur Tradition, und die arm ist an Prophetie (Weitblick).«[18]

Es gilt tatsächlich, den *kairós*, den günstigen Zeitpunkt, zu nutzen, der sich mit dem Wirken von Papst Franziskus verbindet. Das bedeutet: das *window of opportunity* wahrnehmen, damit ihm nicht das Schicksal eines »Obama in Soutane« (Patrik Schwarz) blüht.

Eine Rede macht Eindruck

Interviews nutzt Franziskus mittlerweile ganz offensichtlich, um frühere, oft spontan gefallene Aussagen zu präzisieren, nachzubessern, entstandene Missverständnisse auszuräumen. Versuchsballone, die Trends erkennen lassen: Wer reagiert wie – und warum? Bei verschiedenen Gelegenheiten hat der Papst klargestellt, dass er eigentlich nur ausführt, was vor Beginn des Konklaves, in den sogenannten Generalkongregationen, besprochen wurde.

Auf dem Rückweg vom Weltjugendtag in Rio meinte er während der Fliegenden Pressekonferenz: »Die Schritte, die ich in diesen viereinhalb Monaten getan habe, gehen von zwei Seiten aus: Der Inhalt dessen, was getan werden musste, ist ganz und gar aus den Generalkongregationen der Kardinäle hervorgegangen. Es waren Dinge, die wir Kardinäle von dem verlangt haben, der der neue Papst werden würde. Ich erinnere mich, dass ich vieles verlangte und dachte, ein anderer würde es werden.«[19] Und im Umfeld des ersten Jahrestages seiner Wahl meinte er ganz ähnlich: »Im März letzten Jahres hatte ich keinen Plan, die Kirche zu verändern. Ich hatte nicht mit diesem Bistumswechsel gerechnet, um es einmal so zu nennen. Ich habe mein Leitungsamt angetreten und dabei versucht, das in die Tat umzusetzen, was in der Debatte zwischen den Kardinälen in den verschiedenen Kongregationen zur Sprache gekommen war. Bei meinem Vorgehen warte ich darauf, dass mich der Herr inspiriert.«[20]

Ist das naiv? Wenn die Rede vom Vertrauen auf die Führung Gottes und seine Vorsehung nicht blanke kirchliche Rhetorik sein soll, eine inhaltsleere Floskel, dann sollte man sich daran erinnern, dass ein Jesuit seine Entscheidungen in der Meditation erwägt, hin und her überlegt, auf den Geist Gottes hört. Er unterscheidet. Das ist die ignatianische »Unterscheidung der Geister«! Und außerdem bindet der Papst damit die Kardinäle ein und erinnert sie an die Debatten, die dem Konklave vorausgegangen waren.

Kassensturz im März 2013

Den Ablauf der Generalkongregationen hat Papst Johannes Paul II. in der Apostolischen Konstitution »Universi Domini Gregis« vom 22. Februar 1996 geregelt (Nr. 7–13). Zwei Novellierungen (in Sachen Zweidrittelmehrheit) gab es unter Benedikt XVI. (2007, 2013) in Form eines »Motu proprio«.

Der Paukenschlag erfolgte am 11. Februar 2013 – in Deutschland Rosenmontag, weswegen manche zuerst an einen üblen Faschingsscherz dachten: Am Ende eines Konsistoriums gab Papst Benedikt XVI. die ebenso historische wie weise Entscheidung bekannt, sein Amt niederzulegen – der erste freiwillige Rücktritt eines Papstes seit Cölestin V. im Jahr 1294. Die Bilder vom Helikopterflug nach Castel Gandolfo und sein letzter Auftritt als Papst auf dem Balkon der päpstlichen Sommerresidenz gingen zu Herzen. Die Sedisvakanz trat mit Datum vom 28. Februar 2013, 20:00 Uhr, ein.

Zum 4. März berief der Dekan des Kardinalskollegiums, der frühere Kardinalstaatssekretär Angelo Sodano, die erste Generalkongregation ein, an der 142 Kardinäle teilnahmen, darunter 103 von insgesamt 117 wahlberechtigten Kardinälen. Am 11. März fand die zehnte und letzte Generalkongregation vor dem Konklave – man spricht deswegen auch vom Vorkonklave – statt. An ihr nahmen 152 Kardinäle teil – ein untrügliches Zeichen dafür, dass das Kardinalskollegium seine Verantwortung, den Status quo der Kirche zu erheben, ernst nahm.

Insgesamt gab es in diesen Tagen 161 Redebeiträge. Aufgrund der vielen Wortbeiträge wurde die Redezeit auf ein Limit von fünf Minuten begrenzt, was nicht jedem Kardinal leichtfiel. Teilnehmer waren nicht nur Kardinäle unter 80, die später ins Konklave ziehen sollten, sondern auch emeritierte Kardinäle, darunter der Münchner Alterzbischof Friedrich Wetter, der zur Verabschiedung von Benedikt XVI. nach Rom gereist war.

Da die Beratungen, die nicht direkt im Konklave stattfinden, nicht der strengen Geheimhaltung unterliegen, wurde bekannt, dass es offenbar heftige, teils kontroverse Debatten über Krisen und Pannen im Pontifikat von Benedikt XVI., massive Kritik an einzelnen Kurienkardinälen und am höfischen Gehabe im Vatikan und dem daraus resultierenden Image, Klagen über Zentralismus, mangelnde Kollegialität und Transparenz gab. »Unliebsame Redebeiträge«[21], so ZDF-Redakteur Jürgen Erbacher, seien vom Kardinaldekan unsanft abgebrochen worden. Fragen in Richtung *Vatileaks* sowie Vatikanbank (IOR) und Geldwäsche wurden trotzdem hartnäckig gestellt. Auf Letztere soll der ehemalige Kardinalstaatssekretär Tarcisio Bertone, ein Salesianer, ausweichend oder so geantwortet haben, dass ein großes Unbehagen entstand und sich viel Ärger über die Kurie aufstaute, vor allem unter den nicht in Rom residierenden Kardinälen.

Logischerweise ergab sich aus alldem auch die Frage nach dem Anforderungsprofil des neuen Papstes: Wer kann das, in dieser Situation der Kirche? Welche Persönlichkeit braucht es dafür? »Zwar wird in den Generalkongregationen offen gesprochen, doch finden die Meinungsbildung und die inhaltliche Auseinandersetzung unter den Kardinälen in kleinen Zirkeln am Nachmittag und Abend statt«[22], weiß der im Vatikan bestens vernetzte Blogger Erbacher. Teils in Sprachgruppen, teils in anderen Formationen. Der große, wenn auch nicht einheitliche Block von 28 italienischen Kardinälen war unübersehbar – und ein größerer Faktor als die sieben deutschsprachigen Kardinäle. Die Lateinamerikaner stellten siebzehn Wahlmänner. Erbachers Vermutung, dass für die Kardinäle aufgrund des Verlaufs des Vorkonklaves, an dem ja auch die über 80-jährigen, oft sehr erfahrenen Kardinäle teilnehmen durften, der Beginn des Konklaves hinausgezögert wurde, hat einige Plausibilität: »Für sie waren die Generalkongregationen die Zeit des Diskutierens, das Konklave die Zeit der Entscheidung.«[23]

Auch der Münchner Kardinal Marx fiel mit sachlichen, bestimmt vorgetragenen Bemerkungen auf, vor allem in Richtung Vatikanfinanzen, ebenso wie der verhältnismäßig junge 55-jährige Erzbischof von Manila, Kardinal Luis Antonio Tagle.

Die kurze Rede von Kardinal Jorge Mario Bergoglio fand am 7. März 2013 statt. Sie dauerte nicht lange: dreieinhalb Minuten. Er traf offenbar in vielem den Nagel auf den Kopf. Später wird man von einer »Brandrede« lesen. Programmatisch jedenfalls war sie. Austen Ivereigh verglich die Wirkung dieser Ansprache mit der berühmten »Gettysburg Address« von Abraham Lincoln (19. November 1863), die als rhetorisches Meisterwerk gilt.[24] Paul Vallely erfuhr, dass Bergoglios Rede »elektrisierte« und vielen Zuhörern aus dem Herzen sprach: »Seine Rede war sehr einfach, sehr spirituell und sie berührte die dringend notwendige Erneuerung. Kardinal Schönborn wandte sich an seinen Nebenmann und meinte: ›Genau das brauchen wir.‹«[25]

Bis zum Beginn des Konklaves – der nachmittags für den 12. März festgesetzt wurde – sollten fünf weitere Tage vergehen. Das Wochenende nutzten die Kardinäle, um auch über Jorge Mario Bergoglio Informationen einzuholen. Und es ging dann, ähnlich wie im April 2005, ganz schnell. Im fünften Wahlgang, am zweiten Wahltag, sollte er gewählt werden.

Theologischer Narzissmus und Selbstbezüglichkeit

Während Kardinal Wetter zum Beispiel keine Erinnerung an den Beitrag des Erzbischofs von Buenos Aires hat, ließ Kardinal Marx, sein Nachfolger als Erzbischof von München und Freising, in einer Würdigung zum 80. Geburtstag von Papst Franziskus (2016) durchblicken: »Schon im Vorkonklave war mir der Kardinal von Buenos Aires aufgefallen. Er wirkte eher zurückhaltend. Aber seine kurze Rede über den zukünftigen Papst und die Herausforderungen der Kirche war bedeutsam.«[26]

Für eine der ersten deutschsprachigen Franziskus-Biografien von Jürgen Erbacher steuerten neben Marx fünf weitere deutschsprachige Konklave-Kardinäle (Walter Kasper, Karl Lehmann, Rainer Maria Woelki, Paul Josef Cordes, Kurt Koch) ihre Eindrücke vom Konklave bei. »In den Gesprächen über die Situation der Kirche und der römischen Kurie«, so Kasper in seinem Beitrag, »waren die meisten Kardinäle überzeugt, dass frischer Wind nötig ist. Die inzwischen veröffentlichte Intervention von Kardinal Bergoglio, in der er für eine nicht um sich selbst kreisende, sondern für eine prophetische, offene, den Menschen nahe Kirche plädierte, hinterließ einen tiefen Eindruck.«[27] Kardinal Marx, neben Pietro Parolin und Giuseppe Bertello der einzige europäische Vertreter im bald eingerichteten Kardinalsrat des Papstes, erinnerte sich an »die intensiven Tage des Vorkonklave, in denen wirklich offen über die Fragen gesprochen wurde, die uns in der Kirche zurzeit bewegen«[28].

Wenige kurze Texte der jüngeren Kirchengeschichte wurden derart breit analysiert wie die Intervention von Kardinal Bergoglio – wohl auch deswegen, weil sie später, mit Erlaubnis des neuen Papstes, vom Erzbischof von Havanna, Kardinal Ortega, in dessen Diözesanzeitschrift »Palabra Nueva« veröffentlicht wurde.

Manche lasen daraus ein Aktionsprogramm. Andere werteten die Rede – was verboten wäre – als »Wahlwerbung« in eigener Sache, ähnlich der offenbar ausschlaggebenden Rede von Kardinal Joseph Ratzinger acht Jahre zuvor. Dieser hatte als Dekan des Kardinalskollegiums am 18. April 2005 bei der Eröffnung des Konklaves (»Missa pro eligendo Romano Pontifice«), aus dem er als Benedikt XVI. hervorgehen sollte, von der »Diktatur des Relativismus« (*dittatura del relativismo*) gesprochen – eine Zeitsignatur, die er später als Papst mehrmals wiederholte.

Kardinal Bergoglios Rede fiel auf. Ob im Nachhinein und damit der Tatsache geschuldet, dass er gewählt wurde, oder sofort, kann man heute auf sich beruhen lassen. Entscheidend ist, dass er die Beratungen offenbar sehr aufmerksam mitverfolgt hat und sich selber zu Wort meldete. Wie er später als Papst durchblicken ließ, richtete er selber maximale (An-)Forderungen an den neuen Papst. Offenbar spürten eine Reihe von Kardinälen intuitiv: Das ist vielleicht der richtige Mann!

Wer sollte jetzt also, im Blick auf die vergangenen fünf Jahre, überrascht sein, dass Franziskus umsetzt, was seinerzeit bemängelt, kritisiert und gefordert wurde? Es spricht für seinen strategischen Instinkt, dass er die Kardinäle gelegentlich daran erinnert. So bindet er sie ein in die Verantwortung für den Kurs der Kirche. Wer nicht dabei war, kann diese – in der Folgezeit als historisch gewertete – Rede allerdings nur von hinten lesen und unter dem Eindruck dessen bewerten, was in der Zeit seit dem 7. bzw. 13. März 2013 in der Kirche passiert ist.

Evangelisierung an den Peripherien

Kardinal Bergoglios Reflexionen setzten ein mit dem Stichwort »Evangelisierung« – das Reizwort Neuevangelisierung fiel nicht: »Apostolischer Eifer« und paulinischer »Freimut« (*parrhesia*) seien dafür erforderlich. Denn die Kirche sei »aufgerufen, aus sich selbst herauszugehen und *an die Peripherien* zu gehen, nicht nur an die geografischen, sondern *an die existenziellen Peripherien*. Die des Mysteriums der Sünde, die der Schmerzen, die der Ungerechtigkeit, die der Ignoranz, der religiösen Nichteinhaltung, die des Denkens, die jeglichen Elends.«[29]

Sind hier nicht menschliche Erfahrungs- und pastorale Lernfelder genannt, theologische Baustellen, die es anzugehen gilt? Was wir seit dem 13. März 2013 sehen und erleben können, ist die Umsetzung und Anwendung dieses Programms!

Für den Fall, dass die Kirche »nicht aus sich selbst herausgeht um zu evangelisieren«, läuft sie nach Kardinal Bergoglio Gefahr, »selbstbezüglich« (*autoreferencial*) und »krank« (*entonces se enferma*) zu werden. Und er ging frontal in die Offensive: »Die Übel, die sich im Lauf der Zeit in den kirchlichen Institutionen entwickeln, haben ihre Wurzel in der Selbstbezüglichkeit (*autoreferencialidad*), einer Art von theologischem Narzissmus (*narcisismo teológico*).«

Eine um sich selbst – und man darf und muss wohl einsetzen: das Protokoll, Dogmen, Vorschriften, das Kirchenrecht – kreisende, sich selbst genügende (und feiernde) Kirche verkennt und verfehlt ihren Zweck, ihren ersten Zweck, nämlich die Verkündigung des Evangeliums: »Das Heil, das Gott uns anbietet«, wird es später in »Evangelii gaudium« heißen, »ist ein Werk seiner Barmherzigkeit.« (EG 112) Und das bedeutet, dass Barmherzigkeit konkret erfahrbar sein soll: »Die Kirche muss der Ort der ungeschuldeten Barmherzigkeit sein, wo alle sich aufgenommen und geliebt fühlen können, wo sie Verzeihung erfahren und sich ermutigt fühlen können, gemäß dem guten Leben des Evangeliums zu leben.« (EG 114)

»Theologischer Narzissmus« führt nach Kardinal Bergoglio dazu, Kirche nur aus der Innenperspektive wahrnehmen zu können und gelten zu lassen, eine Insider-Kirche: »Die selbstbezügliche Kirche beansprucht Jesus Christus für sich drinnen und lässt ihn nicht nach außen treten.«

Eine solche elitär-exklusive, ausschließende Kirche jedoch »hört auf, das ›mysterium lunae‹ (Geheimnis des Mondes) zu sein und gibt jenem schwerwiegenden Übel der geistlichen Mundanität Raum (nach de Lubac das schlimmste Übel, das über die Kirche hereinbrechen kann)«. Die Alternative dieser zwei Kirchenbilder liegt auf der Hand: »die evangelisierende Kirche, die aus sich heraustritt (...); oder die mundane Kirche, die in sich, von sich und für sich lebt«. Sein nüchternes Fazit am Ende dieser Skizze, die fast eine Karikatur, von Kirche gezeichnet hat: »Dies sollte Licht auf die möglichen Veränderungen und Reformen werfen, die man für das Heil der Seelen tun muss.«

Beim Lesen sollte man sich immer vor Augen halten, dass dieser Wortbeitrag, ebenso wie die der anderen Kardinäle, als Spiegelbild dessen verstanden werden kann, was in den tagelangen Generalkongregationen besprochen, defizitär aufgezeigt, visionär angedeutet wurde. Am Ende seiner Intervention personalisierte Kardinal Bergoglio und zeichnete ein Papstprofil: »Denkt man an den nächsten Papst: ein Mann, der von der Betrachtung Jesu Christi und von der Anbetung Jesu Christi her der Kirche hilft, aus sich herauszugehen hin zu den existenziellen Peripherien (*Pensando en el próximo Papa: un hombre que, desde la contemplación de Jesucristo y desde la adoración a Jesucristo ayude a la Iglesia a salir de sí hacia las periferias existenciales …*), der ihr hilft, eine fruchtbare Mutter zu sein, die von ›der süßen und stärkenden Freude zu evangelisieren‹ lebt.«

Noch einmal in Betracht gezogen, dass man diese keine fünf Minuten dauernde Rede nur *post festum*, von hinten lesen kann: Hat Jorge Mario Bergoglio SJ hier ein Selbstporträt gezeichnet? So lesen diese Vision von Kirche diejenigen, die ihm unterstellen, er habe das Amt angestrebt – was nicht nur einem Kardinal, sondern einem Jesuiten im Speziellen (durch das vierte Gelübde) untersagt ist.

Wandel und Reform durch Evangelisierung

Deutlich ist: Kardinal Bergoglio setzte unter dem Eindruck einer am Ende des Pontifikats von Benedikt XVI. in Skandale verstrickten, vor allem mit sich selbst beschäftigten Kirche auf Wandel und Reform – durch Evangelisierung. Programmatisch entfalten, ausbuchstabieren wird er diese Skizze aus dem Vorkonklave acht Monate später in »Evangelii gaudium«. Drei Bewegungen sind, zusammenfassend, dafür erforderlich: das Hinausgehen zu den existenziellen Peripherien der Menschen; das Herausgehen aus der Selbstbezogenheit der Kirche; der Wechsel von einer mundanen zu einer evangelisierenden Kirche.

Der von Jorge Mario Bergoglio SJ bei seinem Deutschlandaufenthalt (1986) als Doktorvater ins Auge gefasste Pastoraltheologe Michael Sievernich SJ hat in dem Zusammenhang auf den vielleicht etwas deutsch klingenden Fachterminus von der »›Geh-hin-Struktur‹ der Kirche« gesprochen. Als in der Folge der Wahl zum Papst die Biografie Bergoglios weltweit detailliert recherchiert wurde, trat diese Dimension seines eigenen pastoralen Wirkens als Weihbischof und Erzbischof von Buenos Aires stärker zutage.

Jorge Mario Bergoglio stammt aus einer Mittelschichtfamilie mit Migrationshintergrund. Er ist ein echter »porteño«, wie die Bewohner der argentinischen Hauptstadt heißen, die Großstadt prägte bis zum 13. März 2013 den größten Teil seines bisherigen Lebens. Urbanität rückt damit ins Blickfeld: »Als Städter«, so Sievernich, »legt er besonderen Wert auf das Hineingehen in die Städte, auf eine urbane Pastoral, die sich den städtischen Dimensionen öffnet: den ›villas‹, wie in Argentinien die Armenviertel heißen, und den sozialen Problemen, der großen Politik und den kleinen Sorgen, der Volksfrömmigkeit und Popularkultur, der großen Literatur und dem rustikalen Gaucho-Epos *Martín Fierro*. Aus diesem entnimmt er das Leitmotiv der Freundschaft, das auch das Dokument des lateinamerikanischen Bischofsrats von Aparecida (2007) prägt. Dort geht es um die spirituelle ›Freundschaft mit Jesus‹ im Gebet, die solidarische ›Freundschaft mit den Armen‹ und die ›soziale Freundschaft‹ unter den Völkern.«[30]

Wie sehr ihn seine Lebens- und Glaubenserfahrungen prägen, wie bestimmend Ereignisse wie Aparecida wurden, wird sich im Lauf meiner Ausführungen zeigen. Jorge Mario Bergoglio SJ hat sich am 13. März 2013 nicht neu erfunden. Er hat keine neue Identität angenommen und nach Ideen gesucht, die er jetzt als Papst ausführen könnte. Er ist sich selbst treu geblieben – und kann jetzt allerdings, als Papst, die Kirche auf eine andere Spur setzen. Dafür braucht er natürlich Verbündete, um die er auch wirbt. Kirche ist für ihn keine One-Man-Show, kein Selbstzweck – sondern der Ort, an dem Gottes Barmherzigkeit erfahrbar werden soll.

Schlag nach – beim Erzbischof von Buenos Aires!

Michael Sievernich hat in seiner Einführung zu einem ins Deutsche übersetzten Sammelband mit kleineren katechetischen, pädagogischen und marianischen Schriften des Erzbischofs von Buenos Aires darauf hingewiesen, dass sich etliche Leitmotive des neuen Papstes zurückverfolgen lassen.

»Die Grundidee einer nicht in sich selbst verharrenden, ›sondern zu den Rändern hinausgehenden Kirche‹«[31] entdeckte der Pastoraltheologe in einer Predigt von Kardinal Bergoglio für Katecheten aus dem Jahr 2005: »Fassen Sie Mut und denken Sie die Pastoral und die Katechese von den Rändern her, denken Sie an diejenigen, die am weitesten entfernt sind, die in der Regel nicht in die Kirche gehen. Auch sie sind zum Hochzeitsmahl des Lammes geladen. (…) Kommen Sie heraus aus Ihren Löchern! Heute sage ich es noch einmal: Kommen Sie heraus aus der Sakristei, dem Pfarrbüro, den VIP-Lounges, gehen Sie hinaus! Praktizieren Sie eine Pastoral der Hinterhöfe, der Türen, der Häuser, der Straße. Worauf warten Sie noch? Gehen Sie hinaus! Und vor allem praktizieren Sie eine Katechese, die niemanden ausgrenzt und offen ist für die neuen Herausforderungen dieser komplexen Welt. Seien Sie keine starren Funktionäre, keine Fundamentalisten einer Planung, die ausgrenzt.«[32]

Eine frappante Parallele zur Rede im Vorkonklave! Es genügt nicht, diese zur Kenntnis zu nehmen, begeistert davon zu reden, akademisch zu analysieren, zu kommentieren – um dann wieder dem eigenen Trott nachzugehen. Wir müssen handeln! Unschwer erkennt man: Papst Franziskus ist sich treu geblieben.

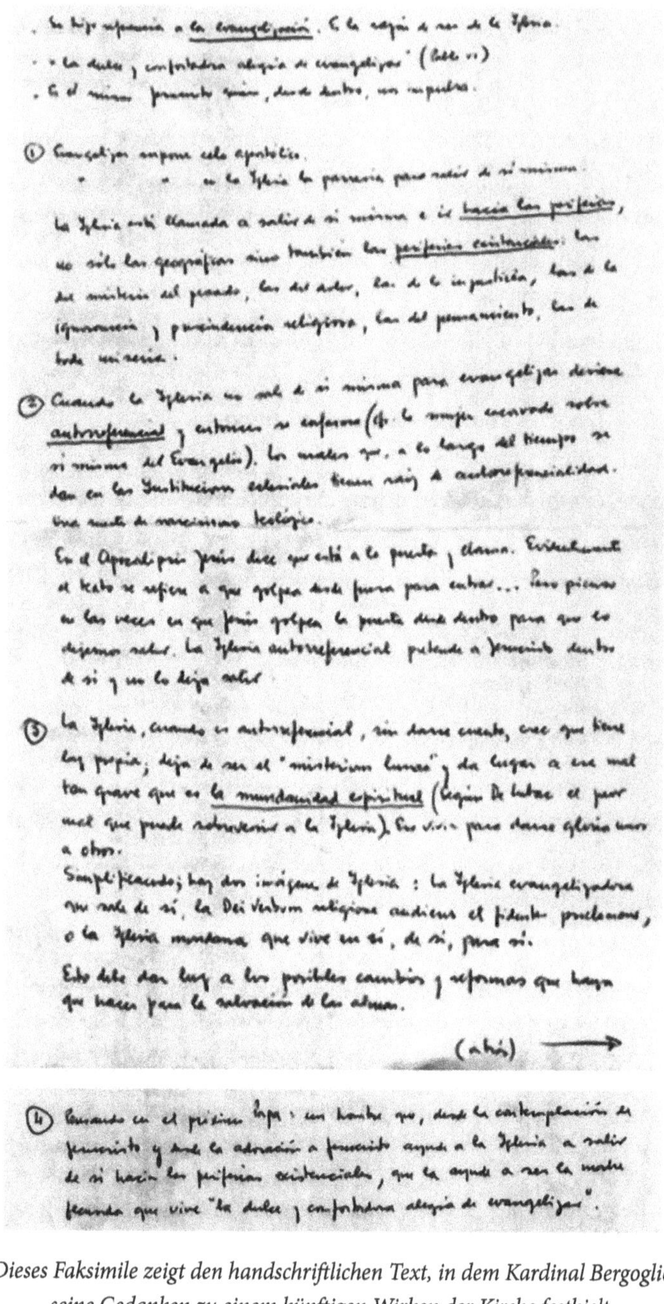
. Se hizo referencia a la evangelización. Es la razón de ser de la Iglesia.
. "La dulce y confortadora alegría de evangelizar" (Pablo VI)
. Es el mismo Jesucristo quien, desde dentro, nos impulsa.

① Evangelizar supone celo apostólico.
" " en la Iglesia la parresía para salir de sí misma.

La Iglesia está llamada a salir de sí misma e ir hacia las periferias, no sólo las geográficas sino también las periferias existenciales: las del misterio del pecado, las del dolor, las de la injusticia, las de la ignorancia y prescindencia religiosa, las del pensamiento, las de toda miseria.

② Cuando la Iglesia no sale de sí misma para evangelizar deviene autorreferencial y entonces se enferma (cfr. la mujer encorvada sobre sí misma del Evangelio). Los males que, a lo largo del tiempo se dan en las instituciones eclesiales tienen raíz de autorreferencialidad. Una suerte de narcisismo teológico.

En el Apocalipsis Jesús dice que está a la puerta y llama. Evidentemente el texto se refiere a que golpea desde fuera para entrar... Pero pienso en las veces en que Jesús golpea la puerta desde dentro para que lo dejemos salir. La Iglesia autorreferencial pretende a Jesucristo dentro de sí y no lo deja salir.

③ La Iglesia, cuando es autorreferencial, sin darse cuenta, cree que tiene luz propia; deja de ser el "misterium lunae" y da lugar a ese mal tan grave que es la mundanidad espiritual (según De Lubac el peor mal que puede sobrevenir a la Iglesia). Ese vivir para darse gloria unos a otros.
Simplificando; hay dos imágenes de Iglesia: la Iglesia evangelizadora que sale de sí, la Dei Verbum religiose audiens et fidenter proclamans, o la Iglesia mundana que vive en sí, de sí, para sí.

Esto debe dar luz a los posibles cambios y reformas que haya que hacer para la salvación de las almas.

(atrás) ⟶

④ Pensando en el próximo Papa: un hombre que, desde la contemplación de Jesucristo y desde la adoración a Jesucristo ayude a la Iglesia a salir de sí hacia las periferias existenciales, que la ayude a ser la madre fecunda que vive "de la dulce y confortadora alegría de evangelizar".

Dieses Faksimile zeigt den handschriftlichen Text, in dem Kardinal Bergoglio seine Gedanken zu einem künftigen Wirken der Kirche festhielt.

Kandidaten?

Im Gespräch mit der mexikanischen Vatikanberichterstatterin Valentina Alazraki (März 2015) hört sich das aus der Sicht des dann gewählten Papstes so an: »Die Sache ist sehr einfach. Ich war mit einem kleinen Koffer angereist, weil ich mir ausgedacht hatte, dass der Papst sein Pontifikat auf keinen Fall in der Karwoche antreten würde. Demnach konnte ich getrost herkommen und zum Palmsonntag wieder nach Buenos Aires zurückkehren. Ich hatte die fertige Predigt auf meinem Schreibtisch liegen lassen und war mit dem Allernötigsten für diese Tage gekommen. Ich war davon ausgegangen, dass es ein sehr kurzes Konklave werden könnte. Aber auch für den Fall, dass es länger dauern sollte, hatte ich vorgesorgt. Mein Rückflugticket konnte ich umtauschen oder vorverlegen. Das, zumindest, war sicher. Außerdem stand ich Gott sei Dank auf keiner Liste von *papabili*, möglichen Anwärtern für das Papstamt, und es kam mir auch überhaupt nicht in den Sinn. In diesem Punkt will ich ehrlich sein, um irgendwelche Geschichten zu vermeiden. Bei den Wettbüros in London stand ich, glaube ich, auf Platz zweiundvierzig oder sechsundvierzig.«[33]

Bei Austen Ivereigh kann man nachlesen, dass Bergoglio, anders als 2005, allein anreiste, also ohne Sekretär, und er verzichtete dabei auf das vom Vatikan zugeschickte Erste-Klasse-Ticket. Die auf dem Flughafen Fiumicino für Kardinäle wartende Limousine ließ er stehen und fuhr, nachdem er seinen Koffer ausgelöst hatte, wie gewöhnlich mit dem Zug nach Roma-Termini und von dort mit dem Bus weiter in die Via Scrofa, wo er üblicherweise übernachtete – diesmal nur eine Nacht, bevor er ins Gästehaus Santa Marta des Vatikans wechselte.[34]

Trotz heiligster Eide der Konklave-Teilnehmer, strengste Verschwiegenheit zu bewahren, wurden und werden im Nachhinein immer wieder (teils skurrile) Details bekannt. Manchmal sogar, wie 2005 und 2013, kursiert hinterher das angebliche oder vermeintliche Stimmverhalten. Oder es tauchen geheime (verbotene) Tagebücher auf. Eine Papstwahl bewegt eben nicht nur die Gemüter auf der Piazza San Pietro, wo die Massen auf die *fumata bianca* warten, den weißen Rauch aus dem Kamin der Sixtinischen Kapelle, sondern auch hinter den hermetisch abgeschotteten Mauern, wo das Konklave stattfindet. »Verschwörungstheorien und Wunschträume« spielen dabei eine Rolle, die Tatsache, dass sich das Konklave »dem Trend zur Transparenz (entzieht)«, die Aura des Geheimnisvollen also und seiner Inszenierung – wie der Kirchenhistoriker Hubert Wolf, nicht ohne süffisante Anspielungen, festhält.[35]

Es gilt das italienische Sprichwort: »Se non è vero è ben trovato« – Wenn es nicht wahr ist, ist es doch gut erfunden! Nach dem Konklave wurde jedenfalls bekannt, dass ein aussichtsreicher Kandidat, der damals 63-jährige Erzbischof von São Paulo, Kardinal Odilo Pedro Scherer, mit vielen Koffern angereist war – was immer man daraus schließen will (*Honi soit qui mal y pense*). Scherer hat deutsche Wurzeln (im Saarland). Von 1994 bis 2001 war er an der Kongregation für Bischöfe tätig, bevor er selber Bischof wurde: 2002 zunächst Weihbischof in São Paulo und von 2003 bis 2007 Generalsekretär der mit über 400 Bischöfen sehr großen brasilianischen Bischofskonferenz, 2007 Erzbischof des Hauptstadtbistums und Kardinal. Scherer galt wegen seiner römischen Zeit – muss man vermuten – als Vertreter der Kurie.

Ein anderer, hoch gehandelter Kandidat war der frühere Patriarch von Venedig, der 2011 Erzbischof von Mailand wurde: Kardinal Angelo Scola. Seinen altersbedingten Rücktritt hat Papst Franziskus im Juli 2017 angenommen. Auch wenn er selber nichts dafürkann: Offenbar war sich die italienische Bischofskonferenz seinerzeit derart sicher, dass der 72-Jährige – als Favorit der Presse wie vieler italienischer Wahlmänner gehandelt – der gewählte Papst sei, dass ihm die italienische Bischofskonferenz, als am 13. März 2013 um 19:06 Uhr weißer Rauch aus dem wohl berühmtesten Kamin der Welt stieg, in einer Pressemitteilung in vorauseilendem Gehorsam zur Wahl gratulierte, bis sie ihren Fehler schließlich korrigierte. Der neu gewählte Papst betrat gegen 20:22 Uhr die Benediktionsloggia des Petersdomes und war bekanntlich Argentinier.

»Ich habe das Gefühl, mein Pontifikat wird von kurzer Dauer sein. Vier oder fünf Jahre. Ich weiß nicht, oder zwei oder drei. Na ja, zwei sind schon vorbei. Das ist so ein vages Gefühl. (...) Ich weiß nicht, was das ist. Aber ich habe das Gefühl, dass Gott mich für eine kurze Zeit hierher geschickt hat, nicht mehr ... Aber es ist ein Gefühl. Deshalb lasse ich immer die Möglichkeit offen«, sagte er gegenüber Valentina Alazraki. Mittlerweile sind es fünf Jahre geworden. Wer wollte nicht gesehen und erlebt haben, was seit dem 13. März 2013 passiert ist? Dass es mittlerweile Stimmen gibt, die diese Wahl für einen Fehler, wenn nicht gar eine Katastrophe halten, ist offensichtlich – und an den »Rändern« oder gar außerhalb der römisch-katholischen Kirche wundert man sich mehr darüber als mittendrin.

Übergangspäpste …

Als Papst Johannes XXIII. am 3. Juni 1963 starb, es war ein Pfingstmontag, wenige Monate nach Eröffnung des Zweiten Vatikanischen Konzils (Oktober 1962 bis Dezember 1965), war ich neun Monate alt. Ich kenne ihn nur aus der Literatur. Seit dem Sommer 1962 lebte er mit der Diagnose Magenkrebs. Er wusste, dass er diesen nicht überleben würde. Er war vorbereitet. In der Kuba-Krise im September 1962 – eindrucksvoll geschildert in dem Hollywood-Epos »Thirteen days« mit Kevin Costner in der Rolle des amerikanischen Präsidentenberaters – war der Papst noch diplomatisch aktiv, hinter den Kulissen. Und er konnte Kuba und die USA, also Fidel Castro und Nikita Chruschtschow auf der einen sowie John F. Kennedy auf der anderen Seite, letztlich überzeugen. Im April 1963, bereits sichtlich todkrank, überraschte er mit seiner Enzyklika »Pacem in terris«. Das war das Ende des »gerechten Krieges«! Als er starb, herrschte weltweit Trauer, nicht nur unter Katholiken. Johannes XXIII. hat dem Papstamt ein menschliches, gütiges Gesicht gegeben, hieß es in Nachrufen, er wurde »Papa buono« genannt.

Nach Pius XII., einem ausgebildeten Diplomaten und Juristen, hatte der rundliche, aus Sotto il Monte in der oberitalienischen Provinz Bergamo stammende Bauernsohn Angelo Giuseppe Roncalli schon rein optisch einen völlig anderen Phänotyp repräsentiert. Erfahrungen als Apostolischer Visitator in Bulgarien (1925) und als Apostolischer Delegat für Griechenland und die Türkei (1934) hatten ihn für ökumenische Fragen, nicht nur mit der orthodoxen Kirche, sensibilisiert. Während des Zweiten Weltkriegs half Roncalli Juden bei der Flucht, um sie vor der Deportation zu bewahren.

Seine Versetzung nach Paris als Apostolischer Nuntius (Dezember 1944), also als Botschafter des Heiligen Stuhls, kann man auch als Racheaktion des Vatikans lesen: Dieser schickte – gezwungen (worden), mit dem Vichy-Regime unter Philippe Pétain kollaborierende Bischöfe abzusetzen – einen »Nobody« an die Seine, um Charles de Gaulle zu brüskieren. Mit seiner natürlichen Freundlichkeit konnte Roncalli dann weitere Absetzungen von Bischöfen (drei statt 30) verhindern und die französische Regierung für sich einnehmen. 1953 wurde er zum Patriarchen von Venedig ernannt, den »roten Hut« empfing er traditionsgemäß aus den Händen des Staatspräsidenten: Vincent Auriol.

Überraschungscoup: ein neues Konzil

Im Oktober 1958 nahmen einundfünfzig von dreiundfünfzig Kardinälen am Konklave teil. Vierundzwanzig von ihnen waren noch älter als der damals 77-jährige Roncalli, der aus der Wahl als Johannes XXIII. hervorgehen sollte. Schon wenige Tage später besetzte der Papst den seit vierzehn Jahren (!) vakanten Posten des Kardinalstaatssekretärs wieder – mit Domenico Tardini († 1961), der es 1954 aus Bescheidenheit abgelehnt hatte, ins Kardinalskollegium aufgenommen zu werden. Und schon bei seinem ersten Konsistorium, im Dezember 1958, gab es Weichenstellungen des »Übergangspapstes«: Unter den neuen Kardinälen waren Julius Döpfner (Berlin), Franz König (Wien) und Giovanni Battista Montini (Mailand), der bei seinem Vorgänger »in Ungnade gefallen«[36], sprich: in die lombardische Metropole weggelobt worden war. Alle drei sollten später auf dem Konzil eine wichtige Rolle spielen.

Keine neunzig Tage nach seiner Wahl kündigte dann Papst Johannes XXIII. am 25. Januar 1959, am Ende der Weltgebetswoche für die Einheit der Christen, ein Konzil an. Die in der Sakristei von *San Paolo fuori le mura* anwesenden 17 Kardinäle haben die Ankündigung, sollte der Papst zwei Jahre später vermerken, mit einem »eindrucksvollen, andächtigen Schweigen« (*impressionante, devoto silenzio*) aufgenommen. Es war eine Art Schockstarre. Die Kirche verdankt indes genau diesem Papst einen »Sprung nach vorn« (*un balzo innanzi*) – so seine Erwartung an das Konzil in seiner grandiosen Eröffnungsansprache am 11. Oktober 1962.

Das Kalkül der Kardinäle des Konklaves von 1958 liegt auf der Hand: Wir wählen einen der ältesten aus unserem Kreis, der wird rasch – was ja auch eintrat – neue Kardinäle ernennen, dann ist bei der nächsten Wahl die Auswahl potenzieller Kandidaten größer: Man hatte auf ein »Pontifikat des Übergangs« (*pontificato di passagio*) gesetzt, »d. h. man ging davon aus, dass es nur von kurzer Dauer sein würde und dazu bestimmt, in aller Ruhe die Traumata der langen und dramatischen Regierung von Pius XII. zu tilgen«.[37]

Aus dem Übergangspapst wurde in vielfacher Hinsicht ein Papst des Übergangs. Von seinem Profil her schien ein hochbetagter Pontifex maximus beherrschbar: »Roncalli war keine besonders ausgeprägte Persönlichkeit, es fehlten daher präjudizierende Feindseligkeiten; er hatte ein sehr langes und vielseitiges curriculum und war wegen seiner Gutmütigkeit bekannt.«[38] Der Heilige Geist machte solchen taktischen Überlegungen einen Strich durch die Rechnung – mit der Konzilsankündigung.

Papst Pius XII. hatte seit 1954 keine neuen Kardinäle mehr ernannt, mit seinen ersten Ernennungen knapp vor Weihnachten 1958 hat Johannes XXIII. die von Papst Sixtus V. († 1590) festgelegte Höchstzahl von siebzig Purpurträgern bereits deutlich überschritten. Noch vor dem Konzil wurden in vier weiteren Konsistorien neunzehn weitere neue Kardinäle ernannt, darunter ein Japaner, ein Filipino und ein Afrikaner. Das Kardinalskollegium wurde international, Erfahrungen aus anderen Kontinenten konnten sich endlich Geltung verschaffen.

Mit der Einberufung eines Konzils war allerdings nicht zu rechnen gewesen. Viele (besonders Historiker und Dogmatiker) fragten sich damals: Warum überhaupt ein Konzil – nach dem Ersten Vatikanum

(1869/70), das den Jurisdiktionsprimat und die Unfehlbarkeit (Infallibilität) des Papstes definiert hatte? Warum jetzt? Und wie sollte es organisiert werden? Johannes XXIII. setzte sich über solche Bedenken hinweg. Bis heute scheiden sich die Geister, ob es sich wirklich um eine spontane »Eingebung« des Papstes gehandelt habe. Der Doyen der Konzilsgeschichtsforschung, Giuseppe Alberigo († 2007), hat darauf hingewiesen, dass der offenbar innerkirchlich von vielen unterschätzte Papst das Konzil »in einen epochalen Kontext« gesetzt hat, es fand ja nicht in einem weltgeschichtlichen Vakuum statt: Der erfahrene Diplomat hatte die weltpolitische Lage sensibel wahrgenommen – man denke an das Wetterleuchten des Endes des kolonialen Zeitalters. Das Zweite Vatikanische Konzil fällt in die Phase des Kalten Krieges, in dessen Umfeld der Koreakrieg (1950), die Berlinblockade mit der Errichtung der Mauer (1961) oder die Kubakrise (1962) gehören.

Johannes XXIII. schuf jedenfalls einen neuen Konzilstyp. Er wollte ein »Pastoralkonzil«, das keine Verurteilungen (*Anathemata*) aussprechen, sondern die Kirche auf die Höhe der Zeit, sie mit der Gegenwart ins Gespräch bringen sollte – Stichwort: »Aggiornamento«. Offengelassen, nicht näher definiert hat das Konzil, was die unterschiedlichen Genera litteraria – Konstitutionen, Dekrete, Erklärungen – bedeuten. Natürlich sind die vier dogmatischen Konstitutionen am bedeutsamsten. Aber auch die anderen verabschiedeten Dokumente sind verbindlicher Ausdruck eines Gesamtgeschehens und nicht von der Konzilsidee zu trennen oder zu relativieren, wie dies seit Jahren mehr oder weniger offen geschieht, längst nicht nur von der Priesterbruderschaft St. Pius X., für die das Zweite Vatikanum ein Verrat an der Tradition ist.

Das Zweite Vatikanum sollte ein Reformkonzil sein wie seinerzeit Trient. Johannes XXIII. wusste, dass die Kirche dringend Erneuerung brauchte – ein »neues Pfingsten«. Sein Nachfolger Paul VI. hat bereits einen Tag nach seiner Wahl (21. Juni 1963) klargestellt, dass er das Konzil und den damit in Gang gesetzten Reformprozess fortsetzen würde, am 27. Juni legte er die Wiedereröffnung des Konzils für Ende September fest.[39] Am 29. September 1963 begann dann die zweite Sitzungsperiode.

Fenster und Türen öffnen: frischer Wind

Johannes XXIII. und Franziskus: Parallelen sind unübersehbar, wobei das Alter der auf einen ersten, oberflächlichen Blick naheliegendste, aber letztlich doch unbedeutendste Punkt ist. Ohne die mit »seinem« Konzil verbundene Öffnung wäre die Kirche zu dem geworden, was sie nach Johannes XXIII. gerade nicht sein sollte: ein Museum. In vielen Anekdoten und Geschichten werden seit Jahrzehnten Bilder transportiert, die umschreiben, was er mit dem wohl wichtigsten kirchengeschichtlichen Ereignis des 20. Jahrhunderts bezweckte.

Auf die Frage, was er vom Konzil erwarte, soll Johannes XXIII. zu einem Fenster in seinem Arbeitszimmer gegangen sein. Er öffnete es und sagte einfach: »Frische Luft!« Der Konzilsteilnehmer Eduard Schick († 2000), seit 1962 Weihbischof und kurz vor Weihnachten 1974 zum Bischof von Fulda ernannt, kommentierte diese Episode so: »Die kalte Luft von draußen strömt herein, erwärmt sich drinnen und warm strömt sie hinaus. Es gibt kaum ein treffenderes Bild für die ›Kirche in der Welt von heute‹.«[40] Der bekannte schwäbische Priesterkünstler Sieger Köder (1925–2015) wiederum, der als farbgewaltiger »Prediger in Bildern« bezeichnet wurde, hat ein Bild mit dem Titel »Das offene Fenster« gemalt. Es spricht Bände: Im Hintergrund sieht man ein weit geöffnetes Fenster der Papstwohnung. Unter dem Fenster hört Johannes XXIII. mit einem roten Rubin am Ringfinger einem Wissenschaftler zu, der einen Stein in der Hand hält: der Paläontologe Pierre Teilhard de Chardin SJ. Seinerzeit war der 1955 in New York verstorbene Jesuit mit Lehr- und Publikationsverbot belegt. Köders Aussage: Der »gute Papst Johannes« öffnet Fenster, damit Gottes Geist durch den Apostolischen Palast wehen kann. Dieser Papst geht auf Menschen zu, er hört hin, er rehabilitiert. »Aggiornamento« heißt Dialog, auch mit Andersdenkenden.[41]

Auch Papst Franziskus warnte wiederholt davor, die Kirche als Museum zu betrachten. In seiner Eröffnungsansprache zur Familiensynode am 5. Oktober 2015 findet sich die Bemerkung: »Die Synode ist die Kirche, die nachdenkt über ihre Treue zum *Glaubensgut*, das für sie kein Museum ist, das zu besichtigen und auch nicht nur zu bewahren ist, sondern eine lebendige Quelle, aus der die Kirche ihren Durst stillt, um den Durst des *Lebensgutes* zu stillen und es zu erleuchten.«

Die Metapher von den offenen Türen bemüht er wieder und wieder. Im Interview mit Antonio Spadaro SJ ging er noch einen Schritt weiter: »Statt nur eine Kirche zu sein, die mit offenen Türen aufnimmt und empfängt, versuchen wir, eine Kirche zu sein, die neue Wege findet, die fähig ist, aus sich heraus und zu denen zu gehen, die nicht zu ihr kommen, die ganz weggegangen oder die gleichgültig sind.«[42]

Vor dem Hintergrund seiner in »Evangelii gaudium« festgehaltenen Vision einer »missionarischen Umgestaltung der Kirche« – Kardinal Kasper nennt das Dokument »ein Jahrhundertprogramm«[43] – heißt es in dem Schreiben richtungsweisend: »Eine Kirche ›im Aufbruch‹ ist eine Kirche mit offenen Türen. Zu den anderen hinauszugehen, um an die menschlichen Randgebiete zu gelangen, bedeutet nicht, richtungs- und sinnlos auf die Welt zuzulaufen.« (EG 46) Und es wird präzisiert: »Die Kirche ist berufen, immer das offene Haus des Vaters zu sein. Eines der konkreten Zeichen dieser Öffnung ist es, überall Kirchen mit offenen Türen zu haben. So stößt einer, wenn er einer Eingebung des Geistes folgen will und näherkommt, weil er Gott sucht, nicht auf die Kälte einer verschlossenen Tür. Doch es gibt noch andere Türen, die ebenfalls nicht geschlossen werden dürfen.« (EG 47)

Welche Kirche?

Es geht aber eben nicht nur um eindrucksvolle Metaphern und Vergleiche, die Eindruck machen oder hängen bleiben aufgrund ihrer Konkretheit. Es ist wichtig wahrzunehmen, dass in diesem Umfeld der schon in seiner Zeit als Erzbischof von Buenos Aires gefallene, viel zitierte Ausdruck von der »verbeulten Kirche« wieder bemüht wird: »Brechen wir auf, gehen wir hinaus, um allen das Leben Jesu Christi anzubieten! Ich wiederhole hier für die ganze Kirche, was ich viele Male den Priestern und Laien von Buenos Aires gesagt habe: Mir ist eine ›verbeulte‹ Kirche, die verletzt und beschmutzt ist, weil sie auf die Straßen hinausgegangen ist, lieber als eine Kirche, die aufgrund ihrer Verschlossenheit und ihrer Bequemlichkeit, sich an die eigenen Sicherheiten zu klammern, krank ist. Ich will keine Kirche, die darum besorgt ist, der Mittelpunkt zu sein, und schließlich in einer Anhäufung von fixen Ideen und Streitigkeiten verstrickt ist. Wenn uns etwas in heilige Sorge versetzen und unser Gewissen beunruhigen soll, dann ist es die Tatsache, dass so viele unserer Brüder und Schwestern ohne die Kraft, das Licht und den Trost der Freundschaft mit Jesus Christus leben, ohne eine Glaubensgemeinschaft, die sie aufnimmt, ohne einen Horizont von Sinn und Leben. Ich hoffe, dass mehr als die Furcht, einen Fehler zu machen, unser Beweggrund die Furcht sei, uns einzuschließen in die Strukturen, die uns einen falschen Schutz geben, in die Normen, die uns in unnachsichtige Richter verwandeln, in die Gewohnheiten, in denen wir uns ruhig fühlen, während draußen eine hungrige Menschenmenge wartet und Jesus uns pausenlos wiederholt: ›Gebt ihr ihnen zu essen!‹ (Mk 6,37).« (EG 49)

Man lese das vor dem Hintergrund der Rede Kardinal Bergoglios im Vorkonklave: Kirche an den existenziellen Peripherien! Papst Franziskus, um es zu wiederholen, hat sich am Abend seiner Wahl und danach nicht neu erfunden. Viele markante Aussagen haben sozusagen rhetorische Vorläufer: Anlässe während seiner Zeit, in der er

Verantwortung für die Erzdiözese Buenos Aires trug, als er für eine Lokalkirche umzusetzen versuchte, was das Zweite Vatikanische Konzil und in weiterer Folge der Lateinamerikanische Bischofsrat (CELAM) entwickelt hatten, um die Kirche à jour zu bringen. Schon die Versammlungen in Medellín (1968), Puebla (1979) und Santo Domingo (1992) waren richtungsweisend gewesen. Der ausführliche Text von Aparecida (2007) setzte diese Linie fort, und es hat eine immense Bedeutung, dass bei der Schlussredaktion der Fünften Generalversammlung Kardinal Bergoglio federführend tätig war.

Der erste Eindruck

Ich saß am Abend des 13. März 2013, es war ein Mittwoch, in einem Hotel in Mailand. Nachmittags wurde klar, dass sich im Vatikan etwas tut: Das Konklave schien, das lag in der Luft, auf eine Entscheidung zuzulaufen. Mein erster Eindruck – ich informierte mich live über BBC – war ein Schock. Das eine oder andere hatte ich über diesen Jorge Mario Bergoglio gehört: dass er 1992 Weihbischof geworden sei, nach 34 Ordensjahren. Und dass er danach immer weiter nach oben geklettert sei: Koadjutor des Erzbischofs, Erzbischof, Kardinal, Vorsitzender der Argentinischen Bischofskonferenz.

Als sich der neu gewählte Papst auf der Benediktionsloggia zeigte, nachdem zuvor der französische Kurienkardinal Jean-Luis Tauran in seiner Eigenschaft als Kardinalprotodiakon die berühmten Worte »Annuncio vobis gaudium magnum: habemus papam« gesprochen und den Namen des Neugewählten bekannt gemacht hatte – beim Sprechen durch seine Parkinsonerkrankung deutlich gehandicapt –, war ich zuerst entsetzt. Und da Papst Franziskus zunächst nur dastand, schweigend, und wie verschüchtert auf die wartende Menschenmenge auf dem Petersplatz blickte, zurückhaltend winkte, während im Hintergrund die vatikanische Hymne erklang, dachte ich mir spontan: Wann fängt er denn an zu reden?

Aber als dann dieses stinknormale »Fratelli e sorelle, buona sera« kam – löste sich meine Anspannung. Und ich nahm wahr: Der neue Papst trägt keine samtene Mozzetta, von einem Hermelinbesatz war nichts zu sehen, kein Pektorale aus Gold und mit Edelsteinen versehen (Franziskus behielt sein einfaches Brustkreuz aus Blech und trägt es bis heute), und er ließ sich die traditionelle rote Papststola erst vor dem Segen »Urbi et orbi« umlegen. Das war anders als das, was bisher galt und was man bisher sah. »Arriva il papa nudo« titelte eine italienische Tageszeitung über den ersten Auftritt: Der Papst kommt nackt daher. Nackt oder einfach?

»Guten Abend«: Spätestens da sprang der Funke über, eine simple Begrüßung erwies sich als Eisbrecher für die Tausende von Wartenden, bei nasskaltem Wetter. Es brauchte nicht viel, um einen neuen Sound in die Kirche zu bringen! Und seither gewöhnen wir uns daran – mit sichtbaren Schwierigkeiten für diejenigen, die das spanische Hofzeremoniell nach wie vor vermissen.

»Der Karneval ist vorbei«

Beim Umkleiden soll Franziskus gesagt haben: »Der Karneval ist vorbei!« Ob es wirklich stimmt, dass er Guido Marini, den päpstlichen Zeremonienmeister, in der *camera lacrimatoria*, dem Zimmer der Tränen, erstmals abblitzen ließ, wo der neu gewählte Papst unmittelbar nach seiner Wahl seine rote Kardinalsrobe gegen eine in drei unterschiedlichen Größen ausgelegte weiße Soutane austauscht, weiß man bis heute nicht. Das Gerücht hält sich hartnäckig. Die roten Schuhe verweigerte Franziskus – das konnte man auf der Loggia natürlich nicht sehen –, aber bei allen späteren Auftritten: Er benutzt weiterhin seine ausgelatschten schwarzen (orthopädischen) Schuhe.

Auch das hat sich bei mir eingeprägt: Bevor Franziskus den Segen erteilt, bat er darum, dass die Menge Gott bitte, ihn zu segnen: »das Gebet des Volkes, das um den Segen für seinen Bischof bittet« – und für den »Weg (*camino*) als Kirche, den wir heute beginnen«. Er vermied dabei den Ausdruck Papst. An seiner Seite standen, gegen das übliche Protokoll, der Kardinalvikar von Rom, sein Stellvertreter in der Diözese Rom, Kardinal Agostino Vallini, und Kardinal Cláudio Hummes OFM, der frühere Erzbischof von Fortaleza, dann von São Paulo, der während seiner vierjährigen Amtszeit als Kardinalpräfekt der römischen Kleruskongregation (2006–2010) keinen leichten Stand im Vatikan hatte. Im Konklave war er Banknachbar von Kardinal Bergoglio gewesen. Ihm streute der Papst drei Tage nach seiner Wahl, bei der ersten Audienz für Medienvertreter, Rosen: »ein großer Freund, ein großer Freund!« Und lüftete dabei ein Geheimnis: »Als die Sache sich etwas zuspitzte, hat er mich bestärkt. Und als die Stimmen zwei Drittel erreichten, erscholl der übliche Applaus, da der Papst gewählt war. Und er umarmte, küsste mich und sagte mir: ›Vergiss die Armen nicht!‹ Und da setzte sich dieses Wort in mir fest: die Armen, die Armen. Dann sofort habe ich in Bezug auf die Armen an Franz von Assisi gedacht. (…) So ist mir der Name ins Herz gedrungen: Franz von Assisi.« Die Namenswahl ließ nicht nur die Franziskaner im umbrischen Assisi jubeln.

Der neue Papst überzeugte schlagartig mit seinen ersten Gesten und Worten. Sie waren sparsam. Fast schüchtern. Da gab es keine Posen, nichts Gespieltes, minutenlanges Schweigen – und dann eben dieses: *»buona sera«*, so wie er sich dann am Ende mit *»un buon riposo«* (Schlaft gut) und *»a presto«* (bis bald) verabschiedete.

Man muss sich fünf Jahre nach dieser überraschenden Wahl einige Schlagzeilen in Erinnerung rufen, um an die damalige Stimmung (und Erwartungshaltung) anzuknüpfen: »Der Franz, der kann's«, hieß es in der Zeitschrift *Zeitzeichen*. Hans Küng sprach in der *Neuen Zürcher Zeitung* von einem »Reformpapst«. Anderswo der Titel: »Sein Herz schlägt für die Armen«. Die Wochenzeitung *The Tablet* (London) brachte mehrere Kommentare mit den bezeichnenden Titeln »Francis defines a new epoch« oder »Francis, agent of change«. Es war auch vom »Pfingst-Papst Franziskus« die Rede. Die Superlative sprudelten nur so.

Ehrlicherweise muss ich dazu sagen, dass ich mit der Jubelstimmung (»Viva il Papa!«) dieses Abends nicht sofort eine Aufbruchstimmung verbinden konnte, vielleicht wegen des Schocks, dass ein Jesuit gewählt worden war. Auch der langjährige (2016 altersbedingt ausgeschiedene) Leiter des vatikanischen Presseamtes, der Jesuit Federico Lombardi, gab in einer ersten Reaktion zu, zunächst »sprachlos« über diese Wahl gewesen zu sein und »unter Schock« gestanden zu haben – was aber eben auch damit zu tun hatte, dass ein Mitbruder aus dem Jesuitenorden gewählt worden sei. Eines aber war sofort klar: Der Name Franziskus wurde als Programm verstanden, und der drei Tage später getätigte Ausruf des Papstes gab zu denken, und viele rätseln heute noch, was das für die römisch-katholische Kirche im reichen Norden der Halbkugel bedeutet: »Ach, wie möchte ich eine arme Kirche für die Armen!«

»Bergoglios Liste«

Als ich drei Tage nach der Papstwahl nach München zurückflog, gratulierte ich dort zwei Jesuiten – der eine studierte an der ordenseigenen Hochschule für Philosophie, der andere an der Ludwig-Maximilians-Universität – zum ersten lateinamerikanischen Papst der Geschichte. Weder der Ecuadorianer noch der Peruaner waren begeistert. Beide reagierten mehr als verhalten. Ordensintern war Bergoglio, erst recht in Lateinamerika, als »autoritärer Knochen« bekannt, um nicht zu sagen: verschrien. Früh war er Provinzial geworden, 1973, im Alter von nicht einmal vierzig Jahren – ein Jesuit gilt da fast noch als Baby. Drei Jahre nach seinem Amtsantritt putschte das Militär. Bis heute verstummen Gerüchte nicht, Bergoglio hätte sich mit der Junta arrangiert. Zwei Mitbrüder, Orlando Yorio SJ († 2000) und Franz Jalics SJ, habe er verraten und ans Militär ausgeliefert.

Diese Anschuldigungen kamen einen Tag nach der Papstwahl wieder massiv in die Presse. Die einzige Quelle: der argentinische Journalist und Autor Horacio Verbitsky, der in der argentinischen Tageszeitung *Págnia/12* frühere Vorwürfe (»El silencio. De Paulo VI a Bergoglio. Las relaciones secretas de la Iglesia con la ESMA«) wiederholte. Sie wurden in den ersten Tagen nach der Papstwahl von vielen Seiten ungeprüft übernommen. Die Berliner Tageszeitung *taz* setzte auf ihre Titelseite ein Foto von Papst Benedikt XVI. und Kardinal Bergoglio mit der Überschrift: »Junta-Kumpel löst Hitlerjunge ab«. Sie wurde nach mehr als fünfzig Beschwerden dafür später vom Deutschen Presserat gerügt.

Später konnte, wer das Buch »Bergoglios Liste« (2014) – eine gewollte Anspielung auf »Schindlers Liste« – zur Kenntnis nahm, bei dem italienischen Journalisten und Gerichtsreporter Nello Scavo (»La lista di Bergoglio«) nicht nur nachlesen, dass Kardinal Bergoglio im Jahr 2010 von einem Tribunal die Unschuld attestiert wurde. Es wurde auch bekannt, dass er jahrelang im Geheimen Fluchthelfer gewesen war und sich um Angehörige von Verschwundenen (*desaparecidos*) gekümmert hatte. Das Protokoll der fast vierstündigen Befragung im Rahmen des ESMA-Prozesses am 8. November 2010 (in der »Escuela superior de mecánica de la Armada« war seinerzeit das größte Haft- und Folterzentrum der Militärs untergebracht), bei welcher der vorsitzende Richter den Opfer-Anwalt Luis Zamora mehrmals zur Räson rufen musste, ist in Scavos Buch abgedruckt.[44]

Scavo war bei seinen Recherchen auf ein bis dahin nur wenigen Beteiligten bekanntes, sich bis ins benachbarte Uruguay und nach Brasilien erstreckendes Netzwerk gestoßen, das »Padre Jorge« im Untergrund aufgebaut hatte – zur Fluchthilfe. Von 1976 bis 1983 amtierte eine Militärjunta in Argentinien, die gegen die nach dem Tod ihres Mannes im Juni 1974 ins Präsidentenamt gelangte Isabel Perón geputscht hatte. Bergoglio erlebte, wie Zehntausende von der Armee entführt, gefoltert und nach erpressten Geständnissen umgebracht wurden. Mehr als 30.000 Menschen verschwanden für immer, unter teils bis heute ungeklärten Umständen. Manche Gefangene wurden bei lebendigem Leib aus Flugzeugen über dem offenen Meer abgeworfen.

Das Vorwort von Scavos Buch (9-15) hat der argentinische Menschenrechtsaktivist und Friedensnobelpreisträger von 1980, Adolfo Pérez Esquivel, verfasst, der den neuen Papst dann noch im März und im Juni 2013 im Vatikan besuchte. Esquivel nahm Bergoglio von jeder

Verdächtigung aus, im Unterschied zur »argentinischen Amtskirche«, die »in weiten Teilen Komplizin der Diktatur« und »den historischen Umständen nicht gewachsen«[45] gewesen sei. Durchaus bemerkenswert an dieser Entlastung ist, dass Esquivel, ebenso wie die Ex-Ministerin Graciela Fernández Meijde, der Kirche in Argentinien seinerzeit nicht sehr gewogen waren.

Desaparecidos galten in Argentinien als »chupados« – vom Militär »Verschluckte«, die nie wieder auftauchten. In Foltergefängnissen (oft ohne Hebammen) geborene Kinder wurden zu Hunderten von ihren Müttern getrennt und zur Adoption an kinderlose Militärs weitergegeben (»Elternfabrik«). Nur der Beharrlichkeit der (bis heute) demonstrierenden Großmütter und Mütter (*abuelas y madres*) von der »Plaza de Mayo«, wo sich nicht nur der Präsidentenpalast, sondern auch die Kathedrale und der offizielle Amtssitz des Erzbischofs von Buenos Aires befinden, ist es zu verdanken, dass 150 dieser Kinder mittlerweile ihre wahre Identität kennen.

Bergoglios einstiger Lehrer und jetziger Berater, Juan Carlos Scanonne SJ (* 1931), einer der bekanntesten argentinischen Theologen mit weltweiter Reputation, ein Rahner-Schüler übrigens, sagt: »Wir haben tatsächlich 20 Jahre gebraucht, um die volle Wahrheit über Padre Jorges Rettungsaktionen herauszufinden.«[46] Scavos Resümee lautet: »Dank der Namen auf der ›Liste‹ wissen wir heute mit Sicherheit, auf welcher Seite Bergoglio in jener verworrenen und dramatischen Leidenszeit seines Volkes gestanden hat.«[47] Entscheidend ist wohl, dass sich die Geschichten der »verhinderten Desaparecidos«, die »Padre Jorge« ihr Leben verdanken, vervielfachen ließen, weil sich nach Veröffentlichung des italienischen Originals massenhaft weitere Zeugen meldeten – »La Lista di Bergoglio« ist noch nicht abgeschlossen.

Im Übrigen gibt es auch entlastende Stellungnahmen von Amnesty International (14. März 2013), dem brasilianischen Befreiungstheologen Leonardo Boff oder vom austrobrasilianischen Bischof Erwin Kräutler CPPS. Nach einigen Tagen sagte ich mir: Denen glaube ich! Schlussendlich genügte mir die Tatsache, dass sich Persönlichkeiten mit ganz unterschiedlichem Hintergrund zu Wort meldeten – um dem Trommelfeuer in der Presse, das auch manche Jesuiten hierzulande aufnahmen, etwas entgegenzusetzen. Meine beiden Mitbrüder in München haben im Lauf der nächsten Wochen ihre erste Reaktion dann bedauert. Boff meinte in einem Interview wenige Tage nach der Papstwahl: »Es kommt nicht auf Bergoglio und seine Vergangenheit an, sondern auf Franziskus und seine Zukunft.«[48]

Vielleicht kann der ehemalige argentinische Primas in seiner neuen Funktion als Papst die »Bringschuld« des inzwischen weitgehend ausgetauschten argentinischen Episkopats vorantreiben, sich bei der Aufdeckung der Wahrheit (nicht nur hinsichtlich von »Folterkaplänen«) aktiver einzubringen.

Bereits am 28. März 2013 versetzte Papst Franziskus den bisherigen Bischof von Santa Rosa (Argentinien), Mario Aurelio Poli, und ernannte ihn zu seinem Nachfolger als Erzbischof von Buenos Aires. Im Februar 2014 wurde er ins Kardinalskollegium aufgenommen und übernahm von seinem Vorgänger auch die römische Titelkirche San Roberto Bellarmino. Sein Bischofs-Wahlspruch lautet übrigens (nach 1 Kön 3,9): »Concédeme Señor un corazón que escuche« (»Gib mir, Herr, ein hörendes Herz«).

Der zweite Eindruck: Bischof von Rom

Der erste Abend im Rückblick: Vieles war neu, ungewohnt, einfach – und deswegen berührend. Und Millionen von Menschen warteten seither gespannt, beobachteten, mutmaßten, lauerten vielleicht auch, besonders Theologinnen und Theologen, vielleicht auch besonders die Deutschen, die bisher »Papstdeutungs-Exportweltmeister« waren und nun eben, wie Christiane Florin von »Christ & Welt« meinte, »pontifex-exegetisch«[49] nach dem freiwilligen Amtsverzicht des deutschen Papstes nichts mehr zu melden hätten.

Yes We Can!

Superlative machten die Runde, wie bei der Wahl des ersten schwarzen Präsidenten, Barack Obama (2009). Galt der seinerzeitige Wahlslogan vielleicht auch für die römisch-katholische Kirche: »Yes We Can«? Dem ehemaligen Erzbischof von Buenos Aires merkt man den enormen Erwartungsdruck nicht an. »Pontifex optimus« (Patrik Schwarz) oder »Pontifex minimus« (Christiane Florin)? Dieser Papst macht sich jedenfalls klein. Und das ist seine Größe!

Der Papst ist, wie jeder andere, kein Übermensch oder Superman – das sind Verzeichnungen, Überhöhungen, Fantasien, die natürlich mit einem bestimmten Gestus, einer Aura zu tun haben, die ein Papst verbreitet – bei diesem Papst: von all dem – nichts. Und trotzdem ist er zur Projektionsfläche geworden, musste es werden. Dem konnte er in unserer Medienwelt gar nicht entgehen.

Bischof von Rom

Die Überhöhungen haben mit dem Ersten Vatikanischen Konzil (1869/70) zu tun, als der Jurisdiktionsprimat und die Infallibilität verkündet wurden: Der Papst ist seither mächtiger als jeder Monarch auf der Welt. Er ist Gesetzgeber und steht gleichzeitig über dem Gesetz – all das waren zeitbedingte Reaktionen auf den Liberalismus und andere Zeitgeisterscheinungen. Die 2005 offenbar ausschlaggebende Warnung vor einer »Diktatur des Relativismus«, ausgesprochen von einem, dem als Präfekt der römischen Glaubenskongregation zu Unrecht das Image des »Panzerkardinals« verpasst worden war, klingt heute wie ein Nachhall auf die Zustände, die zu den Definitionen des Ersten Vatikanums geführt haben. Wenn jetzt die Aura der omnipotenten Allmacht unter Franziskus einen menschlichen Anstrich bekommt: umso besser! Pontifex minimus! Aber es geht natürlich auch um Inhalte.

Es ist schwer vorstellbar, dass diese Änderung ohne persönliche Intervention des neuen Papstes zustande gekommen ist: Gut zwei Monate nach der Wahl wurde das »Annuario Pontificio« 2013 ausgeliefert: das Who is Who der Weltkirche –Telefonbuch, Dienststellenverzeichnis, Chronik und statistisches Jahrbuch in einem, über ein Kilo schwer, ein rot gebundenes Kompendium mit 2345 paginierten Seiten. Redaktionsschluss war der 23. April 2013, seit Mitte Mai war das neueste *Annuario* im Buchhandel erhältlich.

Darin sind auch sämtliche Titel des Papstes aufgezählt. 2012 waren vor dem Namen des damaligen Papstes »Benedetto XVI.« diese Attribute aufgelistet: »Vescovo di Roma«, »Vicario di Gesù Cristo«, »Successore del principe degli Apostoli«, »Sommo Pontefice della Chiesa universale«, »Primate d'Italia«, »Archievescovo e Metropolita della Provincia Romana«, »Sovrano dello Stato della Città del Vaticano« und schließlich »Servo Dei servi di Dio«. Alles ein bisschen viel für einen einzigen Menschen: Bischof von Rom, Stellvertreter Jesu Christi, Nachfolger des Apostelfürsten, Oberhaupt der universalen Kirche,

Primas von Italien, Erzbischof und Metropolit der Römischen Kirchenprovinz, Souverän des Staates der Vatikanstadt und Diener der Diener Gottes.

Das Annuario Pontificio 2013 überrascht auf der nicht eigens paginierten Seite 23* mit bloß zwei Zeilen: »Francesco / Vescovo di Roma« – Franziskus, Bischof von Rom.

Die anderen Titel sind nicht einfach verschwunden. Aber sie sind auf die Rückseite (24*) verbannt. Man muss also umblättern, um sich mit dem historischen Ballast vertraut zu machen: »Vicario di Gesù Cristo« … bis hin zu »Servo Dei servi di Dio: Jorge Mario Bergoglio«.

Für mich wurde damit deutlich: Papst Franziskus hat das Papstamt längst umgestaltet – auch mit dieser kleinen Änderung. Man muss sie nicht überbewerten, darf sie aber auch nicht unterbewerten. Von Anbeginn an konnte man spüren: Dieser Papst beginnt ganz unten – als Diener der Diener Gottes. Und nun hatte man es schwarz auf weiß! Franziskus versteht sich in erster Linie als Bischof von Rom – so wie er sich auf der Benediktionsloggia des Petersdoms, bei seiner Präsentation als neu gewählter Pontifex, vorgestellt hat: »Und jetzt beginnen wir diesen Weg – Bischof und Volk –, den Weg der Kirche von Rom, die den Vorsitz in der Liebe führt gegenüber allen Kirchen; (…) ich wünsche euch, dass dieser Weg als Kirche, den wir heute beginnen und bei dem mir mein Kardinalvikar, der hier anwesend ist, helfen wird, fruchtbar sei für die Evangelisierung dieser schönen Stadt.«

»Ich kann nicht allein leben«

Franziskus kann glaubhaft vermitteln, dass das Papstamt ein Dienstamt ist: dass Kirche für die Menschen da ist und nicht die Menschen für die Kirche, dass der Papst ein Bruder unter Brüdern sein will. Er lebt nicht im Apostolischen Palast, auf Abstand zur Welt und zu seinen Mitarbeiterinnen und Mitarbeitern, sondern im Gästehaus des Vatikans.

Bei einer Audienz für Schülerinnen und Schüler von Jesuitenschulen in Italien und Albanien sagte er im Juni 2013 einer gewissen Caterina de Marchis vom »Istituto Leone XIII.«: »Für mich ist es eine Frage der Persönlichkeit: Das ist es. Ich brauche es, unter Menschen zu leben, und wenn ich allein leben würde, vielleicht ein wenig isoliert, dann würde es mir nicht guttun. Ein Professor hat mir diese Frage gestellt: ›Warum wollen Sie denn nicht dort wohnen?‹ Ich habe geantwortet: ›Hören Sie, Herr Professor, aus psychiatrischen Gründen.‹ Es ist meine Persönlichkeit. Auch die Wohnung (im Apostolischen Palast) ist nicht so luxuriös, da kann ich dich beruhigen ... Aber ich kann nicht allein leben, verstehst du? Und außerdem glaube ich ja: Die Zeiten sprechen zu uns von so viel Armut in der Welt, und das ist ein Skandal.« Und Franziskus wiederholte sich in einem Interview mit Gerson Camarotti für einen brasilianischen TV-Kanal: Seine Entscheidung, weiterhin im Gästehaus Santa Marta zu wohnen, habe nur indirekt mit der von ihm geforderten Armut zu tun. »Die päpstlichen Gemächer sind zwar groß, aber nicht luxuriös oder so schön und kunstvoll wie die Empfangsräume im Untergeschoss«, betonte Franziskus. Seine Entscheidung habe »psychiatrische Gründe« und mit seiner persönlichen Wesensart zu tun. Er wolle »unter Leuten sein«, besonders im Speisesaal mit den Gästen, die stets »unterschiedliche Leute« seien: »Das tut mir gut.«

Der Verzicht auf demonstrative Macht(-zeichen) führt näher zu dem hin, den Franziskus repräsentiert und auf den – bei allem historisch gewachsenen Ballast einer 2000-jährigen Kirchengeschichte – auch sein Dienst hinweisen soll: den Mann aus Nazareth. Was sonst zählt?

Der Jesuit

Auch das war am 13. März 2013 ein absolutes Novum: Bis dahin gab es noch nie einen Papst, der aus der Gesellschaft Jesu kam. Etwa zehn Prozent der Päpste waren in der bisherigen Kirchengeschichte Ordensmänner, auf deren Spiritualität, theologisches Wissen, Leitungs- und Lebenserfahrung die Papstwähler setzten. Unter den vierundzwanzig Ordensmännern waren sieben Benediktiner, vier Dominikaner und vier Franziskaner. Es war ein Minorit, Papst Clemens XIV., der den Jesuitenorden im Juli 1773 auf politischen Druck hin auflöste – »wäre das jetzt nicht«, so fragte frech der Pastoraltheologe Erich Garhammer, »eine Gelegenheit zum ›Rollback‹«[50] gewesen? »Er ist ein Jesuit. Papst Franziskus«, so Kardinal Kasper im Interview, »kann man nur von der ignatianischen Spiritualität her verstehen.«[51]

Die »Bedrängung mit den Bistümern«

Wer in der Gesellschaft Jesu feierliche Professgelübde ablegt – Jorge Mario Bergoglio SJ tat dies am 22. April 1973, dem Fest »Maria, Mutter der Gesellschaft Jesu«[52] –, muss in »Zusatz-« bzw. »Sakristeigelübden« versprechen, dass er keine kirchlichen Ämter und Würden anstrebt und annimmt (Konstitutionen bzw. Satzungen der Gesellschaft Jesu, Nr. 817-818; Ergänzende Normen, Nr. 139 § 3). Bei entsprechenden Anfragen hat ein Jesuit mit Verweis auf das Gehorsamsgelübde abzulehnen. Von Sakristeigelübden spricht man, weil sie, anders als die zuvor abgelegten feierlichen Gelübde, nicht öffentlich sind, sondern im Kreis von Mitbrüdern (nach der seit 1540 bestehenden Formel) abgelegt werden.

Ignatius von Loyola wusste genau, warum. Er wollte »Ehrsucht« (Satzungen, Nr. 818) ausschließen, sprich: Karrierismus und Klerikalismus. Wer sich für diesen Orden entscheidet, entscheidet sich gegen eine kirchliche Karriere. Und Ignatius insistierte hartnäckig, wenn entsprechende Begehrlichkeiten an den jungen Orden herangetragen wurden – die schnell und zuhauf geäußert wurden. Mit der Bulle »Regimini militantis ecclesiae« Papst Pauls III. vom 27. September 1540, der Charta des neuen Ordens, war die Gesellschaft Jesu kirchenrechtlich offiziell approbiert – und damit »exempt«, d. h. Jesuiten fielen nicht unter die Rechtsprechung eines Bischofs, sondern waren direkt dem Heiligen Stuhl bzw. dem Papst unterstellt. »Mit der juristischen Tatsache der Exemption«, so der US-amerikanische Historiker John W. O'Malley SJ von der Georgetown University, »ging eine Ambivalenz einher: Die Jesuiten verteidigten die Legitimität von Episkopat, Hierarchie und sogar von Benefizien, kämpften aber zugleich verzweifelt darum, selbst Ernennungen für Prälaturen oder andere Positionen zu entgehen, die mit Benefizien jeglicher Art verbunden waren. Obwohl sich eine ähnliche Haltung bei vielen religiösen Enthusiasten in der Geschichte des Christentums finden lässt, nahmen nur wenige religiöse Vereinigungen einen so hartnäckigen und offen erklärten Standpunkt gegen jegliche Annahme von Prälaturen wie die Gesellschaft Jesu ein.«[53]

Dem lag eine strategische Entscheidung zugrunde. Ignatius wollte sich dem »Zugriff« von Bischöfen entziehen. Schnell wurden Jesuiten als Theologen und Berater auf dem Konzil von Trient eingesetzt, sie wurden päpstliche Legaten und bischöfliche Berater. Schon 1546, also sechs Jahre nach der Ordensgründung, gab es massive Interventionen, um Claude Jay (oder an seiner statt Nicolás Alonso de Bobadilla) zum Bischof von Triest zu ernennen. König Ferdinand, ein Bruder Kaiser Karls V., bedrängte Papst Paul III. unerbittlich. Petrus Canisius ist 1553 »mit knapper Not der Ernennung zum Erzbischof von Wien entkommen«[54], aber nur um den Preis des Kompromisses, bis zur Ernennung eines solchen als Administrator zu fungieren. Simão Rodriguez war für Coimbra (Portugal), Diego Laínez für Lubljana, Pierre Favre für das Patriarchat von Äthiopien im Gespräch. Auch Kardinalshüte für Francisco de Borja und Diego Laínez konnte der erste Ordensgeneral 1552 abwehren. »Ignatius«, so sein Biograf Ignacio Tellechea, »arbeitete mit aller Kraft und unglaublicher Hartnäckigkeit dagegen an und versuchte, die päpstliche Entscheidung in jedem Falle abzuwenden. Er leistete allen möglichen Widerstand, besuchte den Papst und die Kardinäle – oft noch mitten in der Nacht. (…) Jedes Mal setzte er sich durch. Ignatius verweigerte nicht den Dienst an der Kirche, sondern lediglich eine bestimmte Form des Dienstes. Seine Haltung ist vollkommen klar und einsichtig: Diesen Würden die Tür zu öffnen hätte den Ruin des Ordens bedeutet. Es hieße ein großes Gut gegen ein kleineres einzutauschen.«[55]

Nicht verhindern konnte Ignatius zwei Jahre vor seinem Tod (anstelle des bereits 1546 verstorbenen Pierre Favre) die Ernennung von João Nunes Barreto zum Patriarchen von Äthiopien und von zwei Mitbrüdern zu Bischöfen (1554), legte aber Wert darauf, dass die Annahme des Amtes im Rahmen ihrer jesuitischen Identität erfolgte und ausdrücklich als Gehorsamserfüllung gegenüber dem Papst begründet wurde. Die geistliche Wiedergewinnung der Christen in diesem Land, das als christliche Enklave inmitten des Islam galt, war ihm ein besonderes Anliegen – er konnte schlussendlich schlecht auf seinem Widerstand beharren.

»Hofgunst und Verdienste als Prediger, Theologen und Missionare wirkten oft zusammen, um sie als Kandidaten für Bistümer oder das Kardinalat zu empfehlen. Papst Marcellus II. hätte am liebsten den Orden als eine Pflanzschule für Bischöfe betrachtet. Doch mit seltenen Ausnahmen fügten sich die Jesuiten nur der Notwendigkeit«[56]: Diese Feststellung lässt erahnen, wie man sich die Genese von Bischofsernennungen von Jesuiten vorstellen muss – Ignatius sprach seinerseits von der »Bedrängung mit den Bistümern« (*la tribulación de los episcopados*).

Die Notwendigkeit von Ausnahmen

Diplomatische Notwendigkeiten – etwa dass besondere Aufträge die Autorität des Bischofsrangs nahelegten – führten dann im Lauf der Jahrhunderte immer wieder zu Ernennungen. Oder spezielle Umstände in Missionsgebieten, im 16. ebenso wie im 19. und 20. Jahrhundert (z. B. Indien, Japan, China). Verfahrene Situationen in zerstrittenen oder gespaltenen Diözesen ließen es manchmal ratsam erscheinen, einen Ordensmann auszuwählen – und es traf einen Jesuiten. Es kam nach der Aufhebung (1773) und der Wiederherstellung des Ordens (1814) übrigens auch vor, dass Bischöfe oder Kardinäle in die Gesellschaft Jesu eintraten und Gelübde ablegten.

Karl Rahner SJ (1904–1984) schreibt in seiner berühmten »Rede des Ignatius von Loyola an einen Jesuiten von heute« (1978): »Wie habe ich zu meiner Zeit mich dagegen gewehrt (und mit Erfolg!), dass meine Leute auf bischöfliche und ähnliche Posten befördert wurden. Nicht darum, weil ich damals mir nicht die besten Leute aus meiner kleinen Schar wegnehmen lassen durfte. Wenn heute ein Jesuit Bischof oder Kardinal wird, dann findet ihr eigentlich nichts dabei; es scheint euch im Grund normal zu sein, dass es das auch gibt, es gab ja Zeiten, wo so ein Jesuitenkurienkardinal eine fast ständige Einrichtung war.«[57] Mit dieser kritischen, dem Ordensgründer in den Mund gelegten Bemerkung ist auf eine bis Papst Benedikt XVI. mehr oder weniger regelmäßig praktizierte Tradition aufmerksam gemacht: Jesuiten wurden immer wieder in Ausnahmesituationen zu Diözesanbischöfen oder zu Kardinälen ernannt, oft jenseits der Altersgrenze von achtzig Jahren, mit der (seit dem Motu proprio »Ingravescentem aetatem« Pauls VI. vom November 1970) das Recht zur Teilnahme an einem Konklave erlöscht.

Manchmal, um etwa – wie im Fall des 1983 mit dem Kardinalshut ausgezeichneten Henri de Lubac SJ (1896–1991) – frühere Demütigungen wiedergutzumachen (eine Art päpstliche Rehabilitation sozusagen) oder herausragende Theologen auszuzeichnen, wie dies bei Jean

Danielou SJ (1905–1974), Alois Grillmeier SJ (1910–1998) oder Avery Robert Dulles SJ (1918–2008) in den Jahren 1969, 1994 und 2001 der Fall war, oder als Anerkennung für besondere Verdienste, wie etwa bei Paolo Dezza SJ (1901–1999), der den Orden aufgrund einer persönlichen Intervention durch Papst Johannes Paul II. von 1981 bis 1983 kommissarisch geleitet hatte und dann 1991 Kardinal wurde. In jüngerer Zeit hatte beispielsweise fast jedes römische Haus der Jesuiten einen Kardinal in der Kommunität: Roberto Tucci SJ (1921–2005) von der »Civiltà Cattolica« (2001), Tomáš Špidlík SJ (1919–2010) vom Päpstlichen Institut »Orientale« (2003), Albert Vanhoye SJ (* 1929) vom Päpstlichen Bibel-Institut (2006), Urbano Navarette Cortés SJ (1920–2010) von der Päpstlichen Universität Gregoriana (2007) oder zuletzt der Dogmatikprofessor und enge Ratzinger-Berater Karl Josef Becker SJ (1928–2015) von der Gregoriana (2012).

Ein sehr ungewöhnlicher Ausnahmefall war der Slowake Ján Korec SJ (1924–2015). Er wurde bereits ein Jahr nach seiner Priesterweihe im Alter von 27 Jahren (!) im Geheimen zum Bischof geweiht (1951), war seit 1990 Bischof von Nitra und wurde 1991 zum Kardinal ernannt. Der polnische Jesuit Adam Kozłowiecki (1911–2007) wiederum, der 1940 vom Konzentrationslager Auschwitz nach Dachau überstellt wurde, arbeitete nach dem Zweiten Weltkrieg in der Mission in Nordrhodesien (heute Simbabwe), wurde 1955 Weih- und 1959 Erzbischof von Lusaka, trat 1969 zurück, um einem einheimischen Kandidaten Platz zu machen, wirkte weiter als Missionar in Sambia und wurde 1998, 88-jährig, zum Kardinal ernannt.

Länger zurück liegen die Kardinalate der beiden deutschen Jesuiten Franz Ehrle (1845–1934), der 1922, oder Augustin Bea (1881–1968), der 1959 ernannt wurde; beide waren zuvor Professoren am »Biblikum« und spielten beim Aufbau der Vatikanischen Bibliothek bzw. beim Zweiten Vatikanischen Konzil eine maßgebliche Rolle. Der französische Theologe Jean Billot SJ (1846–1931) wurde 1911 von Papst Pius X. zum Kardinal kreiert. Nach einer hitzigen Unterredung mit Papst Pius XI. im September 1927, bei der es um die Einschätzung der Action

Française ging, soll Billot die Audienz als einfacher Jesuit verlassen haben. De facto nahm der Papst einige Tage später seinen Rücktritt an, berichtete aber dem Konsistorium davon erst im Dezember.

In der jüngeren Gegenwart wäre an den Philosophieprofessor Peter Henrici SJ (* 1928), der 1993 bis 2008 Weihbischof von Chur war, um Spannungen in der Diözese auszugleichen, oder an den der japanischen Jesuitenprovinz angehörenden Jean-Claude Hollerich SJ (* 1958) zu erinnern, ehemals Vizerektor der Sophia University in Tokyo, der seit 2011 Erzbischof von Luxemburg ist. Die litauische Jesuitenprovinz zählte 2017 siebenunddreißig Mitglieder, darunter sind der (seit 2015) amtierende und der emeritierte Erzbischof von Kaunas (1996–2015), Lionginas Virbalas und Sigitas Tamkevičius, der zuvor bereits Weihbischof war (1991), sowie der emeritierte Bischof von Telšiai (2002–2017), Jonas Boruta, der zuvor ab 1997 als Weihbischof von Vilnius eingesetzt war.

Weltweit gab es im Kalenderjahr 2017 insgesamt dreiundsiebzig Bischöfe, die aus der Gesellschaft Jesu stammen, die meisten davon aus Asien und Ozeanien (25, davon 12 in Indien), aus Europa (15) und aus Afrika, Latein-, Mittel- und Nordamerika (jeweils 11). Zuletzt wurde im November 2017 Daniele Libanori SJ (* 1953) zum Weihbischof von Rom ernannt, der bis 2016 Rektor der Jesuitenkirche Il Gesù war. In Argentinien gibt es aktuell drei Jesuitenbischöfe, darunter auch den 2014 ernannten Weihbischof Ernesto Giobando (* 1959) in der Heimatdiözese des Papstes.

Der international renommierte Bibelwissenschaftler Carlo Maria Martini SJ (1927–2012) durfte 1978 die Fastenexerzitien für die Römische Kurie halten, wurde Ende 1979 zum Erzbischof von Mailand und im Februar 1983 zum Kardinal ernannt. Er wirkte weit über das größte Bistum der Welt hinaus. Im Konklave des Jahres 2005 war er – acht Wochen älter als Joseph Ratzinger – angeblich der Wunschkandidat des progressiven Reformflügels unter den Kardinälen. Wenige Wochen vor seinem Tod, Anfang August 2012, sagte er in einem aufsehenerregenden Interview: »Die Kirche ist zweihundert Jahre lang stehen geblieben. Warum bewegt sie sich nicht? (La chiesa è rimasta indietro di 200 anni. Come mai non si scuote?) Haben wir Angst? Angst statt Mut? Wo doch der Glaube das Fundament der Kirche ist. Der Glaube, das Vertrauen, der Mut.«[58]

In Österreich war Michael Zacherl SJ (* 1937) von 2007 bis 2017 Bischofsvikar für die Institute des geweihten Lebens in der Erzdiözese Wien, seine Amtszeit wurde sogar über sein 80. Lebensjahr hinaus für einige Wochen verlängert, bis ihm Gerwin Komma SJ (* 1942), ehemaliger Provinzial der Österreichischen Jesuitenprovinz und zwei Mal Rektor des Germanikums in Rom, nachfolgen konnte. Auch sie benötigten, weil mit der Funktion Jurisdiktion verbunden ist, für ihre Ernennung durch den Erzbischof, Kardinal Christoph Schönborn OP, wie alle Bischöfe und Kardinäle aus dem Orden, die Zustimmung des Generaloberen der Gesellschaft Jesu.

Muss man angesichts dieser Realität fragen: Hat hier die Politik des Ordens versagt? Ist sich die Gesellschaft Jesu mit der fast durchgängigen Praxis untreu geworden, indem sie ihre Prinzipien verraten oder aufgegeben hat? Wie schon gesagt, gab und gibt es triftige Gründe, dass der Vatikan, ein Nuntius oder ein vorschlagender Bischof sich durchsetzen und der Generalobere und der zuständige Provinzial nachgeben (müssen). Es gäbe heute nicht den ersten Jesuitenpapst, wenn dies 1992, als Jorge Mario Bergoglio SJ von Kardinal Antonio Quarracino (1923–1998), dem Erzbischof von Buenos Aires, als Weihbischof erbeten wurde, nicht der Fall gewesen wäre. Fünf Wochen später, am 27. Juni 1992, wurde Bergoglio zum Titularbischof von Auca geweiht.

Am Konklave von 2005 nahmen drei Jesuitenkardinäle teil: Jorge Mario Bergoglio, Julius Riyadi Darmaatmadja und Carlo Maria Martini. Zum Konklave im März 2013 waren nur mehr zwei Jesuitenkardinäle zugelassen: der 2012 emeritierte Erzbischof von Jakarta (Indonesien), Julius Riyadi Darmaatmadja (* 1934), der aber aus gesundheitlichen Gründen diesmal nicht teilnehmen konnte, und der Erzbischof von Buenos Aires, Jorge Mario Bergoglio.

Der spanische Kurienerzbischof Luis Francisco Ladaria Ferrer SJ (* 1944), vormals Dogmatikprofessor an der Gregoriana, der 2008 zum Sekretär der Kongregation für die Glaubenslehre und zum 1. Juli 2017 in der Nachfolge Kardinal Müllers zum Präfekten der Glaubenskongregation (damit verbunden die Präsidentschaft der Päpstlichen Kommission »Ecclesia Dei« sowie der Päpstlichen Bibel- und der Internationalen Theologenkommission) ernannt wurde, dürfte bei der nächsten Gelegenheit (schon aus formalen Gründen) zum Kardinal ernannt werden. Er wäre bei einem neuen Konklave der einzige Teilnehmer aus dem Jesuitenorden.

Hoffnung auf die Kraft der Orden?

Allem Anschein nach spielte im Konklave von 2013 die Nationalität, anders als im Jahr 2005, keine Rolle (mehr). Es ging darum: Wer ist der richtige Mann? Und nicht: Woher kommt er? John W. O'Malley SJ schreibt zur Wahl von Jorge Mario Bergoglio SJ in einer populären Ordensgeschichte: »Bei seiner Wahl waren die Mitglieder der Gesellschaft Jesu, wie alle anderen, über diese Entscheidung ganz und gar erstaunt, vielleicht sogar noch mehr. Sie hatten unter keinen Umständen damit gerechnet, dass einer aus ihren Reihen gewählt werden könnte. (…) Nichtsdestotrotz: Ein Jesuit als Papst – eine Möglichkeit, die jahrhundertelang fast undenkbar schien – wird vielleicht eine neue Seite in der Geschichte der Gesellschaft Jesu aufschlagen.«[59]

»Jetzt kommt ein Jesuit und nennt sich Franziskus«, kommentierte damals FAZ-Redakteur Daniel Deckers. Gleichzeitig fragte er: »Nomen est omen – nur welches?«[60] Auch von einem »Ignatius von Assisi«[61] war die Rede.

Man darf positiv unterstellen: Die im Konklave versammelten Kardinäle wussten, was sie taten. Sie trauten Papst Franziskus zu, die Kirche zu leiten – und zu erneuern. Dafür haben sie sich, erstmals seit dem Kamaldulenser Gregor XVI. (1831–1846), für einen Ordensmann entschieden. Und noch dazu für einen Jesuitenorden, dessen Generaloberer den Beinamen »papa nero« (schwarzer Papst) bekam, wegen seiner in den Augen mancher Beobachter sagenhaften Machtfülle und wegen des einfachen schwarzen Habits. Der neue »papa bianco« (weißer Papst) hätte sich folglich auch Ignatius nennen können oder Clemens XV., in Anspielung auf Clemens XIV. (1769–1774), der den Jesuitenorden aufgehoben hat.

Offenbar setzten die zum Konklave versammelten Kardinäle diesmal auf die Kraft der Orden und deren Spiritualität – ein Potenzial, das der ganzen Kirche zugutekommen sollte. Christozentrik, das Ausgerichtetsein auf den Gekreuzigten, verbindet Jesuiten und Franziskaner, genauso wie die Hinwendung zur Welt, ohne sich ihr damit auszuliefern oder um jeden Preis anzupassen. »In Papst Franziskus«, so Hans Zollner SJ, akademischer Vize-Rektor der Päpstlichen Universität Gregoriana in Rom, »sind zwei große Spiritualitäten vereint. Der ›Sonnengesang‹ [des Franziskus] und die ignatianischen ›Geistlichen Übungen‹ [des Ignatius] haben zwei Grundtöne, die sich harmonisch miteinander verbinden lassen: das Umsonst des Lebens und der Barmherzigkeit, und der Einsatz einer Liebe, die ›mehr in die Werke als in die Worte gelegt werden muss‹ (Exerzitienbuch).«[62] Leonardo Boff hält »die Kombination von franziskanischer Spiritualität und jesuitischer Gründlichkeit«[63] für eine gute Voraussetzung, um eine Kurienreform nicht nur auf den Weg, sondern auch voranzubringen.

Die Kardinäle setzten mit ihrer Wahl aber offensichtlich auch auf eine ganz bestimmte Organisationskultur. Jorge Mario Bergoglio SJ wurde im Jesuitenorden früh als Multitalent entdeckt: Bereits mit 37 Jahren wurde er Provinzial, in politisch äußerst schwierigen Zeiten, danach Rektor in einem großen Studienhaus, gleichzeitig war er parallel dazu Pfarrer. Er trat als überlegter, planvoller, durchsetzungsstarker Stratege und effizienter Organisator auf, gleichzeitig aber galt er als fromm und im persönlichen Lebensstil bescheiden und authentisch – was er auch als Weihbischof, Koadjutor und Erzbischof der

Millionenmetropole Buenos Aires unter Beweis stellte. Dieser Papst, so könnten die versammelten Kardinäle gedacht haben, kennt das Leben, besonders auch das der Armen.

Der Name Franziskus ist dabei für diesen Papst zweifellos »Verpflichtung und Maßstab zugleich«[64]. Die nachgeschobene, leicht süffisante Frage: »Kann das gut gehen?« wertete ich damals als »typisch deutsche« Rhetorik und tue es heute, nach fünf Jahren, noch viel mehr. Viele wünschten sich zum Amtsantritt, dass der Papst in vielen Fragen neu denkt, neue Richtungen einschlägt, tun lässt, delegiert – und damit auch das Papstamt den Klauen einer alles vereinnahmenden Kurie entreißt.

Johannes Röser, Chefredakteur der Zeitschrift »Christ in der Gegenwart«, hat vor fünf Jahren daran erinnert, dass der Papst »als junger Mann nach einer schweren Lungenerkrankung und Operation das Atmen neu lernen« musste: »Ähnlich muss auch die Kirche je neu lernen, aus der Kraft des Gottesgeistes zu atmen.«[65] Franz von Assisi und Ignatius von Loyola wussten zu ihrer Zeit um die Größe, aber auch um die Gefährdung der Kirche. Beide liebten die Kirche. Beide wollten sie reformieren. Jetzt haben wir einen Papst, der in der Tradition dieser beiden großen Heiligen vor einer Herkulesaufgabe steht.

Die Kunst der »Unterscheidung der Geister«

Von Antonio Spadaro SJ fünf Monate nach seiner Wahl befragt, was genau ihm von der ignatianischen Spiritualität am besten helfe, sein neues Amt auszuüben, antwortete Franziskus: »Die Unterscheidung ist eines der Anliegen, die den heiligen Ignatius innerlich am meisten beschäftigt haben.«[66]

Gemeint ist die »Unterscheidung der Geister« (*discretio spiritum*) in den Geistlichen Übungen bzw. Exerzitien (vgl. Exerzitienbuch, Nr. 32), die ein biblisches Fundament hat (vgl. 1 Kor 12,10; 1 Joh 4,1–6). Geschichte gemacht haben die Exerzitien des Ignatius nicht als theologisches Lehrbuch oder als Handlungsanleitung, sondern als Übungsbuch. Sie sind kein Wellness-Programm, sondern ein Weg: eine Einübung, um sein Leben zu ordnen, gute Entscheidungen treffen zu lernen, indem man auf die verschiedenen Regungen und Stimmungen achtet, ignatianisch gesprochen: Trost (»consolación«) von Misstrost unterscheiden lernt, um nicht spontanen Regungen aufzusitzen. Dafür hat Ignatius eigene Regeln entwickelt (Exerzitienbuch, Nr. 313–336), in denen sich auch seine persönlichen Erfahrungen niederschlagen. Theologisch gesprochen geht es um eine Anleitung zur Nachfolge*praxis*: die Einladung, sich auf einen Weg der Umkehr und der Wiedergeburt einzulassen.

Und das prägt jeden Jesuiten von Anfang an, dessen Weg in den Orden mit einer zweijährigen Vorbereitungszeit, dem Noviziat, beginnt. »Mich hat«, so Papst Franziskus weiter, »immer eine Maxime betroffen gemacht, mit der die Vision des Ignatius beschrieben wird: *Non coerceri a maximo, sed contineri a minimo divinum est.* Über diesen Satz habe ich auch im Blick auf die Leitung, auf die Erfüllung des Amtes des Superiors viel nachgedacht: sich nicht vom größeren Raum einnehmen zu lassen, sondern imstande zu sein, im engsten Raum zu bleiben. Diese Tugend des Großen und des Kleinen ist die Großmut, die uns aus der Stellung, in der wir uns befinden, immer den Horizont sehen lässt: tagtäglich die großen und die kleinen Dinge des Alltags mit einem großen und für Gott und für die anderen offenen Herzen zu erledigen. Das heißt, die kleinen Dinge wertzuschätzen innerhalb der großen Horizonte, jenen des Reiches Gottes.«[67] Konkret bedeutet das: »Diese Maxime bietet die Parameter, um eine korrekte Haltung für die Unterscheidung einzunehmen, um die Dinge Gottes von seinem ›Gesichtspunkt‹ her zu sehen. Für den heiligen Ignatius müssen die großen Prinzipien in den Umständen von Raum, Zeit und Personen verkörpert sein.«[68]

Spannend wird sozusagen die praktische Anwendung der Unterscheidung der Geister, wenn es etwa um Reformen geht – und man könnte den Eindruck gewinnen, der Papst zeichne da fast ein Selbstporträt oder gebe jedenfalls Einblick in seine Vorgehensweise: »Diese Unterscheidung braucht Zeit. Viele meinen zum Beispiel, dass Veränderungen und Reformen kurzfristig erfolgen können. Ich glaube, dass man immer genügend Zeit braucht, um die Grundlagen für eine echte, wirksame Veränderung zu legen. Und das ist die Zeit der Unterscheidung. Manchmal spornt uns die Unterscheidung jedoch dazu an, etwas sofort zu erledigen, was man eigentlich später tun wollte. Und so ist es auch mir in diesen Monaten ergangen. Die Unterscheidung erfolgt immer in der Gegenwart des Herrn, indem wir auf die Zeichen achten, die Dinge, die geschehen, hören, mit den Menschen, besonders mit den Armen, fühlen. Meine Entscheidungen, auch jene, die mit dem normalen Alltagsleben zu tun haben, wie die Benutzung eines einfachen Autos, sind an eine geistliche Unterscheidung gebunden, die auf ein Erfordernis antwortet, das durch die Umstände, die Menschen und durch das Lesen der Zeichen der Zeit entsteht. Die Unterscheidung im Herrn leitet mich in meiner Weise des Führens.«[69]

Mit Blick auf den Orden erklärt der Papst: »Der Stil der Gesellschaft Jesu ist nicht der Stil der Diskussion, sondern jener der Unterscheidung, die natürlich die Diskussion im Prozess voraussetzt. Das mystische Umfeld definiert nie seine Grenzen, schließt das Denken nicht ab. Der Jesuit muss immer ein Mensch von unabgeschlossenem, von offenem Denken sein.«[70]

Jesuitische Leitungserfahrung

Entscheidungen im Gebet zu erwägen, in der Meditation vor Gott tragen, abwägen, Pro und Contra bedenken – das gehört zum geistlichen Weg der Unterscheidung der Geister, den ein Jesuit vom Noviziat an einübt.

Nach einem breiten Konsultationsprozess muss ein Oberer im Jesuitenorden allein, manchmal auch einsam, entscheiden. Auch das kann man, scheint mir, an Papst Franziskus und seiner Vorgehensweise sehen und ablesen: breite Beratung mit Menschen seines Vertrauens, denen er aber nachdrücklich empfiehlt, ihm nicht nach dem Mund zu reden, sondern offen ihre Meinung zu sagen, Bedenken zu äußern; und dann: die autoritäre Entscheidung. Und wenn Papst Franziskus einmal entschieden hat, bleibt es auch dabei. Er lässt nicht verhandeln oder taktisch nachbessern. Das lässt sich an seiner Lebenserfahrung ablesen und gegenprüfen. Und er scheut sich dabei nicht, im Rückblick auf seine verschiedenen Ämter und Funktionen im Orden wie auch als Bischof Fehler, auch schwere, einzugestehen: »In meiner Erfahrung als Oberer in der Gesellschaft«, so Franziskus, »habe ich mich nicht immer so korrekt verhalten, dass ich die notwendigen Konsultationen durchführte. Und das war keineswegs gut. Mein Führungsstil als Jesuit hatte anfangs viele Mängel. Es war eine schwere Zeit für die Gesellschaft Jesu: Eine ganze Jesuitengeneration war ausgefallen. Deshalb wurde ich schon in sehr jungen Jahren zum Provinzial ernannt. Ich war erst 36 Jahre alt – eine Verrücktheit! Ich musste mich mit sehr schwierigen Situationen auseinandersetzen und traf meine Entscheidungen schroff und eigenmächtig. Ja, aber etwas muss ich doch noch hinzufügen: Wenn ich einer Person eine Sache anvertraue, habe ich totales Vertrauen zu dieser Person. Sie muss wirklich einen sehr schweren Fehler begehen, bevor ich sie zurechtweise. Dessen ungeachtet sind die Menschen des Autoritarismus überdrüssig. Meine autoritäre und schnelle Art, Entscheidungen zu treffen, hat mir ernste Probleme und die Beschuldigung eingebracht, ultrakonservativ zu sein. Ich habe eine Zeit einer großen inneren Krise durchgemacht, als ich in Córdoba lebte. Nun bin ich sicher nicht wie die selige Imelda gewesen, aber ich bin nie einer von den ›Rechten‹ gewesen. Es war meine autoritäre Art, Entscheidungen zu treffen, die Probleme verursachte.«[71]

Immerhin: Probleme streitet dieser Mann im Nachhinein nicht ab. Er steht dazu, er beschönigt nichts, er entschuldigt sich nicht selbst oder flüchtet in unverbindliche Phrasen, die mehr vernebeln als aufklären. Umstände spielten eine Rolle, etwa dass er so früh ins Amt des Provinzials kam. Und die Persönlichkeit natürlich.

Wenig ehrenvoll ist eine Charakterisierung, die ein amtierender lateinamerikanischer Jesuitenprovinzial nach der Papstwahl gegenüber dem britischen Journalisten Paul Vallely auf Anfrage (schriftlich) abgab, dabei jedoch anonym bleiben wollte: »Ja, ich kenne Bergoglio. Er hat in der Gesellschaft Jesu für viele Probleme gesorgt und ist in seinem eigenen Land außerordentlich umstritten. Ihm wird nicht nur zur Last gelegt, die Gefangennahme zweier Jesuiten während der Diktatur in Argentinien zugelassen zu haben, als Provinzial hat er zudem einen spaltenden Keil in die Gemeinschaft getrieben: Manche Gruppen beteten ihn fast an, während andere nichts mit ihm zu tun haben wollten und er kaum mit ihnen sprach. Die Situation war absurd. Er ist gut ausgebildet und ein sehr fähiger Mann; um ihn wird dieser Personenkult getrieben, der sehr stark polarisiert. Ihn umgibt eine Aura der Spiritualität, die er für seine Machtbestrebungen nutzt. Mit ihm auf dem Apostolischen Stuhl wird die Kirche eine Katastrophe erleben. Er ließ eine zerstörte Gesellschaft Jesu in Argentinien zurück, mit gespaltenen Jesuiten und Institutionen, die heruntergewirtschaftet und finanziell am Boden sind. Wir haben uns über zwei Jahrzehnte lang bemüht, das Chaos zu beheben, das der Mann uns hinterließ.«[72] Solche wenig schmeichelhaften, ja brutalen Stimmen waren unmittelbar nach der Papstwahl nicht selten – und sie haben mich damals sehr irritiert, auch weil sie in deutlichem Kontrast zur öffentlichen Wahrnehmung standen. Bergoglio – ein Spalter oder Polarisierer? Solche Stimmen sind bis heute nicht verstummt. Übelwollende Unglückspropheten greifen sie immer wieder gerne auf, weil sie sich bestätigt sehen und als Warner vor einem »chaotischen Pontifikat« hervortun (und profilieren) wollen. Dass ein Jesuitenprovinzial solche Einschätzungen öffentlich macht, spricht natürlich auch Bände und sagt etwas über jesuitische Kommunikationskultur aus.

Auch wenn manche Erfahrungen über vierzig Jahre her sind – inzwischen ist viel Lebens- und Leitungserfahrung dazugekommen.

Eine wichtige ignatianische Erfahrung lautet: »Experientia nos docuit« – die Erfahrung hat uns gelehrt …, sprich: Aus Erfahrung wird man weise! Mit den Worten des Papstes: »Ich spreche von diesen Dingen als einer Lebenserfahrung und um begreiflich zu machen, welche Gefahren es gibt. Mit der Zeit habe ich vieles gelernt. Der Herr hat mir diese Führungspädagogik ungeachtet meiner Fehler und Sünden gewährt.«[73]

Stichwort Führungspädagogik: Jorge Mario Bergoglio SJ hat erst nach Abschluss des Zweiten Vatikanischen Konzils (1962–1965) Theologie studiert und wurde 1969 zum Priester geweiht. Wie viele andere Orden machte sich die Gesellschaft Jesu damals auf den Weg zu einer umfassenden Erneuerung, wie sie das Konzil mit der Aufforderung »Zurück zu den Quellen« eingeleitet hatte: Das ursprüngliche, im Lauf der Geschichte oft verloren gegangene, relativierte oder aber spirituell überhöhte bzw. asketisch manchmal bis zur Karikatur verzeichnete Ordensideal (»den Seelen helfen«) sollte neu aufgespürt und für die moderne Zeit adaptiert werden. Der kurz vor Konzilsende gewählte Ordensgeneral Pedro Arrupe (1907–1991), Baske wie Ignatius von Loyola, wurde aufgrund seiner charismatischen Ausstrahlung oft mit dem Ordensgründer verglichen. Er hat den (für damalige Ordensverhältnisse wirklich blutjungen) Novizenmeister Jorge Mario Bergoglio SJ zum Provinzial ernannt.

Seitdem Antonio Quarracino im Februar 1991 zum Kardinal ernannt worden war, nutzte er seine Kontakte mit Papst Johannes Paul II., um sich bei diesem für Bergoglio als seinen Wunsch-Weihbischof stark zu machen. Fast zwei Jahre lang dauerte das. Austen Ivereigh meint zu wissen, dass Quarracino den Namen Jorge Mario Bergoglio direkt beim Papst deponiert und dabei die Bischofskongregation, die vom Nuntius eine Dreierliste (Terna) mit geeigneten Kandidaten übermittelt bekommen habe, übergangen habe.[74] Das bestätigt Paul Vallely, der erfuhr, dass Quarracino die Bischofskongregation dadurch umging, dass er dem mit ihm befreundeten argentinischen Vatikanbotschafter Francisco Eduardo Trusso einen (Ernennungs-)Brief für den Papst zur persönlichen Überreichung mitgab, der sofort reagiert habe.[75] Der deutsche Vatikankorrespondent Andreas Englisch behauptet mit Berufung auf einen argentinischen Priester, Quarracino habe Bergoglio systematisch »als Nachfolger aufgebaut«[76].

Eine andere Hürde stellte laut Ivereigh die negative Einstellung des Provinzials, Ignacio Rafael García-Mata SJ, und von dessen Assistenten (Sozius), Juan Luis Moyano Walker SJ, gegenüber Bergoglio dar. Quarracino wiederum war sich seiner eigenen Grenzen sehr bewusst und hatte großen Respekt vor Bergoglios spiritueller Tiefe und seinen Führungsqualitäten entwickelt. Er nannte den Jesuitenpater, den er unter anderem bei Exerzitien kennen- und schätzengelernt hatte, gelegentlich »el santito« (der kleine Heilige) – »genau das, was ihm selber abging« (precisely what he lacked)[77], wie Ivereigh festhält.[78] Schon 1988 hatte er gegenüber dem Generaloberen Peter-Hans Kolvenbach SJ (1928–2016) gemeint, »die argentinische Kirche setze große Hoffnungen auf Pater Bergoglio«[79].

Anfang der 1990er-Jahre wies der Apostolische Nuntius in Argentinien, Erzbischof Ubaldo Calabresi († 2001), den Jesuitenprovinzial Víctor Hugo Zorzín SJ († 2016), der Bergoglio 1986 als einfachen Seelsorger nach Córdoba (wo er von 1958 bis 1960 das Noviziat, die ersten beiden Ordensjahre, verbracht hatte), in die zweitgrößte Stadt im Norden Argentiniens, versetzt hatte, darauf hin, dass die Kirche für den einstigen Provinzial eine Sendung eigener Art habe.[80] In den Augen vieler, erst recht von außerhalb des Ordens, war diese Destination eine »Kaltstellung«, wenn nicht eine Strafversetzung gewesen, um Bergoglio aus der Hauptstadt fernzuhalten, wo er aufgrund seiner früheren Funktionen bestens vernetzt war.

Der »weiße Papst« trifft den »schwarzen Papst«

Dass das Ergebnis der Papstwahl vom März 2013 bei vielen (nicht nur argentinischen oder lateinamerikanischen) Jesuiten einen Schock auslöste, teilweise auf Unverständnis stieß und Unsicherheit bezüglich des Verhältnisses zwischen dem ersten Jesuitenpapst der Geschichte und dem Orden, dem er angehört, auslöste, lässt sich unschwer erahnen. Dass Jesuiten allenfalls verhalten stolz waren und nur »low profile«-Feierstimmung aufkam, wurde weltweit registriert.

Umso gespannter war man ordensintern auf die erste – wahrhaft historische – Begegnung zwischen dem neu gewählten Papst und dem Generaloberen, denn noch nie zuvor gehörten beide der Gesellschaft Jesu an. Bemerkenswerterweise ist das erste amtliche Dokument, das die Unterschrift des neuen Papstes trägt, ein mit 16. März 2013 datierter Brief an Pater Adolfo Nicolás Pachón SJ, den Generaloberen (»Praepositus generalis«), in dem sich Papst Franziskus für die Glückwünsche zu seiner Wahl bedankt und in dem er alle Jesuiten um ihr Gebet für seinen Dienst bittet.[81] Am selben Tag erzählte der Neugewählte bei seiner Begegnung mit Medienvertretern, dass bei der Wahl seines Papstnamens sein Konklave-Nachbar, der emeritierte Erzbischof von São Paulo, Kardinal Claudio Hummes OFM, eine Rolle gespielt habe (»Vergiss die Armen nicht«): »Einige haben dann verschiedene scherzhafte Bemerkungen gemacht«, so Franziskus weiter: ›Aber du müsstest dich Hadrian nennen, denn Hadrian VI. war der Reformer; es braucht Reformen …‹ Ein anderer sagte mir: ›Nein, nein, dein Name müsste Clemens sein.‹ ›Aber warum?‹ ›Clemens XV.: So rächst du dich an Clemens XIV., der den Jesuitenorden aufgehoben hat.‹ Es sind Scherze …«

Was wäre gewesen, wenn er sich Ignatius genannt hätte? Wie, fragten sich manche Jesuiten sofort, würde sich nun das Verhältnis des neuen Papstes zu dem Orden gestalten, aus dem er stammt?

Schon am Tag nach der Wahl wandte sich Adolfo Nicolás mit einem im Original auf Spanisch verfassten Statement an den Orden, in welchem er bereits im ersten Absatz davon sprach, dass diese Wahl für die Kirche der Auftakt zu einem Weg voller Hoffnung sei (»que abra para la Iglesia una etapa llena de esperanza«). Es war von »unserem Bruder« (»hermano nuestro«) die Rede, der vom ersten Moment seines Erscheinens auf der Benediktionsloggia von Sankt Peter an ein sichtbares Zeugnis für seine Einfachheit, seine Demut, seine pastorale Erfahrung und seine spirituelle Tiefe gegeben habe (»Desde el primero momento en que se ha presentado ante pueblo de Dios ha dato testimonio de modo visible de su sencillez, su humilitad, su experiencia pastoral y su profundidad espiritual«[82]).

Es ist Tradition, dass der Generalobere sehr bald nach einer Papstwahl dem neu gewählten Pontifex maximus seine persönliche Bereitschaft und die des gesamten Ordens, sich vorbehaltlos in den Dienst des Papstes zu stellen und senden zu lassen, zu deklarieren hat. In den Satzungen des Ordens ist der Generalobere oder ein Vertreter »gehalten«, einem neuen Papst »innerhalb des Jahres nach seiner Wahl und Krönung die Profess und das ausdrückliche Versprechen kundzutun, das die Gesellschaft hat, ihm, besonders in Bezug auf die Sendungen, zu gehorchen« (Satzungen, Nr. 617).

Bereits im Statement vom 14. März 2013 drückte Nicolás die erneute Verfügbarkeit des Ordens aus mit Verweis auf das vierte (Papst-)Gelübde hin, das den Orden mit dem Heiligen Vater verbindet (»renovar nuestra diponibilidad par ser evidados a la viña del Señor, conforme al espíritu de nuestro voto especial de oboediencia, que tan particularmente nos une con el Santo Padre«). Am Nachmittag des 17. März kam es dann zur ersten persönlichen Begegnung zwischen dem neu gewählten »weißen Papst« und dem »schwarzen Papst« im Gästehaus Santa Marta. Es war ein herzliches, unkompliziertes Treffen, das Druck aus der – für beide Seiten – völlig neuartigen Situation nahm. Am Dienstag darauf, dem Tag der Amtsübernahme (19. März, Josefitag), fand sich Nicolás, zusammen mit dem Generalminister der Franziskaner, unter den Konzelebranten wieder und berichtete davon dem Orden in einem auf den 24. März datierten Brief.

Darin gab er bekannt, dass Franziskus ihn zwei Mal angerufen habe, bevor es zur ersten Begegnung kam, die in einer brüderlichen, herzlichen Atmosphäre (»en un clima fraterno y de gran cordialidad«) abgelaufen sei. Nicolás erzählt dann, einige Kardinäle hätten ihm zur Wahl gratuliert, und er habe mit einem leichten Anflug von Humor daran erinnert, dass das Kardinalskollegium dafür verantwortlich sei. Am wichtigsten, in den Orden hinein gesprochen: »Der Papst fühlt sich zutiefst als Jesuit, und er zeigte das in diesen Tagen bei verschiedenen Anlässen. Ein augenscheinliches Zeichen finden wir im päpstlichen Wappen wie auch in seiner Antwort vom 16. März auf meinen Brief vom 14. März« (»El Papa Francisco se siente profundamente jesuita y así lo ha manifestado en diversas ocasiones a lo largo de estas fechas. Un signo evidente encontramos en su escudo papal, ademásde en la carta, tan cercana, con que el pasado día 16 ha respondido a la mía del día 14«).[83]

Papst Franziskus hatte dann 2014 auch kein Problem damit, dass der auf Lebenszeit (»ad vitam«) gewählte Generalobere – erst zum zweiten Mal in der Geschichte des Ordens – seinen Amtsverzicht ankündigte, der von der Generalkongregation im Oktober 2016 angenommen wurde (die den 1948 geborenen Venezolaner Arturo Marcelino Sosa Asbascal wählte). Schon Papst Benedikt XVI. hatte sich dem wiederholt geäußerten (von Papst Johannes Paul II. stets abgelehnten) Wunsch des seinerzeitigen Generaloberen Peter-Hans Kolvenbach SJ, der es auf eine Amtszeit von fast fünfundzwanzig Jahren (1983–2008) brachte, nicht verweigert, sodass im Januar 2008 Adolfo Nicolás gewählt werden konnte. Kolvenbach war der erste Generalobere in der Geschichte der Gesellschaft Jesu gewesen, der nicht im Amt verstarb. Augenblicklich stammen sowohl der »weiße« wie der »schwarze« Papst aus Lateinamerika – und können sich in ihrer Muttersprache Spanisch miteinander unterhalten.

Der Papst und die Gesellschaft Jesu

Es dauerte vielleicht etwas, bis sich die »neuen Verhältnisse« eingespielt hatten. Aber von Anfang an suchte Franziskus Kontakt mit Jesuiten: Schon am 7. Juni 2013 sprach er bei einer Audienz zu Jesuitenschülern aus Italien und Albanien. Am 14. Juni kam es zu einer Begegnung mit dem Schriftstellerkollegium der römischen Jesuitenzeitschrift »La Civiltà Cattolica«. Auf dem Weltjugendtag in Rio de Janeiro im Juli 2013 traf er sich mit den aus vielen Ländern anwesenden Mitbrüdern und feierte eine Messe mit ihnen. Am 31. Juli, dem Festtag des heiligen Ignatius, feierte er zusammen mit Jesuiten Gottesdienst und predigte in Il Gesù, der Mutterkirche des Ordens – einfach, ohne großen protokollarischen oder liturgischen Pomp, als »Bruder unter Brüdern« (»Un Hermano entre hermanos«), wie der Generalobere später in einem Brief an den gesamten Orden mitteilte, der zunächst eine programmatische Predigt erwartet hatte und dann von der natürlichen Atmosphäre (»Freunde im Herrn«) überrascht und beeindruckt war.[84] Der Papst betrachtete dabei auch eine Armrelique von Franz Xaver, besuchte auch das Grab von Pedro Arrupe, berührte den Grabstein und hinterlegte Blumen.

In der letzten Augustwoche fand dann das erste große Interview statt, das er Antonio Spadaro SJ namens der europäischen Kulturzeitschriften des Ordens gab: »Die bleibende Verankerung des Papstes in der Gesellschaft Jesu«, so Hans Waldenfels SJ, »ist dabei nicht mehr zu übersehen.«[85] Am 10. September besuchte Papst Franziskus das »Centro Astalli« unweit der Piazza Venezia auf der Rückseite von Il Gesù, wo der Flüchtlingsdienst der Jesuiten (JRS) untergebracht ist. Und an seinem 77. Geburtstag, am 17. Dezember, beschenkte er sich selbst, indem er per Dekret – Papst Benedikt XVI. hatte es im Mai 2012 mit Hildegard von Bingen vorgemacht[86] – seinen Lieblingsheiligen im Orden, den Savoyarden Pierre Favre SJ (Peter Faber), heiligsprach. Etwas mehr als zwei Wochen später, am 3. Januar 2014, predigte er wieder in Il Gesù, wo ihm der Orden für die so rasch und unkompliziert erfolgte Heiligsprechung dankte. Ähnlich verfuhr er mit dem aus Teneriffa (Kanarische Inseln) stammenden Jesuiten José de Anchieta (1534–1597), der als »Apostel Brasiliens« und Nationalheiliger gilt. Am 3. April 2014 unterzeichnete Papst Franziskus ein entsprechendes Dekret, am 24. April predigte er bei einem Dankgottesdienst in der Kirche Sant' Ignazio de Loyola.

Das sollte sich in den kommenden Jahren fortsetzen und ist ein untrügliches Zeichen dafür, dass der Papst aufgrund dieser besonderen Situation keineswegs auf Distanz zum eigenen Orden gegangen ist, sondern dessen Nähe sogar sucht. Bei einer Reihe von Auslandsreisen kam es zu »spontanen«, jedenfalls nicht im offiziellen Programm aufscheinenden Blitzbesuchen in Jesuitenkommunitäten, so in Südkorea, in der Türkei, auf den Philippinen, in Ecuador, Mexiko und Kolumbien, in Chile und in Peru, oder, trotz des sehr dichten Programms, in Rangun (Myanmar), wo er mit den zweiunddreißig dort tätigen Jesuiten, unter ihnen Novizen, zusammentraf. In Albanien oder Kenia gab es kurze Grußadressen. Der Papst weiß, woher er kommt und wohin er gehört – und das zeigt er auch. In Cartagena (Kolumbien) etwa traf er im September 2017 für eine halbe Stunde mit siebzig Mitbrüdern zusammen und ermunterte diese (nach einem ordensinternen Bericht): »Ich stehe euch zur Verfügung, ich möchte keine Reden halten. Also, wenn ihr irgendwelche Fragen habt, dann kitzelt mich ein bisschen.«

Im ersten Gottesdienst, den er in Il Gesù am 31. Juli 2013 feierte, erwies sich Papst Franziskus in seiner kurzen Homilie als Interpret des Ordensgründers und -charismas: »Das Wappen von uns Jesuiten ist ein Monogramm, das Akronym für ›Iesus Hominum Salvator‹ (IHS)«, begann er seine Überlegungen. »Jeder von euch könnte mir sagen: das wissen wir sehr gut! Aber dieses Wappen erinnert uns beständig an eine Realität, die wir niemals vergessen dürfen: die Zentralität Christi für jeden von uns und für die ganze Gesellschaft, die der hl. Ignatius eben deshalb ›Gesellschaft Jesu‹ nennen wollte, um auf ihren Bezugspunkt hinzuweisen.« Er ging auf die Exerzitien und ihre Christozentrik ein, indem er auf zentrale Stellen verwies, und erinnerte namentlich an Pedro Arrupe. »Die Frage«, so Franziskus in der für ihn typischen, stark katechetischen Weise, »ist für uns, für uns alle nicht selbstverständlich: Ist Christus der Mittelpunkt meines Lebens? Stelle ich wirklich Christus in den Mittelpunkt meines Lebens? Denn es besteht immer die Versuchung zu denken, dass wir der Mittelpunkt sind. Und wenn ein Jesuit sich selbst in den Mittelpunkt stellt und nicht Christus, dann irrt er.«

Eine kleine Bemerkung zeigte auch, dass Franziskus am aktuellen Geschehen des Ordens sehr wohl und wach teilnimmt: »Aber in diesem Augenblick denke ich an unseren Bruder in Syrien.« Drei Tage zuvor war der Jesuit und Islamwissenschaftler Dall'Oglio im syrischen Raqqa von Mitgliedern der Terrorgruppe Islamischer Staat entführt worden. Er arbeitete seit dreißig Jahren in Syrien und hatte die nördlich von Damaskus gelegene Klostergemeinschaft Dair Mar Musa al-Habaschi gegründet. Nach seiner vom Regime Baschar al-Assads verfügten Ausweisung im Jahr 2012, kehrte er wenige Wochen vor seiner Geiselnahme in das Bürgerkriegsland zurück. Bis heute ist er verschollen und man weiß nichts über sein Schicksal. Man vermutet, dass er schon unmittelbar nach dem Kidnapping umgebracht wurde.

Bei seinem Besuch im Flüchtlingszentrum »Astalli« ging Franziskus wieder direkt auf den Ordensgründer ein: »Der hl. Ignatius von Loyola wollte, dass es in den Räumen, wo er in Rom seine Wohnung hatte, Platz geben solle, um die Ärmsten aufzunehmen. Und Pater Arrupe gründete 1981 den ›Flüchtlingsdienst der Jesuiten‹ und wollte, dass der römische Sitz in jenen Räumen sein sollte, im Herzen der Stadt. Und ich denke an jenen geistlichen Abschied von Pater Arrupe in Thailand, ebenfalls in einem Zentrum für Flüchtlinge.« Dienen, begleiten und verteidigen – das seien »drei Worte, die das Arbeitsprogramm für die Jesuiten und ihre Mitarbeiter darstellen«.

Die Heiligsprechung von Peter Faber im Dezember 2013 – Papst Pius IX. hatte ihn am 5. September 1872 seliggesprochen – war eine Überraschung. Und auch wieder nicht, wenn man sich daran erinnert, dass Jorge Mario Bergoglio SJ als argentinischer Provinzial zwei Fachleute, Miguel Angel Fiorito SJ und Jaime H. Amadeo SJ, mit der Übersetzung von Fabers »Memoriale«, seinem geistlichen Tagebuch, beauftragte.[87] Einige Monate vorher von Antonio Spadaro SJ befragt, was ihn an diesem »Lebensvorbild« derart fasziniere, antwortete Papst Franziskus, für den Faber zweifelsfrei »ein Mystiker«[88] ist, und zwar ein alltagstauglicher: »Der Dialog mit allen, auch mit den Fernstehenderen und Gegnern, die schlichte Frömmigkeit, vielleicht eine gewisse Naivität, die unmittelbare Verfügbarkeit, seine aufmerksame innere Unterscheidung, die Tatsache, dass er ein Mann großer und starker Entscheidungen und zugleich fähig war, so sanftmütig, so sanftmütig zu sein ...«[89].

Dialog – Frömmigkeit – Verfügbarkeit – Unterscheidung: Kann man darin nicht eine gewisse Seelenverwandtschaft zwischen zwei Jesuiten aus dem 16. und dem 21. Jahrhundert entdecken? Michael Sievernich SJ meint, Franziskus charakterisiere den von ihm heiliggesprochenen Jesuiten »mit jenen Merkmalen einer bildhaften kirchenreformerischen und irenischen Pastoralmethode, denen er auch für die Gegenwart spirituelle Reformimpulse zuschreibt«[90]. Erich Garhammer sieht es ähnlich: »Mit seiner Kanonisation wollte der Papst die Kirche auf einen Priester aufmerksam machen, den er zu seinen eigenen Vorbildern zählt. Er sieht in dem liebenswürdigen Savoyarden ein Genie der Freundschaft, der unermüdlich tätig war und noch unermüdlicher betete, sowie ein Vorbild für alle Seelsorger. Angesichts der sich ausbreitenden Reformation hielt Faber nicht Streitgespräche für das rechte Heilmittel, sondern ehrliche Liebe zu den Andersgläubigen und eine Reform des eigenen Lebens. Das war wohl ein zusätzliches Motiv für seine Heiligsprechung.«[91]

Peter Faber (1506–1546) kam 1525, 19-jährig, nach Paris ans Collège Sainte-Barbe, vier Jahre vor Ignatius, war später jahrelang Zimmergenosse von diesem und Franz Xaver (Francisco de Javier) und gehörte zum engsten Zirkel der »iñiguistas«, einer Handvoll Freunde um den baskischen Edelmann, an der Sorbonne. Am 30. Mai 1534 geweiht, war er am 15. August 1534 der einzige Priester unter den sieben ersten Gefährten, die in der Krypta von Montmartre Gelübde ablegten und sich damit an Christus und aneinander banden. Später war er der erste Jesuit, der in Deutschland (Worms, Speyer, Regensburg, Mainz, Köln) wirkte, und gewann Petrus Canisius für den jungen Orden.

Faber war ein feinfühliger, überaus empathischer Seelsorger, kein lautstarker, polternder Typ, sondern ein gefragter geistlicher Begleiter und theologischer Berater, der es mit sich selbst ironischerweise, von Skrupeln geplagt, nicht leicht hatte. Kein Wunder, dass er – (bei den damaligen Verkehrsbedingungen) durch halb Europa ziehend – wenige Monate nach Vollendung seines vierzigsten Geburtstags nach kurzer Krankheit, völlig ausgepowert, viel zu früh verstarb. Mit Blick auf Fabers Charakter, der auch Anzeichen einer inneren Ruhelosigkeit aufwies, meinte Franziskus, Jesuit zu sein heiße, »ein Mensch zu sein mit einem unvollendeten Denken, einem offenen Denken: denn er denkt stets mit dem Blick auf den Horizont des immer größeren Ruhmes Gottes, der uns unaufhörlich überrascht. Und das ist die Ruhelosigkeit unserer Leere. Diese heilige und schöne Ruhelosigkeit!« Die Faber auszeichnende Methode, eher das Gute als das Schlechte im anderen zu sehen und wertzuschätzen, sich auch Andersgläubigen und Andersdenkenden nicht zu entziehen, kommentierte er mit den Worten: »Mir kommt die Versuchung in den Sinn, die wir vielleicht haben könnten und die viele haben, nämlich die Verkündigung des Evangeliums mit inquisitorischen, verurteilenden Stockhieben in Verbindung zu bringen. Nein, das Evangelium muss mit Sanftmut, mit Brüderlichkeit, mit Liebe verkündet werden.« Und dann, am Ende seiner Homilie, die Aufmunterung: »Wir sind Menschen in Spannung, wir sind auch widersprüchliche und inkonsequente Menschen, Sünder, alle. Aber Menschen, die unter dem Blick Jesu ihren Weg gehen wollen. Wir sind klein, wir sind Sünder, aber wir wollen unter dem Banner des Kreuzes in der mit dem Namen Jesu ausgezeichneten Gesellschaft dienen. Wir, die wir

Egoisten sind, wollen dennoch ein von großer Sehnsucht bewegtes Leben führen. Erneuern wir also unsere Hingabe an den ewigen Herrn des Universums.«

Der Generalobere hatte bereits am Tag der Heiligsprechung einen längeren Brief an alle Jesuiten gerichtet, um die Bedeutung des neuen Heiligen und seiner Vorgehensweise für den Orden (»noster modus procedendi«) und die Kirche hervorzuheben.[92]

Interessanterweise ist Papst Franziskus auch bei seiner letzten Audienz für das Schriftstellerkollegium und die Mitarbeiter der »Civiltà Cattolica« am 9. Februar 2017, bei der er die 4000. Ausgabe der von ihm sehr geschätzten Jesuitenzeitschrift (»Eure Zeitschrift liegt oft auf meinem Schreibtisch«), die seither auch auf Englisch, Spanisch, Französisch und (in digitaler Version) auf Koreanisch erscheint, überreicht bekam, wieder auf Faber zu sprechen gekommen. Zunächst appellierte er an das Berufsethos: »Bleibt auf offenem Meer! Ein Katholik darf keine Angst haben vor dem offenen Meer, er darf nicht den Schutz sicherer Häfen suchen. Vor allem ihr als Jesuiten müsst es vermeiden, euch an Gewissheiten und Sicherheiten zu klammern. Der Herr ruft uns, aufzubrechen in die Mission, in die Weite zu gehen – nicht in Pension zu gehen und Gewissheiten zu bewahren. Wenn man in die Weite geht, trifft man auf Stürme, und es kann Gegenwind geben. (…) Ich stelle euch eine Frage: Hat euer Herz die Unruhe der Suche bewahrt? Nur die Unruhe gibt dem Herzen eines Jesuiten Frieden. Ohne Unruhe sind wir unfruchtbar. Wenn ihr Brücken und Grenzen bewohnen wollt, müsst ihr einen unruhigen Verstand und ein unruhiges Herz haben. Manchmal verwechselt man die Sicherheit der Lehre mit Misstrauen gegenüber der Forschung.«

An »drei Jesuiten, auf die ihr schauen sollt, um voranzukommen«, erinnerte er bei dieser Gelegenheit. Er gab sie den Versammelten als »Patrone« mit auf den Weg: Matteo Ricci (1522–1610), Andrea Pozzo (1642–1709) und eben Peter Faber, in seinen Augen ein »Mann mit großen Wünschen, einem unruhigen Geist, nie zufrieden, Pionier des

Ökumenismus«. Diesmal hob er diese Fähigkeit des Heiligen hervor: »Für Faber ist es so: Gerade wenn man sich schwierige Dinge vornimmt, zeigt sich der wahre Geist, der zum Handeln bewegt (vgl. *Memoriale*, 301). Echter Glaube setzt immer den tiefen Wunsch voraus, die Welt zu verändern. Das ist die Frage, die wir uns stellen müssen: Haben wir große Visionen und Tatendrang? Sind wir kühn? Oder sind wir mittelmäßig und geben uns mit Reflexionen ›aus dem Labor‹ zufrieden? Eure Zeitschrift soll sich die Wunden dieser Welt zu Bewusstsein führen und Therapien erkennen. Es soll ein Schreiben sein, das das Böse zu verstehen sucht, das aber auch danach strebt, Balsam auf die offenen Wunden zu gießen, zu heilen. Faber war zu Fuß unterwegs und starb jung, von der Mühsal entkräftet, verzehrt von seinem Wunsch nach der größeren Ehre Gottes. Ihr seid mit eurer unruhigen Intelligenz unterwegs, die durch die Tastaturen eurer Computer zu Reflexionen wird, die für den Aufbau einer besseren Welt, den Aufbau des Reiches Gottes nützlich sind.«

Die vielleicht subkutan vorhandene, anfängliche Befürchtung im Jesuitenorden im Frühjahr 2013, ein Jesuit als Papst könnte sich als »Super-General« gerieren, erwies sich, wie diese Beispiele zeigen, als weitgehend unbegründet, auch wenn da und dort von »zerrütteten Verhältnissen«[93] die Rede war. Vier Monate nach seiner Wahl, auf dem Rückflug vom Weltjugendtag in Rio, sehr früh also, antwortete Franziskus auf die Frage der französischen Journalistin und Schriftstellerin Carolina Pigozzi (»Paris Match«), ob er sich denn auch als Papst weiterhin als Jesuit fühle: »Das ist eine theologische Frage, denn die Jesuiten geloben den Gehorsam gegenüber dem Papst. Doch wenn der Papst Jesuit ist, muss er vielleicht geloben, dem Jesuiten-General gegenüber gehorsam zu sein … Ich weiß nicht, wie das zu lösen ist … Ich fühle mich als Jesuit in meiner Spiritualität: in der Spiritualität der Exerzitien; das ist die Spiritualität, die ich im Herzen habe. So sehr fühle ich mich als Jesuit, dass ich in drei Tagen mit den Jesuiten das Fest des heiligen Ignatius feiern werde: Ich werde am Morgen die Messe zelebrieren. Ich habe meine Spiritualität nicht geändert, nein.

Franziskus – Franziskaner: nein. Ich fühle mich als Jesuit und denke als Jesuit.«

Ein starkes Signal an den Orden war auch der Besuch von Papst Franziskus auf der Generalkongregation der Jesuiten im Oktober 2016, auf der der neue Generalobere Alberto Sosa gewählt wurde. Üblicherweise besuchen die Delegierten nach erfolgter Wahl den Papst – diesmal kam er – was von manchen Seiten aufmerksam verfolgt, von anderen auch kritisiert wurde – eigens in die Kurie. Am 24. Oktober nahm er am Morgengebet teil, stand für Fragen zur Verfügung und hielt eine klassische »Jesuitenpredigt«, bei der es unter anderem um ignatianisches Urgestein, den Trost (*consolación*), ging, ausgehend von den beiden Apostolischen Schreiben »Evangelii gaudium« und »Amoris laetitia« und der Enzyklika »Laudato si'« (»Der Jesuit ist ein Diener der Freude des Evangeliums, wenn er in kleinem Rahmen sozusagen ›in Handarbeit‹ tätig ist«); um das innere Berührtsein vom gekreuzigten Jesus; und um das so essenzielle »Fühlen mit der Kirche«.

IHS – das Papstwappen

Auch in seinem Papstwappen wird die Zugehörigkeit zur Gesellschaft Jesu sofort sichtbar: eine goldene Sonne mit dem verkürzten roten Jesus-Monogramm (IHS), durchzogen von einem Kreuz, an dessen Ende drei Nägel (Symbol für die drei Gelübde von Armut, Keuschheit und Gehorsam), außerdem ein Stern und eine (oft mit einer Weintraube verwechselte) Nardenblüte als Symbol für Maria als Mutter Jesu und der Kirche. Die Gesamtsymbolik ergibt einen Hinweis auf die heilige Familie. Die Grundfarbe des Wappenschilds ist tiefblau: Es ist die Farbe der Gottesmutter ebenso wie auch ein Verweis auf die argentinische Heimat des Papstes, deren Flagge wie das Jesuitenemblem in der Mitte eine strahlende Sonne zeigt.

Grundlage für das Papstwappen war das Wappen, das Franziskus schon als Kardinal (1998) hatte – wie auch, in einfacherer Form, als

Titularbischof von Auca, als Erzbischof-Koadjutor und als Erzbischof von Buenos Aires (*escudo episcopal*). Als Papst übernahm er es. Lediglich der Stern und die Nardenblüte, die zuvor silbern grundiert waren, sind jetzt golden dargestellt. Noch im März 2013, keine zwei Wochen nach dem Amtsantritt und für viele Betrachter unmerklich, gab es eine leichte, fast unmerkliche Veränderung und Anpassung[94]: Der Stern im linken unteren Teil erhielt acht Zacken und hatte nicht mehr fünf wie bei der ersten Präsentation; der fünfzackige Stern gilt in manchen Kreisen als kommunistisches, anarchistisches oder auch als Freimaurersymbol, was (neben den üblichen Jesuitenklischees) zu Irritationen und Spekulationen führte – obwohl auch im Wappen des 33-Tage-Papstes Johannes Paul I. drei goldene Fünfzacker zu sehen waren. Acht Zacken bzw. Strahlen verweisen auf die acht Seligpreisungen. Zudem wurden bei der Darstellung der Narde (Blütenrispe) einige Blüten hinzugefügt, um die optische Ähnlichkeit mit einer Weinrebe zu reduzieren.

Manchen Heraldikern ist das Wappen offenbar zu wenig pompös, zu wenig aussagekräftig, zu banal. Eine recht seltsame Einschätzung kann man im Internet nachlesen. »Schlicht und stillos, einfach und einfallslos, unharmonisch in der Anordnung der Symbole«[95] nannte der Präsident der Deutschen Heraldischen Gesellschaft, langjähriges Mitglied der Académie Internationale d'Heraldique, das Papstwappen. Was wohl der »normale Christ« zu solch sophistischer Besserwisserei sagt?

Ein Novum und ungewöhnlich für ein päpstliches Wappen ist die Hinzufügung des bischöflichen Wahlspruchs: »Miserando atque eligendo«, der dem Benediktiner Beda Venerabilis (673–735 n. Chr.) zugeschrieben wird: »Durch Erbarmen auserwählend« (oder auch: »Durch Erbarmen und Erwählung«). Das Wort ist einer Predigt entnommen, auf die Jorge Mario Bergoglio SJ beim Beten des Breviers am Fest des hl. Matthäus stieß. Die biblisch überlieferte Episode von der Berufung des Zöllners Matthäus (Mt 9,9) kommentierte der angelsächsische Gelehrte mit den Worten: »Vidit ergo Jesus publicanum et quia *miserando atque eligendo* vidit, ait illi: Sequere me« (Jesus also sah den Zöllner, und da er ihn aus Barmherzigkeit als erwählt ansah, sagte er zu ihm: Folge mir).

Ein »Passwort« (Romano Guardini): »durch Erbarmen erwählend«

Warum übernahm Franziskus diesen Wahlspruch in sein bischöfliches und sein päpstliches Wappen? Das hat biografische Gründe. Angespielt ist damit auf die religiöse Schlüsselerfahrung, wenige Wochen vor dem 17. Geburtstag, wie Kardinal Bergoglio im Interview mit Francesca Ambrogetti und Sergio Rubin preisgab: »Mich hat immer eine Lesung aus dem Stundenbuch beeindruckt, in der die Rede davon ist, dass Jesus Matthäus in einer Haltung anschaute, die in der Übersetzung ungefähr als ›durch Erbarmen auserwählend‹ umschrieben werden könnte. Das war genau die Weise, wie ich mich während dieser Beichte von Gott angeschaut fühlte. Und das ist die Weise, wie Er mich stets die anderen anzuschauen bittet: mit großer Barmherzigkeit und so, als würde ich sie für Ihn erwählen – ohne jemanden auszuschließen, denn alle sind für die Liebe Gottes erwählt.«[96]

Sein bischöflicher Wahlspruch wurde diese Szene, weil sie nach eigener Auskunft »einer der Schlüssel zu meiner religiösen Erfahrung« sei: »der Dienst der Barmherzigkeit und die Erwählung von Menschen aufgrund eines Angebotes – eines Angebots, das salopp so zusammengefassst werden könnte: ›Schau mal, du bist geliebt als du selbst, du bist erwählt, und das Einzige, was von dir verlangt wird, ist, dass du dich lieben lässt.‹ Das ist das Angebot, das ich erhalten habe.«[97]

Die biblische Berufungserzählung wollte Papst Franziskus immer mit einer autobiografischen Lebensstation, einer Art von Berufungserlebnis, verknüpft wissen, das er exakt datieren kann: Am 21. September 1953, dem Festtag des Apostels Matthäus, in Argentinien

Frühlingsanfang, zog es Jorge Mario am »Tag des Studenten« in der Avenida Rivadavia in die Kirche San José de Flores, wo er auf einen ihm unbekannten Priester stieß, der ihn gleichwohl spirituell beeindruckte, sodass er beschloss, die Beichte abzulegen: »In dieser Beichte ist mir etwas Seltsames passiert. Ich weiß nicht, was es war, aber es hat mein Leben verändert. (...) Es war die Überraschung, das maßlose Erstaunen darüber, jemandem zu begegnen, der dich erwartet. Das ist die religiöse Erwartung: das Erstaunen darüber, jemandem zu begegnen, der dich erwartet. Von diesem Zeitpunkt an ist es Gott, der einen mit einer Ausschließlichkeit umwirbt, wie es sie nur in der ersten Liebe gibt.«[98] Anstatt, wie geplant, zum Bahnhof zu gehen und dort seine Freundesclique zu treffen, ging er schnurstracks nach Hause: in dem festen Bewusstsein, er wolle Priester werden. Das war viereinhalb Jahre vor seinem Ordenseintritt (März 1958) und drei Jahre vor dem Eintritt ins Seminario Metropolitano der Erzdiözese Buenos Aires (September 1956)!

»Miserando atque eligendo« ist seit damals eng mit der Lebens- und Berufungsgeschichte des Papstes verknüpft, auch wenn das Wort expressis verbis erst in späteren Jahren, wie eine Art Losungswort, im Stundengebet auftauchte – »fast wie«, um ein Traumfragment des vom Papst immer schon hoch geschätzten und oft zitierten Religionsphilosophen und Theologen Romano Guardini (1885–1968) zu nennen – »das Passwort zu allem, was dann geschieht«[99].

Wer meinte, Barmherzigkeit, ein Leitthema dieses Pontifikats, sei lediglich eine pastorale Marotte von Papst Franziskus, sollte sich diese frühe lebensprägende Jugenderfahrung ins Bewusstsein rufen. Lohnt es zum Beispiel, reizt es nicht, Predigten und Ansprachen, päpstliche Dokumente und entsprechende Aktionen wie spontane Pastoralbesuche im Außerordentlichen Heiligen Jahr der Barmherzigkeit (2015/16), wie etwa die Verkündigungsbulle »Misericordiae vultus«, in diesem Licht zu lesen, zu deuten und zu verstehen?

Kennmelodie Barmherzigkeit

(Nur) Ein Trend, der sich gut verkauft, ein Modethema, das schnell kommt und ebenso schnell wieder verschwindet? Barmherzigkeit boomt, ja. Alle reden davon. Viele schreiben darüber. Theologische Bücher wie Zeitschriften und Kirchenzeitungen haben das Thema aufgegriffen – seitdem man das Wort, beinahe täglich, möchte man sagen, aus dem Mund von Papst Franziskus hört. Manche können das Wort schon nicht mehr hören. Inflationärer Gebrauch, papageienhaftes Nachplappern garantiert allerdings noch keine inhaltliche Trend- und Themenwende in der Kirche, wenn man es so nennen will. Aber genau darum geht es. Denn von Anfang an gehörte das Wort »Barmherzigkeit« zum Grundvokabular des neuen Papstes – und wurde zu einer Art Kennmelodie, ja zu einem Leitmotiv und »Schlüsselwort seines Pontifikats«[100]. Wie ein roter Faden zieht es sich durch die letzten fünf Jahre. Es geht gerade nicht um päpstliche Rhetorik.

Man kann indes endlos herumexegetisieren, fachtheologische Expertisen anstellen, den Terminus, der auf Hebräisch »rachamin« heißt (Mutterschoß) und sich von »rechem« ableitet und auch Eingeweide (griech.: σπλάγχνα) meint, einer kritischen Lektüre unterziehen. Aber an dem Befund, dass Gott selbst vielfach als »barmherzig und gnädig« (Ex 34,6) beschrieben wird, dass barmherzig Handelnde von Jesus seliggepriesen werden (vgl. Mt 5,7), kommt man nicht herum. Im Matthäusevangelium wird außerdem, mit Bezug auf den Propheten Hosea, darauf hingewiesen: »Darum lernt, was es heißt: *Barmherzigkeit will ich, nicht Opfer*« (Mt 9,13; vgl. Hos 6,6). Und bei Lukas (7,18) lesen wir: »Seid barmherzig, wie es auch euer Vater ist.« Viele andere Stellen wären anzuführen.

Ein Signal von Anfang an: »Barmherzigkeit ändert die Welt«

Bemerkenswert: Schon in seiner zweiten, kurzen Predigt als Papst, am fünften Fastensonntag (17. März 2013), an dem das Evangelium von der Ehebrecherin verlesen wurde (vgl. Joh 8,1–11), sagte Franziskus in der kleinen, zum Vatikan gehörenden Pfarrei Sant' Anna: »Und die Botschaft Jesu ist diese: Barmherzigkeit. Für mich – ich sage das in aller Bescheidenheit – ist das die stärkste Botschaft des Herrn: die Barmherzigkeit. (…) Es ist nicht leicht, sich der Barmherzigkeit Gottes anzuvertrauen, denn das ist ein unergründlicher Abgrund. Aber wir müssen es tun!«

Wenige Stunden später schauten Tausende Versammelte auf dem Petersplatz zur Päpstlichen Wohnung im Apostolischen Palast hinauf, von wo aus Franziskus das erste Angelus-Gebet mit den Gläubigen betete. Zuvor erzählte er: »In diesen Tagen hatte ich die Gelegenheit, das Buch eines Kardinals – Kardinal Kaspers, eines Theologen, der sehr tüchtig ist, eines guten Theologen – über die Barmherzigkeit zu lesen. Und jenes Buch hat mir sehr gutgetan, doch glaubt jetzt nicht, dass ich Werbung für die Bücher meiner Kardinäle mache! Dem ist nicht so! Doch es hat mir so gut, so gutgetan … Kardinal Kasper sagte, dass von der Barmherzigkeit zu hören, dass dieses Wort alles ändert. Es ist das Beste, was wir hören können: es ändert die Welt. Ein wenig Barmherzigkeit macht die Welt weniger kalt und viel gerechter. Wir haben es notwendig, diese Barmherzigkeit Gottes gut zu verstehen, dieses barmherzigen Vaters, der so viel Geduld hat.«

Für einen Verlag ist eine solche päpstliche Werbung natürlich Gold wert. Und auch der Autor des Buches, Walter Kasper, freute sich über die Empfehlung, die er im Fernsehen mit verfolgte: »Ich gestehe, dass es mir sogar ein bisschen unangenehm war, denn es ist nicht üblich, auf diese Weise öffentlich von einem Papst beim Namen genannt zu werden. Doch es hat mich gefreut, dass er den Gedanken der Barmherzigkeit zu schätzen wusste, und ich habe mir gesagt, dass es eine gute Sache wäre, wenn er das zum Thema seines Pontifikats machen wollte. Ich erinnere mich auch noch, dass ich mit einer gewissen Befriedigung gedacht habe: Wenn das Buch dem Papst gefallen hat, kann es nicht so häretisch sein, wie einige behauptet haben. Aber ich will diese Äußerungen von Franziskus nicht überbewerten, auch wenn ich zugeben muss, dass das Buch ein paar Tage später vergriffen war: Von meinen Büchern wurden noch nie so viele tausend Exemplare an einem einzigen Tag verkauft, das ist extrem selten bei einem theologischen Buch.«[101]

Der frühere Bischof von Rottenburg-Stuttgart (1989–1999), spätere Sekretär (1999) und dann Präsident des Päpstlichen Rates zur Förderung der Einheit der Christen (2001–2010), hatte, obwohl er am 5. März 2013 sein achtzigstes Lebensjahr, mit dem das Papstwahlrecht erlischt, vollendet hatte, als einziger Kardinal über achtzig am Konklave teilnehmen können, weil die Altersgrenze mit dem Eintritt der Sedisvakanz (28. Februar) wirksam wird – das war sechs Tage vor Vollendung seines runden Geburtstages und vierzehn Tage vor Beginn des Konklaves. Die beiden Kardinäle kannten sich von einem Besuch Kaspers in Buenos Aires. »Uns verbindet«, so Kasper im Interview, »eine tiefe Sicht von der Kirche und eine sehr hohe Meinung von der zentralen Bedeutung der Barmherzigkeit.«[102] Während des Konklaves wohnten sie auf demselben Stockwerk. Ihre Zimmer lagen einander gegenüber. So ergab es sich, dass Kasper ein eben erschienenes Exemplar der spanischen Ausgabe seines Buches »Barmherzigkeit« dem Kollegen des Zimmers 207 übergab: »Barmherzigkeit, das ist der Name unseres Gottes« (Misericordia, questo è il nome del nostro Dio) soll dieser gesagt haben, als er den Titel sah.[103] Dass er das Buch sofort und offenbar mit Gewinn lesen und dann bald darauf öffentlich erwähnen würde, konnte Kasper nicht ahnen. Prophetisch oder mysteriös – wie auch immer man es lesen will – wirkt eine Tatsache, die der zum Papst Gewählte einem argentinischen Freund später »gesteckt« hat: Als er in sein Zimmer zurückkehrte, fand er auf seinem Bett eine weiße Rose.[104]

Kasper hat verschiedentlich in Abrede gestellt, zum engsten Kreis der Papst-Berater zu gehören: »Manche denken, ich wäre der Theologe des Papstes und wir sähen uns oft, aber, das stimmt nicht. (...) Ich habe nicht die Absicht, einem Pontifex meine Ideen aufzudrängen, denn seine Freiheit muss auf alle Fälle geschützt werden.«[105] Aber dass Franziskus den deutschen Kardinal schätzt und ihn im Vorfeld der Bischofssynode über die Familie besonders würdigte, indem er ihn bat, in einem außerordentlichen Konsistorium im Februar 2014 einen freimütigen theologischen Vortrag für die Kardinäle zu halten, um »damit eine theologisch begründete pastorale Diskussion«[106] für den bevorstehenden, zweistufigen synodalen Prozess einzuleiten, ist offensichtlich.

Etwas mehr als ein Jahr nach dem ersten Angelus nahm der Papst in einer Morgenmesse wieder auf diese Evangelienstelle (Joh 8) Bezug und verglich dabei Jesus mit einem Beichtvater. In seinem Handeln und in seinem Umgang mit Menschen werde deutlich: »Gott vergibt nicht per Dekret, sondern mit einer Liebkosung.«

Die Vision: Kirche als Ort der Barmherzigkeit

Barmherzigkeit als Cantus firmus kirchlichen Handelns und Lebens, dafür wirbt dieser Papst. In allem und vor allem soll Barmherzigkeit praktiziert werden – bevor das Kirchenrecht, die Theologie oder diese oder jene Bestimmungen ins Spiel kommen, die oft eher bremsen und zögern lassen. Franziskus verbindet das mit einer Vision: »Ich sehe ganz klar«, sagte er mit Bestimmtheit im Interview mit Antonio Spadaro SJ, »dass das, was die Kirche heute braucht, die Fähigkeit ist, Wunden zu heilen und die Herzen der Menschen zu wärmen – Nähe und Verbundenheit. Ich sehe die Kirche wie ein Feldlazarett nach einer Schlacht. Man muss einen Schwerverwundeten nicht nach Cholesterin oder nach hohem Zucker fragen. Man muss die Wunden heilen. Dann können wir von allem anderen sprechen. Die Wunden heilen, die

Wunden heilen … Man muss ganz unten anfangen.« An dem martialischen Bild vom Feldlazarett, auf das Franziskus in den letzten fünf Jahren wieder und wieder zu sprechen gekommen ist, haben sich manche gestoßen, die damit »ein Haus voll Glorie schauet« zu sehr in den Hintergrund gerückt sehen. Aber Kirche ist keine abstrakte Idee. Sie soll mit Jesus in Berührung bringen: »Die Kirche hat sich manchmal in kleine Dinge einschließen lassen, in kleine Vorschriften. Die wichtigste Sache ist aber die erste Botschaft: ›Jesus Christus hat dich gerettet.‹«

Für das kirchliche »Personal« bedeutet das konsequenterweise: »Die Diener der Kirche müssen vor allem Diener der Barmherzigkeit sein. (…) Ich träume von einer Kirche als Mutter und als Hirtin. Die Diener der Kirche müssen barmherzig sein, sich der Menschen annehmen, sie begleiten – wie der gute Samariter, der seinen Nächsten wäscht, reinigt, aufhebt. Das ist pures Evangelium.« Und im Blick auf die Praxis der Kirche: »Der Beichtstuhl ist kein Folterinstrument, sondern Ort der Barmherzigkeit, an dem der Herr uns anregt, das Bestmögliche zu tun.«

In »Evangelii gaudium« nahm Franziskus diese Gedanken ausführlich auf und explizierte eindringlich: »(Die Kirche) empfindet einen unerschöpflichen Wunsch, Barmherzigkeit anzubieten – eine Frucht der eigenen Erfahrung der unendlichen Barmherzigkeit des himmlischen Vaters und ihrer Tragweite. Wagen wir ein wenig mehr, die Initiative zu ergreifen! Als Folge weiß die Kirche sich ›einzubringen‹«. (EG 24) Und auch hier wieder eine Erinnerung an einen konkreten »Ort«: »Die Priester erinnere ich daran, dass der Beichtstuhl keine Folterkammer sein darf, sondern ein Ort der Barmherzigkeit des Herrn, die uns anregt, das mögliche Gute zu tun. Ein kleiner Schritt inmitten großer menschlicher Begrenzungen kann Gott wohlgefälliger sein als das äußerlich korrekte Leben dessen, der seine Tage verbringt, ohne auf nennenswerte Schwierigkeiten zu stoßen. Alle müssen von dem Trost und dem Ansporn der heilbringenden Liebe Gottes erreicht werden, der geheimnisvoll in jedem Menschen wirkt, jenseits seiner Mängel und Verfehlungen.« (EG 44)

Und weiter: »Die Kirche muss der Ort der ungeschuldeten Barmherzigkeit sein, wo alle sich aufgenommen und geliebt fühlen können, wo sie Verzeihung erfahren und sich ermutigt fühlen können, gemäß dem guten Leben des Evangeliums zu leben.« (EG 114) Die Frage ist also, ob der Apparat – von den Pfarrern hinauf bis zu Bischöfen und zur Kurie in Rom – diesen Kurs mitmachen, ob sie ihn bejahen, wirklich und wirksam nachvollziehen – oder nur billig imitieren und dem Papst etwas vormachen. Oder wird das als »Vision«, als »Traum«, als »Softie-Christentum« und als »Christentum light« denunziert?

Eine Überraschung: ein außerordentliches Jubiläum der Barmherzigkeit (2015/16)

Es liegt in der Konsequenz dieser fundamentalen Option für Barmherzigkeit, dass ihr Papst Franziskus auch eine institutionelle Verankerung gab. Am Ende einer Bußandacht im Vatikan mit anschließender Beichtgelegenheit, am 13. März 2015, also exakt zwei Jahre nach seiner Wahl, machte er am Ende seiner Predigt (zu Lk 7,36–50: Der Pharisäer und die Sünderin) eine Ankündigung: »Liebe Brüder und Schwestern, ich habe oft darüber nachgedacht, wie die Kirche ihre Sendung, Zeugin der Barmherzigkeit zu sein, deutlicher machen könnte. Es ist ein Weg, der mit einer geistlichen Umkehr beginnt; und diesen Weg müssen wir gehen. Darum habe ich entschieden, ein *außerordentliches Jubiläum* auszurufen, in dessen Zentrum die Barmherzigkeit Gottes steht. Es wird ein *Heiliges Jahr der Barmherzigkeit* sein. Wir wollen es im Licht des Herrenwortes leben: »Seid barmherzig wie der himmlische Vater!« (vgl. Lk 6,36). Und das gilt besonders für die Beichtväter! Ganz viel Barmherzigkeit!«

Er setzte dieses Heilige Jahr für den Zeitraum vom 8. Dezember 2015 bis zum 20. November 2016, dem Christkönigssonntag, an und informierte darüber, dass der Päpstliche Rat für die Förderung der

Neuevangelisierung die Organisation übernehmen werde: »... damit er es gestalten kann als eine neue Etappe des Weges der Kirche in ihrer Sendung, das Evangelium der Barmherzigkeit zu allen Menschen zu bringen. Ich bin überzeugt, dass die ganze Kirche – sie selbst hat es so nötig, Barmherzigkeit zu erlangen, weil wir Sünder sind – in diesem Jubiläum die Freude finden wird, die Barmherzigkeit Gottes neu zu entdecken und fruchtbar zu machen. Alle sind wir berufen, mit ihr jedem Menschen unserer Zeit Trost zu spenden. Vergessen wir nicht, dass Gott *alles vergibt* und dass Gott *immer vergibt*. Werden wir nicht müde, um Vergebung zu bitten.«

Beginn und Ende waren sehr bewusst gewählt, wie der mit 11. April 2015 datierten Verkündigungsbulle »Misericordiae vultus« (Das Antlitz der Barmherzigkeit) zu entnehmen ist: Der 8. Dezember ist nicht nur das Hochfest der Erwählung Marias. Dieser Eröffnungstermin stellte einen Zusammenhang mit dem letzten Konzil und seinem Abschluss (1965) her: »Ich habe den 8. Dezember als Eröffnungstermin gewählt, weil er eine große Bedeutung in der jüngsten Kirchengeschichte hat. Ich werde nämlich die Heilige Pforte genau fünfzig Jahre nach dem Ende des II. Vatikanischen Ökumenischen Konzils öffnen. Die Kirche spürt das Verlangen, diesen Moment lebendig zu erhalten. Für sie begann damals ein neuer Weg in ihrer Geschichte.« (MV 4)

In der Spur des Zweiten Vatikanischen Konzils

Dieser neue Weg hatte und hat für Franziskus auch mit einer neuen Art und Weise der Verkündigung zu tun – wie sie genau dieses Konzil und ihr »Erfinder«, Papst Johannes XXIII., angeregt hatte. Er wird auch prompt mit den Worten aus seiner epochalen Eröffnungsansprache »Gaudet Mater Ecclesia« vom 11. Oktober 1962 zitiert. Das Konzil solle keine Verurteilungen aussprechen, sondern »vor allem pastorale Züge« (*indoles praesertim pastoralis*) tragen: »Heutzutage zieht es die Braut Christi vor, eher das Heilmittel der Barmherzigkeit (*misericordiae medicinam*) zu gebrauchen als die Waffen der Strenge (*severitatis arma*).«[107] (MV 4) Gleich im Anschluss erinnert Franziskus an Papst Paul VI., der bei seiner Ansprache zum Abschluss des Zweiten Vatikanums das Gleichnis vom barmherzigen Vater (Lk 15,11–32) erwähnte und darin ein »Paradigma für die Spiritualität des Konzils« (MV 4) sah. Er erinnert außerdem an die Enzyklika »Dives in misericordia« (1980) seines Vorgängers Johannes Paul II., der den »Sonntag der Barmherzigkeit« (zweiter Sonntag nach Ostern) einführte, oder an das Wort Benedikts XVI. aus einer Predigt vom 30. März 2008, dem Sonntag der Göttlichen Barmherzigkeit: »Die Barmherzigkeit ist in Wirklichkeit der Wesenskern der Botschaft des Evangeliums, sie ist der Name Gottes selbst (…).«

Wenn Franziskus solche Worte aufgreift und zitiert, mag das wie eine rhetorische Pflichtübung wirken. Doch deutlich wird damit, dass es eine thematische Kontinuität gibt: Das Thema ist kein exklusives Thema, keine »Erfindung« dieses Papstes, auch wenn er es vehement ins Zentrum seiner Verkündigung stellt. Barmherzigkeit gehört zum Wesen der Kirche, weil sie das Wesen Gottes ausdrückt. Es geht also nicht nur um einen Stilwechsel, einen anderen Tonfall. Es geht letztlich um den vom Konzil eingeleiteten Perspektivenwechsel, den Franziskus wieder aufgreift und den er mit »Gaudium et spes«, der Pastoralkonstitution von 1965, und mit dem Schreiben »Evangelii nuntiandi« (1975) verknüpft – es ist kein Zufall, dass seine beiden eigenen Apostolischen Schreiben ebenfalls das Hauptwort Freude tragen: »Evangelii gaudium« und »Amoris laetitia«. Der nunmehr emeritierte Bischof vom Xingen, Erwin Kräutler CPPS, schreibt in seinem Buch »Habt Mut!«: »Dieses ›Außerordentliche Jubiläum der Barmherzigkeit‹ ist ein Mottojahr, das aus den innersten Beweggründen kommt, die Papst Franziskus in seinem Amt leiten. Barmherzigkeit ist für ihn der Kern der christlichen Botschaft und das Schlüsselwort seines Pontifikats. Er will mit dem Jahr der Barmherzigkeit die Kirche dahin führen, in allen Bereichen der Seelsorge Zeichen und Zeugin dieser Barmherzigkeit zu sein.«[108] Das Motiv, das er nennt, überzeugt mich: »Franziskus will eine Kirche, die in zweifacher Hinsicht näher bei den Menschen ist. Was vor Ort entschieden werden kann, soll auch dort entschieden werden. Erst wenn dezentral keine Einigung erzielt werden kann, entscheidet in allerletzter Instanz Rom. Das Zweite ist: Weil menschliches Leben brüchig und unvollendet ist, muss die Barmherzigkeit gegenüber dem Recht wieder mehr Gewicht bekommen.«[109]

Das ist, glaube ich, tatsächlich der springende Punkt: Menschliche Lebensgeschichten, und damit auch Glaubens- und Berufungsgeschichten, sind immer auch brüchig, fragmentarisch – und genau deswegen soll es einen Primat der Barmherzigkeit vor dem Recht geben. Der Grazer Pastoraltheologe Rainer Bucher hat hellsichtig erkannt: Franziskus »konfrontiert seine Kirche mit ihrem letzten Konzil«: »Daraus folgt viel. Aus dem konziliaren Ansatz des Papstes folgt der situative Vorrang der Orthopraxis vor der Orthodoxie. (…) Im Handeln der Kirche geht es zuerst darum, jeden Menschen aus der Perspektive Gottes anzuschauen, und sei dieser Mensch noch so weit entfernt von einem Leben nach kirchlichen Normen.«[110]

Einen Zusammenhang mit dem letzten Konzil muss man also nicht konstruieren. Er ist eine Tatsache, vielleicht sogar eine unterschätzte. Nicht von ungefähr hat Franziskus bald nach seiner Wahl, am 16. April 2013 – es war der 86. Geburtstag seines Vorgängers, der ein herausragender Konzilstheologe gewesen war – die mangelhafte Umsetzung des Konzils angesprochen: »Das Konzil war ein großartiges Werk des Heiligen Geistes. Denkt an Papst Johannes: Er schien ein guter Pfarrer zu sein, aber er war dem Heiligen Geist gehorsam und hat dieses Konzil begonnen. Aber heute, 50 Jahre danach, müssen wir uns fragen: Haben wir da all das getan, was uns der Heilige Geist im Konzil gesagt hat? In der Kontinuität und im Wachstum der Kirche, ist da das Konzil zu spüren gewesen? Nein, im Gegenteil: Wir feiern dieses Jubiläum und es scheint, dass wir dem Konzil ein Denkmal bauen, aber eines, das nicht unbequem ist, das uns nicht stört. Wir wollen uns nicht verändern und es gibt sogar auch Stimmen, die gar nicht vorwärts wollen, sondern zurück: Das ist dickköpfig, das ist der Versuch, den Heiligen Geist zu zähmen. So bekommt man törichte und lahme Herzen.«

Das ist eine deutliche Absage an eine – bei verschiedenen »Lostagen« im Rahmen der Jubiläumsjahre 2012 bis 2015 zutage getretene und praktizierte – Musealisierung des Zweiten Vatikanums und seiner Ideen. Der vielbeschworene, manchmal auch missbrauchte und ideologisch aufgeladene »Geist des Konzils« drängte ja gerade auf neue Zugangsweisen und Zugangswege zu alten Problemen. Es geht aber nicht nur um einen anderen Stil. Das auch, ja, denn die Kirche wurde jahrhundertelang oft nur als verbietend und verurteilend erlebt.

»Religiöse Erneuerung« war für Johannes XXIII. – und darin ist ihm Franziskus sehr nahe – nicht nur ein historischer Begriff. Da er von 1936 bis 1958 in fünf Bänden die Visitationsprotokolle von Carlo Borromeo (1538–1584) ediert hat, der 1575 in der Diözese Bergamo die Durchführung der Reformbeschlüsse des Konzils von Trient inspizierte, wusste der gelernte Kirchengeschichtler und Diplomat, wie dringlich das 20. Jahrhundert ein Reformkonzil nötig hat. Sein Pontifikat dauerte bekanntlich keine vollen fünf Jahre, aber er leitete einen rasanten Neuaufbruch und eine Öffnung der Kirche nach außen ein – Parallelen zwischen Johannes XXIII. und Franziskus sind unübersehbar. Am 27. April 2014 hat ihn Franziskus heiliggesprochen.

Bereits über ein Jahr vorher hatte Franziskus den »Papa buono« vor Pilgern aus dessen Heimatdiözese Bergamo mit bemerkenswerten Worten gewürdigt: »Fünfzig Jahre nach seinem Tod sind die weise und väterliche Führung durch Papst Johannes, seine Liebe zur Tradition der Kirche und das Wissen um die unablässige Notwendigkeit des ›Aggiornamento‹, die prophetische Intuition der Einberufung des II. Vatikanischen Konzils und das Opfer seines eigenen Lebens für dessen gutes Gelingen weiterhin Meilensteine in der Geschichte der Kirche des 20. Jahrhunderts und ein klarer Orientierungspunkt für den Weg, der vor uns liegt.«

Der Weg, der vor uns liegt …: In einem Interview mit Stefania Falasca von der italienischen Tageszeitung »*L'Avvenire*« gab Franziskus am 18. November 2016 eine Einschätzung ab, die aufhorchen lassen muss: Nicht nur, dass er das Jubiläum der Barmherzigkeit erneut als konsequente Fortsetzung des Weges der Kirche seit dem Zweiten Vatikanum bezeichnete. Mit dem Konzil habe die Kirche begonnen, »von einem bestimmten Legalismus« wegzukommen. Mit Blick auf die ständigen Kommentare zu seinem Schreiben »Amoris laetitia« meinte er: »Einige verstehen immer noch nicht, entweder weiß oder schwarz, auch wenn es doch im Fluss des Lebens selbst ist, dass man unterscheiden muss! Das Konzil hat uns das gesagt, doch die Historiker sagen, dass ein Konzil ein Jahrhundert braucht, um gut in den Körper der Kirche aufgenommen zu werden … Wir sind da auf der Hälfte.«[111]

Eine Frage der Glaubwürdigkeit

Barmherzigkeit ist fundamental für diesen Papst. In »Misericordiae vultus« betont er, dass nichts anderes kirchliches Leben und Handeln prägt und trägt: »Der Tragebalken, der das Leben der Kirche stützt, ist die Barmherzigkeit. Ihr gesamtes pastorales Handeln sollte umgeben sein von der Zärtlichkeit, mit der sie sich an die Gläubigen wendet; ihre Verkündigung und ihr Zeugnis gegenüber der Welt können nicht ohne Barmherzigkeit geschehen. Die Glaubwürdigkeit der Kirche führt über den Weg der barmherzigen und mitleidenden Liebe.« (MV 10) Das ist schon erstaunlich! Nicht das Dogma, nicht das Kirchenrecht, nicht die Moraltheologie, nicht die Theologie, nicht Bestimmungen oder Verordnungen – die natürlich nicht unwichtig sind – sollen im Vordergrund stehen. Es ist die Barmherzigkeit. Sie gilt Franziskus als *der* Tragebalken! Und wer anderes in den Vordergrund rückt, beschädigt die Glaubwürdigkeit der Kirche.

Barmherzigkeit hat in weiterer Folge auch viel mit einem Glaubwürdigkeitsfaktor zu tun: »Die Kirche hat den Auftrag, die Barmherzigkeit Gottes, das pulsierende Herz des Evangeliums, zu verkünden. Durch sie soll die Barmherzigkeit das Herz und den Verstand der Menschen erreichen. Die Braut Christi macht sich die Haltung des Sohnes Gottes zu eigen und geht allen entgegen und schließt keinen aus. In unserer Zeit, in der die Kirche sich der Neuevangelisierung verschrieben hat, gilt es das Thema der Barmherzigkeit mit neuem Enthusiasmus und einer erneuerten Pastoral vorzutragen. Es ist entscheidend für die Kirche und für die Glaubwürdigkeit ihrer Verkündigung, dass sie in erster Person die Barmherzigkeit lebt und bezeugt! Ihre Sprache und ihre Gesten müssen die Barmherzigkeit vermitteln und so in die Herzen der Menschen eindringen und sie herausfordern, den Weg zurück zum Vater einzuschlagen.« (MV 12)

Kirchliche Sprache und Gesten: Damit von Barmherzigkeit nicht nur geredet wird, ist es wichtig, dass es Orte gibt, an denen sie erfahrbar, an denen sie praktiziert und erlebt wird. Deswegen der ganz praktische Hinweis: »Wo also die Kirche gegenwärtig ist, dort muss auch die Barmherzigkeit des Vaters sichtbar werden. In unseren Pfarreien, Gemeinschaften, Vereinigungen und Bewegungen, d. h. überall wo Christen sind, muss ein jeder Oasen der Barmherzigkeit vorfinden können.« (MV 12) Ganz praktische Hinweise auf Initiativen wie Pilgerfahrten (vgl. MV 14) gab der Papst. Er erinnerte an »die leiblichen und die geistigen Werke der Barmherzigkeit« (vgl. MV 15), die neu zu entdecken seien, machte auf die Initiative »24 Stunden für den Herrn« aufmerksam (vgl. MV 17). Und er warb für die Aussendung von »Missionaren der Barmherzigkeit«: »Es handelt sich dabei um Priester, denen ich die Vollmacht geben werde, auch von den Sünden loszusprechen, die normalerweise dem Apostolischen Stuhl vorbehalten sind. Damit soll der Umfang ihrer Sendung sichtbar werden. Sie sollen vor allem ein lebendiges Zeichen dafür sein, dass der Vater jeden aufnimmt, der seine Vergebung sucht. Sie werden Missionare der Barmherzigkeit sein, denn sie sollen allen eine Begegnung voller Menschlichkeit anbieten, eine Quelle der Befreiung, einen Ort der Verantwortung, der es ermöglicht, alle Hindernisse zu überwinden und das einst in der Taufe neu geschenkte Leben wieder aufzugreifen.« (MV 18)

Da und dort bewirkte das erfreuliche Initiativen und Aktionen in einzelnen Diözesen – wie zum Beispiel »Tage der Barmherzigkeit«, die etwa österreichische Jesuiten organisierten. Neu aufgegriffen, weit verbreitet und auf verschiedene Weise visualisiert wurden die zum Elisabethjahr 2007 vom damaligen, mittlerweile emeritierten Bischof Joachim Wanke, einem Neutestamentler, am 18. November 2006 im Erfurter Dom in die Moderne »übersetzten«, klassischen »sieben Werke der Barmherzigkeit für Thüringen« – »sieben Angebote, sich sehr konkret auf den Geist und die Gesinnung der heiligen Elisabeth einzulassen«, wie es damals hieß. Die Neufassungen lauten: »Einem Menschen sagen: Du gehörst dazu – Ich höre dir zu – Ich rede gut über dich – Ich gehe ein Stück mit dir – Ich teile mit dir – Ich besuche dich – Ich bete für dich.«[112] Man konnte diese Merksätze als Leporello ebenso erwerben wie als »Scheckkarten«, die etwa in der kleinen Diözese Feldkirch (Vorarlberg) von der Caritas angefertigt wurden[113]; oder sie mit bestimmten Ritualen feiern. Genannt seien diese, mehr oder weniger willkürlich ausgewählten, Beispiele nur, um zu zeigen, dass die Anregungen eines Papstes mit stark pastoraler Grundeinstellung durchaus Wirkungen erzielen und kreative Effekte auslösen können.

Und Barmherzigkeit kennt kein Ablaufdatum! Um allfälligen Illusionen den Boden zu entziehen, hat Papst Franziskus zum Abschluss des Jubiläumsjahres in dem Apostolischen Schreiben »Misericordia et misera« (November 2016) unmissverständlich klargestellt: »Jetzt, da dieses Jubiläum abgeschlossen ist, wird es Zeit, nach vorne zu schauen und zu begreifen, wie auch weiterhin in Treue, Freude und Begeisterung der Reichtum der göttlichen Barmherzigkeit zu erfahren ist. Unsere Gemeinschaften werden im Werk der Neuevangelisierung in dem Maß lebendig und dynamisch bleiben können, wie die ›pastorale Umkehr‹, die zu leben wir aufgerufen sind, täglich von der erneuernden Kraft der Barmherzigkeit geprägt sein wird.« (MeM 5)

Zu Ende gegangen ist am Christkönigssonntag 2016 also nur ein Außerordentliches Heiliges Jahr, an dem unzählige Menschen Versöhnung und Barmherzigkeit erlebt haben. Allein im Petersdom haben 19,8 Millionen Pilger die Heilige Pforte durchschritten. Zwar gibt es Medienberichte, denen zufolge das Heilige Jahr, touristisch gesehen, ein Flop gewesen sein soll. Erzbischof Rino Fisichella hat deswegen eine Evaluation angekündigt. Aber mit der Barmherzigkeit ist es seither sicher nicht vorbei. Das geht gar nicht.

Auch als er die 36. Generalkongregation der Jesuiten im Oktober 2016 besuchte, die mit Arturo Sosa SJ erstmals in der mehr als vierhundertfünfzigjährigen Geschichte des Ordens keinen Europäer an ihre Spitze wählte, nahm Papst Franziskus nochmals Bezug auf das zurückliegende Themenjahr: »Das Jubeljahr der Barmherzigkeit ist ein passender Zeitpunkt, über die Dienste der Barmherzigkeit nachzudenken. Ich spreche in der Mehrzahl, weil die Barmherzigkeit kein abstraktes Wort ist, sondern ein Lebensstil, der vor das Wort die konkreten Gesten stellt, die das Fleisch des Nächsten berühren und sich in Werken der Barmherzigkeit institutionalisieren.«[114] Barmherzigkeit: kein abstraktes Wort, keine Theorie, keine fromme Option, die gegen andere Optionen ausgetauscht werden könnte, sondern ein Lebensstil! Man muss »Barmherzigkeit leben«[115] (lernen). Es geht tatsächlich darum, Lebensgewohnheiten, vielleicht ja auch Glaubensgewohnheiten zu ändern, nachhaltig – damit Barmherzigkeit das Leben der Kirche und ihr Handeln prägt, denn sie ist sozusagen ihre ekklesiologische DNA. Es bleibt die Frage: Was können wir auf diesem Weg, der, wie gesagt, im November 2016 nicht zu Ende ging, von Papst Franziskus lernen? Was wollen wir von ihm lernen?

Barmherzigkeit versus Gerechtigkeit?

»Papst Franziskus und die Revolution der zärtlichen Liebe« lautete das Motto eines internationalen Kongresses an der Universität Wien im Oktober 2015, dessen Ergebnisse in Buchform gesichert und zusammengefasst wurden.[116] Es gibt mittlerweile eine stattliche Anzahl von Büchern und Artikeln, die sich mit der Problematik bzw. dem Verhältnis von Barmherzigkeit und Gerechtigkeit auseinandersetzen. Nicht nur auf theologischer Ebene, auch im politischen Leben kamen, in Zusammenhang mit der Flüchtlings- und Asyldebatte in Europa, lebhafte, oft sehr kontroverse Debatten auf. Selbst einzelne europäische Bischofskonferenzen sind gespalten – ein neuer, überwunden geglaubter Ost-West-Graben scheint sich hier aufzutun, oft verbunden mit Berufung auf die Chimäre vom »christlichen Abendland«, das es zu retten gelte.

Barmherzigkeit kennt keine Vorbedingungen. Sie schafft dem anderen Möglichkeiten. Sie ist eine Geisteshaltung. Sie rechnet damit, dass der andere anders sein kann, als ich mir das vorgestellt habe, »sie gibt jedem eine neue Chance und schenkt ihm einen neuen Anfang, wenn er umkehrwillig ist und darum bittet«[117]. Genau das eröffnet Perspektive – und das scheint ein Anliegen von Papst Franziskus zu sein, für kirchliches Leben ebenso wie für die Theologie: Türen aufzumachen, Perspektiven zu eröffnen, andere als die gewohnten Wege zu weisen, die das »Heil der Seelen« im Blick haben und nicht in erster Linie verurteilend agieren und bewerten. Kardinal Kasper spricht im Interview von einer »Revolution der Barmherzigkeit, eine Art Revolution, die in den Augen der Welt schwach ist, aber eine gewaltige spirituelle Kraft besitzt«.[118]

Es war im Übrigen – vor dem Hintergrund der lateinamerikanischen Verwurzelung von Franziskus – der bolivianische Befreiungstheologe Victor Codina, der als Erster von einer »revolución de la misericordia« gesprochen hat, wohingegen Jon Sobrino SJ (El Salvador) in dem Zusammenhang meint, Barmherzigkeit sei noch »ein zu schwacher, ja zu gefährlicher Ausdruck dessen, was die gekreuzigten Völker nötig haben«[119].

Offensichtlich ist das eine in der Praxis in Vergessenheit geratene, theologisch vernachlässigte Wahrheit für Kasper: »Leider hat die Handbuchtheologie die zentrale Bedeutung der Barmherzigkeit oft vergessen und erklärt, dass die Gerechtigkeit an erster Stelle komme. Doch schon der geniale Theologe Thomas von Aquin hatte jene andere Sichtweise vertreten. Die Handbuchtheologie ist sogar so weit gegangen, sich gegen Jesus selbst zu stellen: Er hat die Barmherzigkeit als höchste Gerechtigkeit betrachtet.«[120]

Problematisch ist, dass auch innerhalb der Kirche fundamentale Haltungen Jesu außer Acht bleiben und konkretes kirchliches Handeln nicht bestimmen, weil moralische oder andere (etwa nationalistische) Kategorien für wichtiger erachtet werden: »Die Barmherzigkeit«, so der Kardinal weiter, »sieht immer auf eine konkrete Person, genau wie im Gleichnis vom barmherzigen Samariter, der ja nicht verpflichtet war, dem Unglücklichen, dem er unterwegs begegnet, zu helfen. Es ist keine Frage der bloßen Gerechtigkeit. Er geht darüber hinaus, er beugt sich herab, kniet sich in den Staub und hilft diesem Unbekannten. Und so kann ein bisschen Barmherzigkeit die Welt verändern.«[121]

Und doch werden und wurden Barmherzigkeit und Gerechtigkeit immer wieder gegeneinander ausgespielt oder (künstlich) in Front gebracht gegen »Wahrheit«. Kasper weist bedauernd darauf hin, dass trotz des Fundaments in der Bibel und in der Tradition »die Rede des Papstes von der Barmherzigkeit manchen verdächtig« erscheine: »Sie verwechseln Barmherzigkeit mit oberflächlichem Laissez-faire, eine Pseudobarmherzigkeit, und wittern, wenn sie von Barmherzigkeit hören, die Gefahr, dass damit schwächlicher pastoraler Nachgiebigkeit und einem Christentum *light*, einem Christsein zu herabgesetzten Preisen, das Wort geredet wird. So sehen sie in der Barmherzigkeit eine Art Weichspüler, der die Dogmen und die Gebote aushöhlt und die zentrale und fundamentale Bedeutung der Wahrheit außer Kraft setzt.«[122]

So absurd solche »Verdächtigungen« sind: Sie wirken! Und erreichen damit genau das, was sie bezwecken: eine Diskreditierung des Papstes, seiner Theologie, seiner pastoralen Einstellung, seiner Zugangsweisen zu seelsorglichen und theologischen, zu menschlichen Problemstellungen. Wer sich darin festgebissen hat, lässt sich auch nicht von Erklärungen oder Erläuterungen des Papstes beeindrucken, der sehr genau unterscheidet. Für ihn handelt es sich bei Barmherzigkeit und Gerechtigkeit »nicht um zwei gegensätzliche Aspekte, sondern um zwei Dimensionen einer einzigen Wirklichkeit«: »Die Gerechtigkeit ist ein grundlegendes Konzept der Zivilgesellschaft, in der man sich normalerweise auf eine Rechtsordnung bezieht, in deren Rahmen das Gesetz angewendet wird. Unter Gerechtigkeit versteht man auch, dass einem jeden das gegeben werden muss, was ihm zusteht.« (MV 20) Das könne aber zu einem »Legalismus« führen, den es zu überwinden gelte: »Wenn Gott bei der Gerechtigkeit stehen bliebe, dann wäre er nicht mehr Gott, sondern vielmehr wie die Menschen, die die Beachtung des Gesetzes einfordern. Die Gerechtigkeit alleine genügt nicht und die Erfahrung lehrt uns, dass, wer nur an sie appelliert, Gefahr läuft, sie sogar zu zerstören. Darum überbietet Gott die Gerechtigkeit mit der Barmherzigkeit und der Vergebung. Das bedeutet keinesfalls, die Gerechtigkeit unterzubewerten oder sie überflüssig zu machen. Ganz im Gegenteil. Wer einen Fehler begeht, muss die Strafe verbüßen. Aber dies ist nicht der Endpunkt, sondern der Anfang der Bekehrung, in der man dann die Zärtlichkeit der Vergebung erfährt. Gott lehnt die Gerechtigkeit nicht ab. Er stellt sie aber in einen größeren Zusammenhang und geht über sie hinaus, sodass man die Liebe erfährt, die die Grundlage der wahren Gerechtigkeit ist.« (MV 21)

Die Gerechtigkeit mit Barmherzigkeit und Vergebung überbieten: Ist naiv, realpolitisch blind, wer – wie es der Papst tut – auf biblische Erzählungen oder Texte aus den Prophetenbüchern verweist, um an grundlegende christliche Maßstäbe zu erinnern, die auch konkretes politisches Handeln mitbestimmen können?

Dass man es politisch anders sehen kann, zeigte der bayerische Finanzminister Markus Söder, evangelischer Christ und prominentes berufenes Mitglied der bayerischen Landessynode, der in einem Interview am 8. Oktober 2016 eine Steilvorlage bot. Darauf angesprochen, dass Kardinal Marx als Vorsitzender der Deutschen Bischofskonferenz die CSU an ihr »C« im Namen erinnert habe, meinte er: »Wir nehmen das sehr ernst und hinterfragen uns. Man sollte daher anderen nicht das Christsein absprechen. Die Kirche ist für Barmherzigkeit zuständig, der Staat für Gerechtigkeit.«[123] Kirche(n) werden hier auf eine Spiritualität der reinen Innerlichkeit reduziert. Es werden ihnen gleichsam Frömmigkeitsreservate zugewiesen: Man landet dann beim Sakristeichristentum. Realpolitik schaut anders aus, lautet die Botschaft des designierten bayerischen Ministerpräsidenten. Kardinal Marx und Landesbischof Bedford-Strohm haben postwendend protestiert.

Für Christen steht Barmherzigkeit vor dem Gesetz. Daran erinnert der Papst permanent. Kardinal Kasper, dessen Buch wohl auch wegen der Papst-Werbung beim ersten Angelus-Gebet weltweit rezipiert wurde, hat in gewisser Weise die gesamte Thematik theologisch rehabilitiert: »Der Ausfall theologischer Reflexion der biblisch zentralen Botschaft der Barmherzigkeit hat zur Folge, dass dieser Begriff oft verkommen und herabgekommen ist zu einer ›soften‹ Pastoral und Spiritualität, zu einer blut- und kraftlosen Weichheit, der jede Entschiedenheit und jedes klare Profil abgeht, die es nur jedem irgendwie recht machen will.«[124] Diesen Vorwurf musste er sich genauso gefallen lassen, wie ihn Papst Franziskus wiederholt zu hören bekam. Allen, die mit dem Begriff Schwierigkeiten haben, schreibt er ins Stammbuch: »Die Barmherzigkeit muss als die Gott eigene Gerechtigkeit und als seine Heiligkeit verstanden werden. Nur in diesem Sinn können wir das Bild des gütigen und barmherzigen Vaters, den uns Jesus verkündet hat, neu zum Leuchten bringen. Wir könnten auch sagen: Es gilt, das Bild eines sympathischen Gottes zu zeichnen.«[125]

Ein evangelischer Papst: Franziskus greift bei seinen Begründungen immer wieder und hauptsächlich auf das Verhalten Jesu und seinen Umgang mit Sündern zurück. Und er gibt, damit hat er erstmals in »Evangelii gaudium« begonnen, immer wieder auch ganz praktische Hinweise für die Verkündigung, so etwa in »Misericordia et misera«: »So ermahne ich dringend, die Homilie entsprechend vorzubereiten und die Verkündigung zu pflegen. Sie wird umso fruchtbarer sein, je mehr der Priester an sich selbst die barmherzige Güte des Herrn erfahren hat. Die Gewissheit zu vermitteln, dass Gott uns liebt, ist keine rhetorische Übung, sondern eine Bedingung für die Glaubhaftigkeit des eigenen Priestertums. Die Barmherzigkeit zu leben, ist daher der beste Weg, um sie im pastoralen Leben zu einer echten Verkündigung des Trostes und der Umkehr werden zu lassen. Die Homilie wie auch die Katechese müssen immer von diesem pulsierenden Herzen des christlichen Lebens unterstützt werden.« (MeM 6) Er weist in dem Zusammenhang auch »auf die Erfahrung vieler Bekehrungen« hin, derer Zeugen Beichtväter werden – und dass solche Erfahrungen wertgeschätzt und nicht verspielt werden dürfen: »Spüren wir also die Verantwortung von Gesten und Worten, die tief ins Herz des Büßers eindringen sollen, damit er die Nähe und die Zärtlichkeit des verzeihenden Vaters entdeckt. Vereiteln wir diese Momente nicht mit Verhaltensweisen, die im Widerspruch stehen können zu der Erfahrung der Barmherzigkeit, nach der gesucht wird.« (MeM 11)

»Unsere Epoche ist ein kairós für die Barmherzigkeit«

In unnachahmlicher Weise zum Ausdruck kommt die persönliche Erfahrung des so stark vom Evangelium inspirierten Papstes auch in einem längeren, im Juli 2015 geführten Interview mit dem italienischen Journalisten Andrea Tornielli, in dem sich viele ebenso beeindruckende wie eindrückliche Beispiele finden: »Der Name Gottes ist

Barmherzigkeit«. Weltweit in mehr als achtzig Ländern angeboten, wurde es der Weltpresse am 16. Januar 2016 im Augustinianum, dem Päpstlichen Patristischen Institut, präsentiert, einen Steinwurf von den Kolonnaden des Petersplatzes entfernt: von Kardinalstaatssekretär Pietro Parolin, dem chinesischen Häftling Zhang Agostino Jianqing, einem kriminell gewordenen Immigranten, der eine langjährige Haftstrafe absitzt und im Gefängnis getauft wurde, und dem quirligen Schauspieler, Komiker und Oscar-Preisträger Roberto Benigni (»Das Leben ist schön«).

Dabei enthält das kleine Buch nicht wirklich sensationell Neues. Aber wie der Papst hier spricht, welche Beispiele er wählt, wie er eigene Lebenserfahrungen zur Sprache bringt, bekannte Beispiele und Metaphern wiederholt und erklärt, das macht deutlich, dass Barmherzigkeit zur Kennmelodie seines Petrusdienstes gehört, sie ist nicht bloß seine »pastorale Note«, eine kirchliche Alibihandlung oder eine gefinkelte Charme-Offensive.

»Die zentrale Stellung der Barmherzigkeit, die für mich die wichtigste Botschaft Jesu ist, hat sich in meinem Leben als Seelsorger ganz allmählich herauskristallisiert, eigentlich als Konsequenz meiner Erfahrung als Beichtvater, aus den vielen positiven und schönen Geschichten, die ich dabei zu hören bekommen habe«[126]: Das bekennt jemand, der sich nicht von Menschen entfernt hat, auch nicht nach der Übertragung hoher und verantwortungsschwerer Ämter. Jetzt, als Papst, sieht Jorge Mario Bergoglio die Möglichkeit gegeben, daraus Folgerungen für die universale Kirche zu ziehen: »Ja, ich glaube, dass diese Zeit die Zeit der Barmherzigkeit ist. Die Kirche zeigt der verletzten Menschheit ihr mütterliches Antlitz, ihr Mama-Gesicht. Sie wartet nicht, bis die Verwundeten an ihre Tür klopfen, sondern geht hinaus auf die Straße, um sie zu suchen, aufzusammeln, zu umarmen, zu heilen und dafür zu sorgen, dass sie sich geliebt fühlen. Ich habe damals gesagt – und ich bin heute noch überzeugter davon –, dass dies ein *kairós* ist, ein günstiger Zeitpunkt. Unsere Epoche ist ein *kairós* für die Barmherzigkeit, eine dafür passende Zeit.«[127]

Wieder und wieder bringt Franziskus eigene, auch intim wirkende Erfahrungen ins Spiel, die vor allem dann peinlich berühren können, wenn man sich ihrer Aussageabsicht nicht öffnen will. Etwa wenn er von der Begegnung mit Padre Carlos Duarte Ibarra erzählt, dessen Tod ihn zutiefst erschütterte, weil er ihm als Jugendlichen die Erfahrung echter, das heißt wirksamer Vergebung vermittelte; oder die Szene mit Padre José Ramón Arristi, einem populären Beichtvater in Buenos Aires, von dem Franziskus bereits bei einer Begegnung mit dem Klerus von Rom im März 2014 berichtet hatte: Aufgebahrt in der Krypta der Kathedrale, nahm er sich das kleine Kreuz von seinem Rosenkranz, das er seither immer bei sich in seiner Hosentasche trägt (»Gib mir nur die Hälfte deiner Barmherzigkeit«).

»Als Beichtvater«, so Franziskus, »habe ich, selbst wenn ich mich vor einer geschlossenen Tür fand, immer den einen Spalt gesucht, der mir erlauben würde, diese Tür zu öffnen und Vergebung zu schenken, Barmherzigkeit.«[128] Und auch hier ein Wort zum Verhältnis von Barmherzigkeit und Gerechtigkeit: »Nur die Gerechtigkeit als Maßstab zu nehmen, reicht nicht aus. Mit der Barmherzigkeit und der Vergebung geht Gott über die Gerechtigkeit hinaus, er nimmt sie auf und überwindet sie gleichzeitig in einem höheren Akt, in dem wir Liebe erfahren, die das Fundament wahrer Gerechtigkeit ist.«[129]

Dieser Mehrwert des über das religiös Gebotene, das politisch Korrekte Hinausgehens und Überbietens ist die Stoßrichtung des pastoralen Handelns von Papst Franziskus, für den Sünde selbstverständlich »mehr als ein Fleck« ist, nämlich »eine Wunde«: »Sie muss versorgt und verarztet werden.«[130] Darauf aber muss sich die Kirche einstellen, müssen sich Priester einlassen (wollen).

Wie kontrovers die Rede von und die päpstliche »Werbung« für Barmherzigkeit verstanden wird, wie diametral entgegengesetzt etwa das Tornielli-Interview gelesen werden kann, zeigt paradigmatisch eine Lektüre »im großen Geschlechter-Text« in »Christ & Welt«, der Beilage der Hamburger Wochenzeitung »*DIE ZEIT*«: Laura Díaz fühlte sich von dem Buch »Der Name Gottes ist Barmherzigkeit« angesprochen (»ein Wohlfühlbuch mit Geschichten, wie sie auch in der ›Brigitte‹ stehen könnten«), ihr Kollege Raoul Löbbert war davon »peinlich berührt« und beklagte eine »übergriffige Sprache«: »Eine kratzige Kirche ist mir lieber als eine flauschige mit viel zu viel Weichspüler.«[131]

Barmherzigkeit und Recht

Offensichtlich tun sich manche schwer damit, die Welt, die Kirche, andere, aber auch sich selber »mit den Augen der Barmherzigkeit« zu sehen. »Die Gerechtigkeit ist ein Minimum, sie ist das, was wir für den anderen tun müssen, um seine Würde als Mensch zu achten, ihm das zu geben, was ihm zusteht. Doch die Barmherzigkeit ist das *Maximum* und geht über die reine Gerechtigkeit hinaus«[132], betont Kardinal Kasper.

Und wie lässt sich das mit geltenden Bestimmungen des Kirchenrechts vereinbaren? Der Dogmatiker Walter Kasper dazu: »Die Barmherzigkeit versüßt die Gerechtigkeit. Das heißt nicht, dass die Barmherzigkeit ein ›Weichspüler‹ der Gerechtigkeit ist. Im Gegenteil: Sie erlaubt und fordert geradezu eine der konkreten Situation gerecht werdende dynamische Anwendung des Rechts im Dienst am Seelenheil des Menschen. Die Barmherzigkeit ist sozusagen das rechte, das christliche Augenmaß bei der Anwendung der Gerechtigkeit. Sie schaut auf den Menschen nicht als ein rechtlicher Fall und lässt gegebenenfalls das Fallbeil auf ihn herunter. Sie betrachtet ihn mit Augen der Barmherzigkeit und behandelt ihn mit Barmherzigkeit, die nicht nur das vergangene Unrecht wiederherstellt, sondern eine neue Chance eröffnet. Das Recht hat damit nicht eine strafende, sondern eine medizinische, eine heilende Funktion. Es soll dort, wo es eine Strafe verhängt, zum Umdenken führen und so einen neuen Anfang ermöglichen.«[133]

Einen neuen Anfang ermöglichen: Deswegen ist es wichtig, dass Barmherzigkeit immer mehr und immer qualitätsvoller zum »Leitmotiv der Verkündigung der Kirche« wird. Kasper plädiert dafür, dass Barmherzigkeit »zum Glutkern« der »sakramentalen Praxis« der Kirche wird und zum »Grundimpuls und Motivation des karitativen und sozialen Wirkens der Kirche«[134].

Selbstgerechtigkeit, Heuchelei und Pharisäismus sind Papst Franziskus zuwider, gerade auch im Klerus, den er diesbezüglich in den vergangenen fünf Jahren wiederholt mit scharfen Worten angegangen ist. Gerade beim Thema Barmherzigkeit macht er immer wieder auf Haltungen aufmerksam, die jene an den Tag legen können, deren Auftrag und Sendung es doch eigentlich wäre, Jesus den Christus als »das Antlitz des barmherzigen Vaters« in Erinnerung zu rufen und zu verkündigen: »Das Geheimnis des christlichen Glaubens scheint in diesem Satz auf den Punkt gebracht zu sein.« (MV 1)

Um auch nach Abschluss des Jubiläumsjahres sicherzustellen, dass »die Pforte der Barmherzigkeit unsres Herzens (...) immer weit geöffnet (bleibt)« (MeM 16) und »der Erfindungsreichtum der Barmherzigkeit« (MeM 18) Raum bekommt, hat Franziskus – nachdem er in »Misericordiae vultus« bereits auf den hierzulande nicht hoch im Kurs stehenden »Ablass« (MV 22) hingewiesen hatte – zum Beispiel Priestern der umstrittenen Bruderschaft St. Pius X. auch darüber hinaus die Vollmacht erteilt, »gültig und erlaubt« die sakramentale Lossprechung erteilen zu können (vgl. MeM 12). Die Notwendigkeit, Trost zu erhalten, steht für ihn höher als andere, durchaus problematische Seiten der von Benedikt XVI. noch mit Exkommunikation belegten, tridentinischen Splittergruppe, die später, nachdem sie einen Bischof aus den eigenen Reihen, den Holocaust-Leugner Richard Williamson, ausgeschlossen hatte, wieder aufgehoben wurde – ohne dass ein sichtbares Bekenntnis zu allen sechzehn Dokumenten des Zweiten Vatikanischen Konzils erfolgt wäre.

Dass er oft ganz praktisch-pragmatisch denkt und handelt, bewies Papst Franziskus, indem er in diesem Zusammenhang – mit 15. August datiert und mit dem Beginn des Jubiläumsjahres am 8. Dezember 2015 in Kraft getreten – ein Apostolisches Schreiben in Form eines

Motu proprio mit dem Titel »Mitis Iudex Dominus Iesus« (Der milde Richter Herr Jesus) veröffentlichte, mit dem er eine, wie der Sachtitel besagt, »Reform des kanonischen Verfahrens für Ehenichtigkeitserklärungen im Kodex des kanonischen Rechts« anregte. Am selben Tag (15. August 2015) erschien ein zweites, mit »Mitis et misericors Iesus« betiteltes Motu proprio für den Kodex der Kanones der orientalischen Kirchen. Entscheidungen über die Nichtigkeit einer Ehe können so schon in erster Instanz, vom zuständigen Diözesanbischof, getroffen werden, die zweitinstanzliche Entscheidung wurde nicht völlig kassiert, ist aber nicht mehr zwingend erforderlich.

Das Schreiben »Mitis Iudex Dominus Iesus«, das bei manchen Kirchenrechtlern, aber auch vatikanintern Kritik auslöste (da der Papst damit de facto interne Instanzen umgangen hat), verfolgte nicht nur die Absicht, entsprechende Verfahren zügiger voranzutreiben, sondern verlagerte Verantwortung auf die Diözesanebene – eine ganz praktische Konsequenz der von Franziskus stets betonten, subsidiär verstandenen Kollegialität und angestrebten Dezentralisierung. Auch als er einige Monate später, datiert mit 31. Mai 2016, einzelne Abschnitte einzelner Kanones (111, 112, 535, 868, 1108, 1109, 1111, 1112, 1116, 1127) des Kirchenrechtes mit dem Motu proprio »De concordia inter Codices« ergänzte oder ersetzte, hagelte es Kritik, er – der oberste Gesetzgeber (!) – »vergreife« sich leichtfertig am Kirchenrecht (Codex Iuris Canonici).[135]

Ähnliche Vorwürfe oder Überlegungen wurden im Zusammenhang mit dem Nachsynodalen Schreiben »Amoris laetitia« (2016) laut, paradoxerweise festgemacht an zwei Anmerkungen. Außerordentlich bemerkenswert bei dieser sich über viele Monate hinziehenden, ebenso heftig wie untergriffig geführten Debatte ist, dass der Papst mit einer Veröffentlichung in den »Acta Apostolicae Sedis« (AAS), dem Amtblatt des Vatikans, verfügte, dass Richtlinien der Bischöfe der Pastoralregion Buenos Aires vom 5. September 2016 zur Auslegung und Anwendung von »Amoris laetitia« ebenso wie sein zunächst persönlicher, von ihm an Bischof Sergio Alfredo Fenoy in derselben Angelegenheit gerichteter Brief, der mit der Veröffentlichung zum Apostolischen Brief (»epistula apostolica«) aufgewertet wurde, als Teil des »authentischen Lehramts« anzusehen seien, wie dem angefügten, von Kardinalstaatssekretär Pietro Parolin unterzeichneten lateinischen »Reskript« vom 5. Juni 2017 zu entnehmen ist. De facto kommt diese außergewöhnliche Vorgehensweise – und wer wagte es, dem Papst einen leichtfertigen, saloppen Umgang mit delikaten Materien wie der Frage der Zulassung von wiederverheirateten Geschiedenen zur Kommunion mit dem Kirchenrecht vorzuwerfen? – einem Schlussstrich nahe.

Trotzdem wird die Debatte auf verschiedenen Ebenen weiter befeuert, zumal gewisse Kreise nicht müde werden zu betonen, der Papst könne nicht geltende Lehre ändern[136] – auch das ist eine Frage, die im theologischen Diskurs sehr wohl erörtert wird[137]. Wie sich Visionen in geltendes Recht gießen lassen, damit aus Wünschen konkrete Gesetze werden, wie etliche Reformwünsche und -vorschläge eines Papstes die Organisations- und Verfassungsstruktur der Kirche ändern können, ist eine heikle kanonistische Frage, bei deren Handhabung der Innsbrucker Kirchenrechtlicher Wilhelm Rees »eine gewisse Schwierigkeit im Pontifikat und in der Person des Papstes«[138] gegeben sieht. Franziskus ist anstrengend, er hält den Apparat auf Trab und mischt sich ein! Taugt Barmherzigkeit in der Kirche als »Leitprinzip ihrer Rechtsordnung«[139] – oder ist das eine abwegige Kardinalsvision? Und wie kann das gehen?

Was man daran auch erkennen kann: Das »Unbehagen an einer viel beschworenen Vokabel«, die unter Papst Franziskus »zur viel beschworenen Leitvokabel im kirchlichen Diskurs und in der pastoralen Praxis aufgerückt«[140] ist, macht einen innerkirchlichen Grundkonflikt und auch einen Richtungsstreit sichtbar, der sich nicht länger weg- oder schönreden lässt. Barmherzigkeit eignet sich gerade nicht dazu, als harmloses »Orchideenthema« abgetan zu werden. Es provoziert pastorale wie theologische Konsequenzen, die zu ziehen sich Papst Franziskus nicht scheut – auch wenn er damit aneckt, Proteste wachruft und Einspruch in Kauf nimmt. »Das pontifikale Programm«, so der Wiener Dogmatikprofessor Jan-Heiner Tück, »ist keineswegs selbstverständlich, wenn man an die kirchliche Lehrtradition denkt, die lange in den Bahnen des augustinischen Heilspartikularismus verlaufen ist.«[141] Rainer Bucher zieht ohne Zögern eine Linie zum Zweiten Vatikanum und dem von ihm favorisierten Gottes- und Kirchenverständnis: »Franziskus begründet das Primat der Barmherzigkeit wie das Konzil im universalen Heilswillen Gottes. (…) Im Handeln der Kirche geht es zuerst darum, jeden Menschen aus der Perspektive Gottes anzuschauen, und sei dieser Mensch noch so weit entfernt von einem Leben nach kirchlichen Normen.«[142] Eine nur um sich selbst kreisende, um theologische »Besitzstände« besorgte, Hierarchien vor das Volk Gottes stellende Kirche interessiert sich nicht für existenzielle Peripherien, jene Ränder, an denen Papst Franziskus sie – bevorzugt – sehen will. »Hier«, so stellt Bucher hellsichtig weiter fest und weist auf ein Manko hin, »trifft der Papst zielgenau wunde Punkte der jüngeren Kirchengeschichte: die defizitäre Synodalität der katholischen Kirche oder auch das kontrollfixierte Verhältnis des Lehramts zur wissenschaftlichen Theologie.«[143]

Zwar muss auch der Papst beachten, dass sprachliche Sensibilität gefragt ist, weil Hinweise wie die des Oberrabbiners Riccardo di Segni beim Besuch von Franziskus in der Großen Synagoge von Rom am 17. Januar 2016 nicht ohne konkrete Hintergründe erfolgen: Die forcierte Rhetorik der Barmherzigkeit laufe manchmal Gefahr, »das mosaische Gesetz erneut als dunkle Kontrastfolie des Evangeliums zu bemühen«[144]. Und die Anfrage muss erlaubt sein, ob ihm bei der Kritik am »Fehlverhalten mancher Kleriker« nicht unbewusst »mitunter antijudaistische Wendungen unterlaufen« oder »ein Quäntchen zu viel Paternalismus im Spiel sein«[145] könnte. Aber offenkundig geworden ist, dass es um einen »Paradigmenwechsel« geht, der im Übrigen sehr wohl mit der ignatianischen Verwurzelung dieses Papstes zu tun hat und dort zu suchen ist: »von der deduktiven zur induktiven Methode aus Sehen, Urteilen, Handeln, die für den heiligen Ignatius von

Loyola und die Jesuiten typisch ist und die später von der Befreiungstheologie übernommen wurde. Sie beginnt von unten und führt erst in einem zweiten Schritt theologische Kriterien ein«[146], wie Kardinal Kasper beobachtet.

Dieser Paradigmenwechsel, der damit aufhört, auf konkrete menschliche Situationen mit abstrakten, in sich immer richtigen Prinzipien zu antworten, die aber am Leben vorbeilaufen, ist auch deswegen herausfordernd und anstrengend, weil er »entschlossen ein Gottesbild korrigieren« will, »das sich in unserem säkularen Zeitalter inzwischen durchgesetzt hat: den eifersüchtigen, bösen und gefährlichen Gott des Philosophen Friedrich Nietzsche«[147]. Von besorgten Kritikern des Papstes kaum wahrgenommen, weil sie eine abstrakte Orthodoxie und die »Unveränderlichkeit« der Lehre betonen, war für Kasper das Außerordentliche Heilige Jahr »nicht nur ein genialer, sondern auch ein prophetischer Akt, weil er den Zeichen der Zeit entspricht«[148]: indem er ein verkürztes, auf Angst und Höllendrohungen basierendes Gottesbild infrage stellt. Und damit schon wieder bei denen Angst und Widerstand auslöst, für die der unfassbare und unergründliche Gott, den uns die Heilige Schrift als einen Gott präsentiert, der alle Sünden vergibt, »eine ausgemachte Sache« ist.

Ist Barmherzigkeit grenzenlos?

Nicht von ungefähr hat Kardinal Kasper Barmherzigkeit nicht nur als einen »Grundbegriff des Evangeliums« und als einen »Schlüssel christlichen Lebens« bezeichnet. Er erkennt darin ein »sträflich vernachlässigtes Thema«[149]. Entschieden hält er daran fest: »Die Barmherzigkeit muss als die Gott eigene Gerechtigkeit und als seine Heiligkeit verstanden werden. Nur in diesem Sinn können wir das Bild des gütigen und barmherzigen Vaters, den uns Jesus verkündet hat, neu zum Leuchten bringen. Wir könnten auch sagen: Es gilt, das Bild eines sympathischen Gottes zu zeichnen.«[150]

Man kommt, trotz aller angeführten Argumente und Klärungen, nicht umhin zu fragen – und die Fairness gegenüber Opfern verlangt es: Ist Barmherzigkeit grenzenlos? Kann, muss Barmherzigkeit grenzenlos sein – auch wenn sie zur Zumutung für den menschlichen Verstand wird? Man muss in diesem Zusammenhang an die im deutschen Sprachraum im Januar 2010 bekannt gewordenen, jahrzehntelang vertuschten Fälle massenhaften sexuellen Missbrauchs und von sexualisierter Gewalt erinnern, die lawinenartig zutage traten und eines der finstersten Kapitel der jüngeren Kirchengeschichte aufblätterten. Sie wurden und werden nicht nur als individuelles Versagen, sondern auch als »Systemfehler« bewertet. Auch hier ist es sinnvoll, den Papst selber zu Wort kommen zu lassen.

Für das in dem Buch »Pater, ich vergebe euch! Missbraucht, aber nicht zerbrochen« geschilderte unsägliche Leid hat Papst Franziskus ein mit 6. Dezember 2016 datiertes Vorwort beigesteuert, in dem er seine persönliche Betroffenheit, seine Wut und seine Empörung nicht versteckt. Er hat den Autor Daniel Pittet im Jahr 2015 kennengelernt. »Es handelt sich hier«, so Franziskus, »um eine absolute Ungeheuerlichkeit, eine schreckliche Sünde, die allem widerspricht, was die Kirche lehrt.«[151] Er rekurriert in dem Vorwort auf sein in Form eines Motu proprios ergangenes Apostolisches Schreiben »Wie eine liebende Mutter« (Come una madre amorevole) vom 4. Juni 2016, mit dem er über frühere Dokumente von Papst Johannes Paul II. (2001) und Benedikt XVI. (2010) hinausging, welche die »Null-Toleranz-Politik« eingeleitet hatten. Geregelt ist darin, nach Einrichtung einer Päpstlichen, von dem deutschen Jesuiten Hans Zollner geleiteten Kinderschutzkommission, die Absetzung von Bischöfen und anderen kirchlichen Oberen, die sexuellen Missbrauch vertuscht, verschwiegen oder nicht angemessen darauf reagiert haben.

Schuldig gewordenen Priestern könne man nur »mit der größten Strenge begegnen«, weil sie »ihre Mission verraten haben« – und dasselbe gelte »auch für Bischöfe oder Kardinäle, wenn sie diese Priester – wie es in der Vergangenheit wiederholt geschehen ist – unter ihren Schutz gestellt haben«[152]. Im konkreten Fall des in dem Buch nicht mit Deck-, sondern mit vollem Klarnamen genannten pädophilen Schweizer Kapuziners Joël Allaz bestand der Papst nicht nur auf dem Ausschluss aus dem Orden, sondern auch auf seiner Laisierung und damit auf der Entlassung aus dem Klerikerstand.

Klar ist: Es gibt ungeheuerliche Verbrechen, Leid, das Kleriker Unschuldigen, Minderjährigen, Schutzbefohlenen zugefügt haben. Das ist durch nichts zu entschuldigen. Dürfen solche Menschen mit Gottes Barmherzigkeit rechnen? Im Interview mit Andrea Tornielli sagte Franziskus: »Die Kirche verurteilt die Sünde, indem sie die Wahrheit sagt: Das ist Sünde. Aber gleichzeitig umarmt sie den Sünder. Der sich als solcher erkennt, sie nähert sich ihm und spricht zu ihm von der unendlichen Barmherzigkeit Gottes.«[153] Man gerät, wenn man Täter kennengelernt hat, an intellektuelle Grenzen.

Barmherzigkeit bleibt ein komplexes, herausforderndes Thema in der Kirche – und die Signatur des gegenwärtigen Pontifikats: »Nur: Ohne Bischöfe, die weitergehen, ohne Kirchenvolk, das dies auch fordert, wird das Wort von der Barmherzigkeit erst zur Floskel und dann zur Farce.«[154]

Synodalität: Kirche auf dem Weg

In der Volksschule, im Sacre Cœur Riedenburg in Bregenz, wurde ich als Kind mit »Tun-« und »Zeitwörtern« vertraut gemacht. Den Ausdruck Verb lernte ich erst später kennen. »Tunwörter« bezeichnen ein Tun, eine Handlung. Papst Franziskus verwendet, was vielen schnell auffiel, oft starke, sehr dynamische »Tunwörter«: gehen, hinausgehen, herausgehen, vorangehen, hergehen, zugehen, aufbrechen …

Sich einbringen …

Nicht von ungefährt trägt das erste Kapitel von »Evangelii gaudium« die Überschrift »Die missionarische Umgestaltung der Kirche« (vgl. EG 19–49). Emphatisch heißt es dort im letzten Abschnitt: »Brechen wir auf, gehen wir hinaus, um allen das Leben Jesu Christi anzubieten!« (EG 49)

Im Hintergrund steht die im Vorkonklave, auf seiner Erfahrung als Weih- und später als Erzbischof von Buenos Aires gründende Beobachtung einer auf sich selbst fixierten, um sich selbst kreisenden Kirche, die Franziskus, wenn sie verschlossen bleibt und sich an ihre Sicherheiten klammert, »krank« nennt: »Ich will keine Kirche, die darum besorgt ist, der Mittelpunkt zu sein, und schließlich in einer Anhäufung von fixen Ideen und Streitigkeiten verstrickt ist.« (EG 49) Es geht diesem Papst sehr entschieden darum, »auf dem Weg einer pastoralen und missionarischen Neuausrichtung voranzuschreiten, der die Dinge nicht so belassen darf, wie sie sind. Jetzt dient uns nicht eine ›reine Verwaltungsarbeit‹. Versetzen wir uns in allen Regionen der Erde in einen ›Zustand permanenter Mission‹.« (EG 25) Beide Bezugnahmen (reine Verwaltungsarbeit, Zustand permanenter Mission) stammen aus dem Dokument der Fünften CELAM-Generalversammlung von Aparecida (2007), bei welcher ein gewisser Kardinal Bergoglio Vorsitzender des Redaktionskomitees des Schlussdokumentes war und das ihn ekklesiologisch, neben dem Konzilsdokument »Gaudium et spes« (1965) und dem Apostolischen Schreiben »Evangelii nuntiandi« von Paul VI. (1975), maßgeblich prägt.

Weitere »Tunwörter« in diesem Zusammenhang sind dann: sich einbringen, begleiten, die Initiative ergreifen – dafür hat Franziskus den Neologismus »primerear« (»prendere l'iniziativa«) geschaffen, für den er sich entschuldigt (vgl. EG 24). Es geht nicht um eine rastlose Aktivität um der Aktivität, eines äußerlich bleibenden Effektes willen. Ein Motiv ist genannt. Und dieses weist die Richtung: »Die evangelisierende Gemeinde spürt, dass der Herr die Initiative ergriffen hat, ihr in der Liebe zuvorgekommen ist (vgl. 1 Joh 4,10), und deshalb weiß sie voranzugehen, versteht sie, furchtlos die Initiative zu ergreifen, auf die anderen zuzugehen, die Fernen zu suchen und zu den Wegkreuzungen zu gelangen, um die Ausgeschlossenen einzuladen. (…) Wagen wir ein wenig mehr, die Initiative zu ergreifen!« (EG 24)

… gehen, aufbauen, bekennen

Kirche auf dem Weg, Kirche unterwegs, das pilgernde, wandernde Volk Gottes durch die Zeit: Welches Bild auch immer man verwendet, welche Begriffe man ins Spiel bringt – Begriffe, Hauptwörter (wie der kleine Volksschüler lernte), Substantive werden leicht zu nichtssagenden Floskeln, zu leeren Etiketten. Auch kirchliche Aussagen sind nicht davor gefeit, zu Plattitüden zu werden, Pathos zu bemühen. Selbstverständlichkeiten werden schnell zu Banalitäten, die gar nicht mehr ernst genommen werden, weil sie nicht weiter besprochen, problematisiert und vor allem thematisiert werden. Franziskus ist sich an derselben Stelle auch der Halbwertszeit kirchlicher Texte und Verlautbarungen sehr bewusst: »Ich weiß sehr wohl, dass heute die Dokumente nicht dasselbe Interesse wecken wie zu anderen Zeiten und schnell vergessen werden. Trotzdem betone ich, dass das, was ich hier zu sagen beabsichtige, eine programmatische Bedeutung hat und wichtige Konsequenzen beinhaltet.« (EG 25)

Für Papst Franziskus ist die Weg-Metapher wichtig, wie die genannten »Tunwörter« zeigen, die die Kirche in den letzten fünf Jahren neu aufbrechen ließen, streckenweise auch außer Atem brachten, Unruhe auslösten. Salopp gesagt: Dieser Papst drückt aufs Gas, und wer Ruhe und Sicherheit sucht, muss sich von seinen Initiativen gestört fühlen. Das erklärt wohl auch so manchen Widerstand. Von Anfang an betonte er den Weg-Charakter der Kirche – und heute erkennt man, dass es sich dabei nicht um reine Rhetorik handelte. Schon am Abend der Wahl, als sich der neue Papst »vom Ende der Welt« auf der mittleren Loggia des Petersdoms erstmals vorstellte, fiel die Vokabel: »Und jetzt beginnen wir diesen Weg – Bischof und Volk –, den Weg der Kirche von Rom.

Am Tag darauf, bei der Eucharistiefeier mit den Kardinälen in der Sixtina, brachte er die drei Tageslesungen mit dem »Moment der Bewegung« auf den Punkt und fasste die Texte, jesuitisch knapp, mit drei »Tunwörtern« zusammen: Gehen – aufbauen – bekennen. »Gehen: Unser Leben ist ein Weg, und wenn wir anhalten, geht die Sache nicht.« Sodann: »Die Kirche aufbauen. (…) Eine weitere Bewegung unseres Lebens also: aufbauen.« Und schließlich: »Bekennen. Wir können gehen, wie weit wir wollen, wir können vieles aufbauen, aber wenn wir nicht Jesus Christus bekennen, geht die Sache nicht. Wir werden eine wohltätige NGO, aber nicht die Kirche, die Braut Christi. Wenn man nicht geht, bleibt man da stehen.« Es mutet im Nachhinein, aus heutiger Perspektive gelesen, prophetisch an, wenn man abschließend liest: »Gehen, aufbauen/errichten, bekennen. Aber die Sache ist nicht so einfach, denn beim Gehen, beim Aufbauen, beim

Bekennen gibt es zuweilen Erschütterungen, Bewegungen, die nicht eigentlich zur Bewegung des Gehens gehören – es sind Bewegungen, die nach hinten ziehen.«

Was in den letzten fünf Jahren erlebbar wurde, was sich da und dort auch zeigte an Unverständnis, an Kopfschütteln, an Protest und Widerstand, nachdem sich die erste Euphorie allmählich gelegt hatte und deutlich wurde, dass hier nicht ein netter älterer Herr alles in gewohnten Bahnen weitertreibt, ist an dieser Stelle fast vorgezeichnet. Denen, die ihn gewählt (oder nicht gewählt) haben, sagte er abschließend: »Wenn wir ohne das Kreuz gehen, wenn wir ohne das Kreuz aufbauen und Christus ohne Kreuz bekennen, sind wir nicht Jünger des Herrn: Wir sind weltlich, wir sind Bischöfe, Priester, Kardinäle, Päpste, aber nicht Jünger des Herrn. Ich möchte, dass nach diesen Tagen der Gnade wir alle den Mut haben, wirklich den Mut, in der Gegenwart des Herrn zu gehen mit dem Kreuz des Herrn; die Kirche aufzubauen auf dem Blut des Herrn, das er am Kreuz vergossen hat; und den einzigen Ruhm zu bekennen: Christus den Gekreuzigten. Und so wird die Kirche voranschreiten.« Wer wollte hier nicht den »ignatianischen Stallgeruch« wahrnehmen?

Auch drei Tage nach der Wahl, bei der Audienz für Medienvertreter am 16. März 2013, sagte Franziskus: »Selbst wenn die Kirche gewiss auch eine menschliche, geschichtliche Institution ist mit allem, was damit verbunden ist, so hat sie doch keine politische, sondern eine wesentlich geistliche Natur: Sie ist das Volk Gottes, das heilige Volk Gottes, das unterwegs ist zur Begegnung mit Jesus Christus. Nur in dieser Perspektive kann man vollkommen erklären, was die katholische Kirche bewirkt.« Und tags darauf, beim ersten Angelus-Gebet, lud er wieder dazu ein, dass »wir gemeinsam den Weg des Evangeliums gehen« lernen.

Bei seiner Amtseinführung am 19. März – Josefitag und Namenstag seines (in Castel Gandolfo am Bildschirm mitfeiernden) Vorgängers – skizzierte er seine Vision des Hirtenamtes und weitete diese zugleich zu einer globalen Fürsorge aller Menschen aus – dass drei Jahre später eine Umwelt-Enzyklika erscheinen würde, konnte damals noch niemand wissen: »Die Berufung zum Hüten geht jedoch nicht nur uns Christen an; sie hat eine Dimension, die vorausgeht und die einfach menschlich ist, die alle betrifft. Sie besteht darin, die gesamte Schöpfung, die Schönheit der Schöpfung zu bewahren, wie uns im Buch Genesis gesagt wird und wie es uns der heilige Franziskus von Assisi gezeigt hat: Sie besteht darin, Achtung zu haben vor jedem Geschöpf Gottes und vor der Umwelt, in der wir leben. Die Menschen zu hüten, sich um alle zu kümmern, um jeden Einzelnen, mit Liebe, besonders um die Kinder, die alten Menschen, um die, welche schwächer sind und oft in unserem Herzen an den Rand gedrängt werden. Sie besteht darin, in der Familie aufeinander zu achten: Die Eheleute behüten sich gegenseitig, als Eltern kümmern sie sich dann um die Kinder, und mit der Zeit werden auch die Kinder zu Hütern ihrer Eltern. Sie besteht darin, die Freundschaften in Aufrichtigkeit zu leben; sie sind ein Einander-Behüten in Vertrautheit, gegenseitiger Achtung und im Guten. Im Grunde ist alles der Obhut des Menschen anvertraut, und das ist eine Verantwortung, die alle betrifft. Seid Hüter der Gaben Gottes!«

Es fiel hier auch das Wort »Zärtlichkeit«, damals noch durchaus ungewohnt, ja befremdlich aus päpstlichem Mund: »Alle Verantwortungsträger auf wirtschaftlichem, politischem und sozialem Gebiet, alle Männer und Frauen guten Willens möchte ich herzlich bitten: Lasst uns ›Hüter‹ der Schöpfung, des in die Natur hineingelegten Planes Gottes sein, Hüter des anderen, der Umwelt; lassen wir nicht zu, dass Zeichen der Zerstörung und des Todes den Weg dieser unserer Welt begleiten! Doch um zu ›behüten‹, müssen wir auch auf uns selber achtgeben! Erinnern wir uns daran, dass Hass, Neid und Hochmut das Leben verunreinigen! Hüten bedeutet also, über unsere Gefühle, über unser Herz zu wachen, denn von dort gehen unsere guten und bösen Absichten aus: die, welche aufbauen, und die, welche zerstören! Wir dürfen keine Angst haben vor der Güte, ja, nicht einmal vor der Zärtlichkeit! Und hier füge ich noch eine letzte Anmerkung hinzu: Das Sich-Kümmern, das Hüten verlangt Güte, es verlangt, mit Zärtlichkeit gelebt zu werden.«

Einer weiteren Programmansage – wieder mit Bezugnahme auf die Weg-Metapher – kam eine Bemerkung bei der Audienz für das beim Heiligen Stuhl akkreditierte Diplomatische Korps in der Sala Regia am 22. März 2013 gleich: »Die materielle wie die geistliche Armut bekämpfen, Frieden schaffen und Brücken bauen – das sind gleichsam die Bezugspunkte eines Weges, den mitzugehen ich jedes der Länder, die Sie vertreten, einlade. Das ist jedoch ein schwieriger Weg, wenn wir nicht immer mehr lernen, diese unsere Erde zu lieben. Auch in diesem Fall hilft es mir, an den Namen Franziskus zu denken, der eine tief greifende Achtung gegenüber der gesamten Schöpfung und die Bewahrung dieser unserer Umwelt lehrt, die wir leider allzu oft nicht zum Guten gebrauchen, sondern sie gierig ausbeuten zum gegenseitigen Schaden.«

Die Beispiele ließen sich beliebig erweitern. In fünf Jahren findet sich dafür genügend Material. Deutlich machen wollte ich, dass der Gedanke von der Kirche auf dem Weg, die sich kümmert und hütet, die Anteil nimmt, die Partei ergreift, die sich einmischt und eben nicht verschanzt hinter Mauern, von Anfang an stark präsent war. Die »Tunwörter« gehen, aufbauen und bekennen sind dabei leitend.

Prozesse in Gang bringen …

Jedoch auch hier ist die Frage à la longue, wie bei vielen Anregungen und Anstößen von Papst Franziskus, wie sich das in der Organisationskultur und Organisationsstruktur der Kirche im Großen wie im Kleinen niederschlägt. Auch dabei kann man die Augen nicht davor verschließen, dass es der Papst keineswegs bei schönen Ankündigungen bewenden lässt.

Dass es über solche nicht hinausgeht, werden manche nicht müde zu betonen – »gute Ratschläge« aus deutschen Landen können dabei nicht ausbleiben, manchmal unschwer als perfide, ja untergriffige Papstkritik zu entlarven, in den Mantel der Sorge um die »Einheit der Kirche« verpackt, aber eben durchaus repräsentativ für ein bestimmtes Spektrum im deutschsprachigen Katholizismus. Wie zum Beispiel vonseiten des Vatikan-Korrespondenten einer deutschen Wochenzeitung, der in der ersten Ausgabe des Jahres 2018 zum Auftakt des neuen Layouts in seinem Kommentar »Es braucht einen Pontifex« meinte: »Wer könnte also 2018 – so der Wunsch für das neue Jahr – eine Brücke zwischen den Lagern schlagen? Warum nicht der, der das Brückenbauen als Ehrentitel führt: der ›Pontifex‹ – zudem es Aufgabe der Päpste ist, die Kirche im Innern zusammenzuhalten? (…) Franziskus ist ein Mann großer Gesten. Und 2018 wäre es nun an der Zeit, dass der Papst mit großen und kleinen Gesten zur Verständigung einlädt. Das wäre nobel.«[155] Direkte und indirekte Spitzen und Andeutungen!

Der Vorsitzende der Deutschen Bischofskonferenz, Kardinal Reinhard Marx, hat in einem Interview zu Jahresbeginn 2018 wieder auf einen Umstand hingewiesen, der unterschätzt wird, nämlich auf den franziskanischen Grundgestus des Anstoßens wie auch eines Autoritätsverständnisses, das nicht mit der theologischen Brechstange arbeitet: »Viele Inputs, die der Papst gegeben hat, müssen auch nicht einfach sofort umgesetzt werden. Es handelt sich um langfristige Wege. Es geht dem Papst darum, solche Prozesse anzustoßen. Er möchte, dass wir mitdenken.«[156]

Natürlich könnte man hier sofort viele Beispiele aus der jüngeren wie älteren Kirchen- und Theologiegeschichte anführen, an denen sich zeigen ließe, dass solches Mitdenken gerade nicht erwünscht war, ja sogar untersagt oder aktiv unterdrückt wurde. Aber die Zeiten haben sich geändert. Wer Ordination nicht mit Subordination verwechselt, wer den Grundsatz »Beteiligung schafft Identifikation« beachtet, kommt letztlich nicht umhin, das Know-how, die Erfahrung derer »von unten«, an der Basis, als *locus theologicus* wahrzunehmen und wertzuschätzen. Das muss man allerdings wollen – und hier besteht ein enormer Lernbedarf in der Kirche, in der eben lange vieles nach der Methode Top-Down dekretiert wurde.

Mitdenken. Kardinal Marx erkennt in der von den ignatianischen Exerzitien herkommenden Methode den Grund für diesen Perspektivenwechsel: »Deshalb ist der Papst ja auch etwa von Michel de Certeau und seiner Vorstellung einer ›autorité, qui autorise‹ geprägt: einer Autorität, die ermächtigt, nicht entscheidet.«[157] Man landet dann schnell bei der Frage, ob es in der Kirche wörtlich um Mündigkeit geht, um einen reifen, um einen erwachsenen Glauben oder – bewusst oder unbewusst – um eine Art von klerikaler Besserwisserei, die letztlich auf Infantilisierung hinausläuft.

Dass es Angst machen kann, »Gewohnheiten«, »Stile«, »Zeitpläne«, »Sprachgebrauch«, ja selbst »jede kirchliche Struktur« der kritischen, ernst gemeinten Prüfung zu unterziehen, ob sie wirklich der Evangelisierung der heutigen Welt dienen oder nur »der Selbstbewahrung«, wie Franziskus in »Evangelii gaudium« (vgl. EG 27) feststellte, liegt auf der Hand. Im vierten Kapitel (»Die soziale Dimension der Evangelisierung«) seiner päpstlichen Programmschrift findet man dazu den vielzitierten Satz: »Die Zeit ist mehr wert als der Raum.« (EG 222)

Er hat unmissverständlich erklärt: »Dieses Prinzip erlaubt uns, langfristig zu arbeiten, ohne davon besessen zu sein, sofortige Ergebnisse zu erzielen. Es hilft uns, schwierige und widrige Situationen mit Geduld zu ertragen oder Änderungen bei unseren Vorhaben hinzunehmen, die uns die Dynamik der Wirklichkeit auferlegt. (…) Dem Raum Vorrang geben bedeutet sich vormachen, alles in der Gegenwart gelöst zu haben und alle Räume der Macht und der Selbstbestätigung in Besitz nehmen zu wollen. Damit werden die Prozesse eingefroren. Man beansprucht, sie aufzuhalten. Der Zeit Vorrang zu geben bedeutet, sich damit zu befassen, *Prozesse in Gang zu setzen, anstatt Räume zu besitzen.* Die Zeit bestimmt die Räume, macht sie hell und verwandelt sie in Glieder einer sich stetig ausdehnenden Kette, ohne Rückschritt. Es geht darum, Handlungen zu fördern, die eine neue Dynamik in der

Gesellschaft erzeugen und Menschen sowie Gruppen einbeziehen, welche diese vorantreiben, auf dass sie bei wichtigen historischen Ereignissen Frucht bringt. Dies geschehe ohne Ängstlichkeit, sondern mit klaren Überzeugungen und mit Entschlossenheit.« (EG 223)

Mit Bezugnahme auf seinen heimlichen »Kirchenvater« Romano Guardini (dessen Seligsprechungsprozess am 16. Dezember 2017 in München eingeleitet wurde) und dessen von ihm oft zitierte Schrift »Das Ende der Neuzeit« (1950) warnt Franziskus davor, auf Kosten der »Fülle der menschlichen Existenz« auf »unmittelbare Ergebnisse« zu setzen, »die einen leichten politischen Ertrag schnell und kurzlebig erbringen« (EG 224). Er hingegen vertraut bei der Evangelisierung darauf, »den größeren Horizont im Auge zu behalten und die geeigneten Prozesse mit langem Atem anzugehen« (*asumir los procesos posibles y el camino largo*) (EG 225).

Der Weg der Synodalität

Das Instrument, auf das Franziskus dabei setzt und das er viel stärker ausreizen will, ist die Synode, seine Vision die einer künftig viel intensiver synodal arbeitenden Kirche. Franziskus ist ja gerade nicht beratungsresistent! Er setzt auf die Erfahrung, das Wissen und die Reflexion von Bischöfen weltweit. Er will ihr Potenzial viel stärker nutzen, als dies bisher der Fall war. Und er muss dabei nicht bei null beginnen. In »Evangelii gaudium« gibt es nur einen kleinen Hinweis: »Im Dialog mit den orthodoxen Brüdern haben wir Katholiken die Möglichkeit, etwas mehr über die Bedeutung der bischöflichen Kollegialität und über ihre Erfahrung der Synodalität zu lernen. Durch einen Austausch der Gaben kann der Geist uns immer mehr zur Wahrheit und zum Guten führen.« (EG 246) Wichtiger ist dort die Bemerkung eingangs: »Ich glaube auch nicht, dass man vom päpstlichen Lehramt eine endgültige oder vollständige Aussage zu allen Fragen erwarten muss, welche die Kirche und die Welt betreffen. Es ist nicht angebracht, dass der Papst die örtlichen Bischöfe in der Bewertung aller Problemkreise ersetzt, die in ihren Gebieten auftauchen. In diesem Sinn spüre ich die Notwendigkeit, in einer heilsamen ›Dezentralisierung‹ voranzuschreiten.« (EG 16)

Inhaltlich ertragreicher, wenn auch nur mündlich, hatte sich der Papst bezüglich Synodalität in dem sommerlichen Interview mit Antonio Spadaro SJ geäußert. Von diesem an eine wenige Wochen zuvor gehaltene Predigt bei der Überreichung des Palliums an neu ernannte Erzbischöfe erinnert (»In der Einheit stärken: die Synode der Bischöfe im Einklang mit dem Primat. Wir müssen auf diesem Weg der Synodalität gehen, wir müssen wachsen im Einklang mit dem Dienst des Primats. […] Wenn das Pallium Zeichen der Gemeinschaft mit dem Bischof von Rom und mit der universalen Kirche, mit der Synode der Bischöfe ist, dann ist es auch ein Auftrag an jeden von euch, Werkzeug der Einheit zu sein«), meinte Franziskus: »Man muss gemeinsam gehen: Volk, Bischöfe, Papst. Synodalität muss auf verschiedenen Ebenen gelebt werden.«[158]

Sofort folgte darauf der Hinweis auf eine defizitäre nachkonziliare Entwicklung, die nicht das vom Konzil angeregte Instrument an und für sich, aber dessen Effizienz diskreditierte: »Vielleicht ist es Zeit, die Methode der Synode zu verändern, denn die derzeitige scheint mir statisch. Das kann dann auch einen ökumenischen Wert haben – besonders mit unseren orthodoxen Brüdern. Von ihnen kann man noch mehr den Sinn der bischöflichen Kollegialität und die Tradition der Synodalität lernen. Die Bemühung um die gemeinsame Reflexion, der Blick darauf, wie die Kirche in den ersten Jahrhunderten vor dem Bruch zwischen Osten und Westen gelenkt wurde, wird zur rechten Zeit Frucht bringen.«[159]

»Synodalität leben« und nicht nur davon reden; »die Tradition der Synodalität lernen« und dabei sozusagen Amtshilfe von anderen christlichen Konfessionen in Anspruch nehmen; »die Methode der Synode ändern«, weil der Rückblick auf die Bischofssynoden seit 1967 Desiderate aufweist: Hier ist der Papst nicht stehen geblieben.

Es blieb nicht bei einem frommen Wunsch! Im Rückblick muss man sich das enorme Tempo in Erinnerung rufen, mit dem Franziskus in den ersten Monaten – wohl, wie viele Konklaveteilnehmer, unter dem Eindruck der Debatten im Vorkonklave stehend – Prozesse in Gang gesetzt hat. Dazu gehören die zu weiten Teilen auf Benedikt XVI. zurückgehende Enzyklika »Lumen fidei« vom Juli 2013, die eine »Enzyklika auf zwei Beinen« (Bernd Hagenkord SJ) genannt werden kann[160]; das Spadaro-Interview vom August 2013 und »Evangelii gaudium« vom November 2013.

Der Ernstfall: Der Papst lässt sich beraten (»K9«)

Nicht vergessen werden darf ein absolutes Novum: die Einrichtung eines Kardinalsrates von zuerst acht Kardinälen (bis auf einen einzigen) von außerhalb der Römischen Kurie, später (im Juli 2014) ergänzt durch den neuen Kardinalstaatssekretär und seither kurz »K9-Rat« genannt – ein Gremium, das den Papst in allen wichtigen Reformfragen – ohne interne Betriebsblindheit und Rücksichtnahmen auf »Erbhöfe« – beraten soll. »Vereinfachen, harmonisieren, dezentralisieren« lautet ihr Motto.

Schon vier Wochen nach seiner Wahl, ebenfalls als Konsequenz der Beratungen im Vorkonklave, berief der neue Papst dieses Gremium ein, das erstmals vom 1. bis 3. Oktober 2013 und im selben Jahr noch einmal vom 3. bis 5. Dezember zusammentrat. Schon am 28. September 2013 richtete der Papst es mit einem eigenen Schreiben als Dauereinrichtung ein. Der da und dort geäußerten Kritik, es handle sich dabei um ein »Schattenkabinett«, vorbei am bestehenden Regierungsapparat, kann man entgegenhalten, dass eine erfolgreiche Durchforstung von Vatikanbehörden und eine Neustrukturierung von Kongregationen und Päpstlichen Räten nur bei Impulsen von außen garantiert ist: ergebnisoffen und unbestechlich. Die berufenen Kardinäle decken alle Kontinente ab: Francisco Javier Errázuriz Ossa

(Chile), Oswald Gracias (Indien), Seán Patrick O'Malley OFMCap (USA), Óscar Rodríguez Maradiaga (Honduras), Reinhard Marx (Deutschland), Laurent Monsengwo Pasinya (Demokratische Republik Kongo), George Pell (Australien, jetzt Vatikan), aus dem Vatikan Giuseppe Bertello und Pietro Parolin. Als Sekretär fungiert Marcello Semeraro, der Bischof von Albano.

Rasch wurden Änderungen beim Ablauf der Bischofssynoden angeregt, die einzelnen Kurieneinrichtungen wurden systematisch unter die Lupe genommen, die Vatikanfinanzen neu geordnet, eine Kinderschutzkommission eingerichtet – um nur einige Beispiele zu nennen. Nach einem etwas holprigen Start (zunächst ohne Tagesordnung) werden mittlerweile – nach 22 Treffen bis knapp vor Weihnachten 2017, als über die Medienreform und Migration gesprochen wurde – Beratungsergebnisse systematisch geordnet. Dass der Papst, außer wenn er durch Generalaudienzen verhindert ist, immer daran teilnimmt, zeigt, welches Gewicht er diesem Gremium beimisst, das zuletzt zwei Mal in die Schlagzeilen geriet: Beim Treffen im Dezember 2017 fehlte Kardinal George Pell, der (beurlaubte) Präfekt des Sekretariats für die Wirtschaft, der sich in Sydney vor einem Gericht in einem Missbrauchsfall verantworten muss. Und wenige Tage vor Vollendung seines 75. Geburtstages am 29. Dezember 2017 sah sich der Koordinator der Gruppe, Kardinal Maradiaga, mit Korruptionsvorwürfen konfrontiert. Das 23. Treffen des K9-Rates ist für 26. bis 28. Februar 2018 angesetzt.

Die Familiensynoden 2014/15: ein methodischer Neustart?

Zwischen dem Spadaro-Interview und der Veröffentlichung von »Evangelii gaudium« – als »casalingo« (span. für: häuslich) verabscheut Franziskus Urlaub und verzichtet mittlerweile auch auf die Sommerresidenz Castel Gandolfo – lag Anfang Oktober 2013, also nur knapp sechs Monate nach der Papstwahl, die Ankündigung einer Synode zum Thema Ehe und Familie.

Noch dazu nach einer völlig neuen Methode, nämlich zweigestuft: Der Generalversammlung im Oktober 2015 sollte eine Außerordentliche Generalversammlung der Synode im Oktober 2014 vorgeschaltet sein – und dafür wollte der Papst auch eine breite Meinungsbefragung zur Ehe- und Sexualmoral vorliegen haben, wofür das Synodensekretariat allen Bischofskonferenzen noch im Oktober 2013 umfangreiche Fragebögen zuschickte, die unter Einbeziehung möglichst vieler Gläubigen beantwortet werden sollten. Hier gab es, wie im Nachhinein bekannt wurde, eine Reihe von organisatorischen Pannen, abgesehen davon, dass manche Bischöfe im (dem Papst fälschlich unterstellten) vorauseilenden Gehorsam der Meinung waren, die Fragebögen selbst beantworten zu sollen, was logischerweise nur zu einer verzerrten Wahrnehmung der Realität, gelesen durch die lehramtliche bzw. »oberhirtliche« Brille, führen konnte.

Im deutschsprachigen Raum ernüchterten, erschütterten und polarisierten die Ergebnisse. Das übliche Klischee einer lebensfeindlichen und lebensfremden Sexualmoral und Familienpastoral erhielt viel Aufwind. Während manche Bischöfe die Unveränderlichkeit der Lehre betonten, erkannten andere, dass mit der ständigen Wiederholung »ewiger Wahrheiten« niemandem gedient ist. Ungewöhnlich genug, berief Papst Franziskus für den 21./22. Februar 2014 ein Konsistorium ein, für welches er Kardinal Kasper für ein Grundsatzreferat vorsah, das auch umgehend veröffentlicht wurde; darin findet sich auch eine abschließende Stellungnahme zur Diskussion und ein

Nachwort, in dem Kasper auf die kontroverse, bis heute nicht verstummte Diskussion eingeht.[161] Die Rede fand die ausdrückliche Zustimmung des Papstes. Dass Kasper im Jahr 1993, zusammen mit den beiden Kollegen Oskar Saier (Freiburg) und Karl Lehmann (Mainz) von der oberrheinischen Kirchenprovinz, bereits einmal ein Papier über die Pastoral mit wiederverheirateten Geschiedenen (und die Frage der Zulassung zur Kommunion) vorgelegt hat und dafür von der Glaubenskongregation abgestraft wurde[162], sei hier nur der Vollständigkeit halber in Erinnerung gebracht.

Verlauf und Inhalte der beiden Familiensynoden von 2014/15 müssen hier nicht im Detail wiedergegeben werden. Wichtig ist, neben dem Nachsynodalen Schreiben »Amoris laetitia« – das wohl wie kein zweites päpstliches Schreiben seit »Humanae vitae« (1968) Staub aufgewirbelt und eine nicht verstummen wollende innerkirchliche Debatte (bis hin zu Häresievorwürfen gegen seinen Verfasser) ausgelöst hat – der synodale Prozess an und für sich, den Papst Franziskus hier auf den Weg gebracht hat (weltweite Befragung, Lineamenta, Relatio sinodi usw.). Es ist ein bemerkenswerter methodischer Neustart für das Mit- und Zueinander von päpstlicher Autorität und bischöflicher Kollegialität.

Mit Freimut alles sagen – und zuhören

Schon in seiner Predigt während der Eucharistiefeier zur Eröffnung der Synode in der Petersbasilika (5. Oktober 2014) ließ Franziskus durchblicken, wie er sich den Ablauf vorstellt: »Die Synodenversammlungen sind nicht dazu da, schöne und originelle Ideen zu diskutieren oder zu sehen, wer intelligenter ist … Sie sind dazu da, den Weinberg des Herrn besser zu pflegen und zu hüten, an seinem Traum, seinem Plan der Liebe für sein Volk mitzuarbeiten.«

In seiner Grußadresse zur Eröffnung der Bischofssynode, tags darauf, nahm er zuerst Bezug auf das Procedere und die Organisation, bei der er bereits Änderungen veranlasst hatte. Mit Blick auf die aus aller Welt angereisten Delegierten sagte er: »Ihr überbringt die Stimme der Teilkirchen, die auf Ebene der Ortskirchen in den Bischofskonferenzen vereint sind. Die Weltkirche und die Teilkirchen sind eine göttliche Stiftung, wohingegen die Ortskirchen in diesem Sinne als menschliche Einrichtung verstanden werden. Diese Stimme überbringt ihr in der Synodalität. Das ist eine verantwortungsvolle Aufgabe: die Lebenswirklichkeiten und Probleme der Kirchen zu übermitteln, um ihnen dabei zu helfen, den Weg des Evangeliums von der Familie zu beschreiten.«

Schließlich lenkte er den Blick auf eine »Grundbedingung« für eine echte Synode: »offen zu sprechen. Keiner soll sagen: ›Das kann man nicht sagen, sonst könnte man ja schlecht über mich denken ...‹ Alles, was sich jemand zu sagen gedrängt fühlt, darf mit Parrhesia [Freimut] ausgesprochen werden. Nach dem letzten Konsistorium (Februar 2014), bei dem über die Familie gesprochen wurde, hat mir ein Kardinal geschrieben: ›Schade, dass einige Kardinäle aus Respekt vor dem Papst nicht den Mut gehabt haben, gewisse Dinge zu sagen, weil sie meinten, dass der Papst vielleicht anders denken könnte.‹ Das ist nicht in Ordnung, das ist keine Synodalität, weil man alles sagen soll, wozu man sich im Herrn zu sprechen gedrängt fühlt: ohne menschliche Rücksichten, ohne Furcht! Und zugleich soll man in Demut zuhören und offenen Herzens annehmen, was die Brüder sagen. Mit diesen beiden Geisteshaltungen üben wir die Synodalität aus.«

Man mag sich darüber wundern, dass Franziskus die Synodalen »höflich um diese Geisteshaltung als Brüder im Herrn« bat: »mit Parrhesia sprechen und in Demut zuhören. Und tut dies in aller Ruhe und in Frieden, da die Synode stets *cum Petro et sub Petro* abläuft. Die Anwesenheit des Papstes ist Garantie für alle und Gewährleistung des Glaubens. Liebe Brüder, lasst uns alle zusammenarbeiten, damit in aller Klarheit die Dynamik der Synodalität zum Vorschein komme.«

Mit »cum Petro et sub Petro« (mit und unter dem Papst) markierte er deutlich, dass es sich bei der Synode um ein beratendes, dem Papst unterstelltes Gremium handelt – von manchen als deutlicher Fingerzeig auf seine Autorität verstanden, die zu »demokratisch«, zu wenig autoritär ausgeübt zu haben ihm in den Monaten zuvor wiederholt vorgehalten worden war.

Seine Ansprache zum Abschluss der Synode am 18. Oktober 2014 war eine echte »Jesuitenpredigt«, in der er auch sein eigenes Erleben einfließen ließ: »Gelassen kann ich sagen, dass wir im Geist der Kollegialität und der Synodalität wirklich eine Erfahrung von ›Synode‹ gemacht haben, einen gemeinsamen Weg (Synode griechisch: gemeinsam gehen). Und weil es ein Weg war, gab es wie bei allen Wegen Momente von großer Geschwindigkeit, als ob man gleichsam die Zeit besiegen wollte und mit größter Geschwindigkeit zum Ziel kommen wollte. Es gab andere Momente der Müdigkeit, als ob man sagen wollte, dass es jetzt reicht; es gab wiederum andere Momente des Enthusiasmus und des Fleißes. Es gab Momente des Trostes, beim Hören auf die Zeugnisse wahrer Hirten (Joh 10), die in ihren Herzen weise die Freuden und die Tränen ihrer Gläubigen tragen. Es gab Momente der Gnade und des Trostes beim Hören auf die Zeugnisse der Familien, die an der Synode teilgenommen haben und mit uns die Schönheit und die Freude ihres Lebens als Eheleute geteilt haben. Ein Weg, bei dem der Stärkste sich verpflichtet fühlte, dem Schwächsten zu helfen, wo der beste Experte den anderen gedient hat, auch in der Auseinandersetzung. Und weil es ein Weg von Menschen war, gab es auch Momente der Spannung und der Versuchung, von denen man vielleicht die folgenden nennen könnte.«

An dieser Stelle nannte er dann, in gewohnt bildhafter Sprache, sieben verschiedene Versuchungen, die ihm aufgefallen waren: die »Versuchung der feindlichen Erstarrung«, von der besonders eifrige oder skrupulöse Menschen heimgesucht würden, Traditionalisten und Intellektualisten (»sich im Geschriebenen einzuschließen und sich nicht von Gott überraschen lassen wollen«); die Versuchung »des zerstörerischen Gutmenschentums, das im Namen einer falschen Barmherzigkeit die Wunden verbindet, ohne sie zuvor zu behandeln« – besonders ängstliche Menschen, Progressive und Liberale seien dafür empfänglich; die »Versuchung, Steine in Brot zu verwandeln« oder auch »Brot in Steine« und diese »auf die Sünder zu werfen (…) und ihnen so unerträgliche Lasten aufzubinden«; die »Versuchung, vom Kreuz herunterzusteigen, um den Menschen zu gefallen; und schließlich die »Versuchung, das ›depositum fidei‹ zu vernachlässigen und sich selber nicht als Hüter, sondern als Besitzer und Herren zu verstehen, oder andererseits die Versuchung, die Realität zu vernachlässigen und eine einengende Sprache zu benutzen und so zu sprechen, dass man viel redet und nichts sagt!«

Die Kirche beobachtet die Menschheit nicht aus einer Burg aus Glas

Das sind durchaus heftige Vergleiche. Sie zeigen, dass der Papst während der drei Synodenwochen sehr wach wahrgenommen hatte, was in der Synodenaula und auf den Gängen passierte. Sehr realistisch fügte er hinzu: »Ich persönlich wäre sehr besorgt und betrübt, hätte es diese Versuchungen und diese emotionalen Diskussionen nicht gegeben; das sind Bewegungen des Geistes, wie sie der heilige Ignatius nennt. Wir hätten alle einverstanden oder schweigsam in einem falschen und ruhigen Frieden bleiben können. Stattdessen habe ich mit Dank und Freude Beiträge und Diskussionen gehört, die voller Glauben sind, voller Einsatz für Pastoral und Lehre, voller Weisheit, Offenheit, Mut und Parrhesia (Freiheit des Wortes).«

Genau das aber wollte er nicht. Seine Vorstellung von Kirche ist die einer »sich sorgende(n) Lehrerin, die keine Angst hat, die Ärmel hochzukrempeln«: »Sie beobachtet die Menschheit nicht aus einer Burg aus Glas, um die Menschen zu klassifizieren oder zu richten. Das ist die eine, heilige, katholische und apostolische Kirche, die aus Sündern besteht, die Seine Barmherzigkeit brauchen. Das ist die Kirche, die wahre Braut Christi, die ihrem Bräutigam und seiner Lehre treu zu bleiben sucht. Das ist die Kirche, die keine Angst hat, mit Huren und Sündern zu essen (Lk 15). Die Kirche, welche ihre Tore aufreißt, um die Bedürftigen und Reuevollen einzulassen, nicht nur die Gerechten und die, die glauben, perfekt zu sein!«

Es spricht für seinen Realitätssinn, dass sich Franziskus all dessen bewusst ist. Denn: »Das ist die Kirche! Und wenn die Kirche, in der Verschiedenheit ihrer Charismen, sich gemeinschaftlich ausdrückt, dann kann sie nicht irren: Das ist die Schönheit und die Kraft des *sensus fidei*, dieses übernatürlichen Sinns des Glaubens, der vom Heiligen Geist geschenkt wird (…) Viele Kommentatoren haben sich eine Kirche vorgestellt, in der ein Teil gegen den anderen kämpft und so den Heiligen Geist bezweifelnd, den wahren Förderer und Garanten der Einheit und Harmonie in der Kirche.« Und wie am Anfang auch hier: »Wie ich zu Beginn der Synode gesagt habe, ist es nötig, das alles in Ruhe und innerem Frieden zu durchleben, damit die Synode cum Petro et sub Petro (mit Petrus und unter der Leitung Petri) verläuft, und die Anwesenheit des Papstes ist für das alles Garantie.«

Auch ein Papst hört zu – oder: Der Lehrende lernt

Auffallend war: Der Papst sprach nur am Anfang und am Schluss der Synode. Ansonsten hörte er zu. Hier muss man wirklich einen Augenblick innehalten, um sich der Bedeutung dieser Art von Teilnehmen bewusst zu werden! Eine Karikatur von Gerhard Mester mit dem Titel »neuer Führungsstil« drückte das trefflich aus: Der Papst sitzt in einer Kirchenbank, auf der Kanzel drängt sich das Kirchenvolk – und er hört nachdenklich zu.

Viel zu lange wurde nur von oben herab belehrt, an der Realität vorbei, es wurden abstrakte Prinzipien eingeschärft, die am konkreten Leben mit seinen komplexen Situationen oft vorbeigingen – und zusätzlich verletzt haben, weil sie blind waren oder aber unbarmherzig für das konkrete Leid von Menschen. Und die Ethik Jesu wurde allenfalls zitiert, seine Grundhaltung blieb bedeutungslos, sie konnte ihre befreiende Kraft – selbst wenn sie konfrontierte – nicht entfalten.

Die – ich erinnere mich: selbst aufgeschlossene Bischöfe irritierende – Betonung der päpstlichen Autorität darf unschwer in Verbindung gebracht werden mit der Haltung derer, die dem Papst aufgrund des gesamten Prozesses wie des Verlaufs Führungsschwäche vorgeworfen hatten. Sie rückte etwas ins rechte Licht, das manche offenbar vergessen hatten (»sub Petro et cum Petro«), – zeigte aber am Ende auch, dass Papst Franziskus sehr aufmerksam wahrgenommen hatte, was sich neben den offiziellen Reden, der Formulierung von Texten abgespielt hatte. Und er machte am Ende auch darauf aufmerksam, dass nun Arbeit bevorstehe: »Liebe Schwestern und Brüder, wir haben jetzt noch ein Jahr, um die hier vorgeschlagenen Ideen in einer wirklichen geistlichen Unterscheidung reifen zu lassen und konkrete Lösungen für alle Schwierigkeiten und die unzähligen Herausforderungen zu finden, welchen die Familien begegnen müssen; Antworten zu geben auf die vielen Entmutigungen, welche die Familien umgeben und einschnüren. Ein Jahr, um an der ›Relatio Sinodi‹ zu arbeiten, welche die getreue und deutliche Wiedergabe dessen ist, was in dieser Aula und in den Arbeitskreisen gesagt und diskutiert wurde.«

Diese Zeit wurde, mindestens bis zur Hälfte und besonders im deutschen Sprachraum, verspielt. Lautstark geregt und in Szene gesetzt haben sich um die »Orthodoxie« des Glaubens besorgte Kreise in der Kirche, die diese aber auch selbst definierten und unsägliche Aktionen starteten.[163] Ob da diejenigen, die die Kirche ins 21. Jahrhundert holen wollen, nicht etwas verschlafen und zu Unrecht auf die »Aufrichtigkeit« der Motive des rechten Spektrums gesetzt haben, das mit harten Bandagen agitierte?

Debattenkultur – kollektive Konsensbildung – Entscheidungsfindung

Es ging zwischen Oktober 2014 und Oktober 2015 tatsächlich darum, einen Kairós zu ergreifen, eine Chance wahrzunehmen, auch vor dem Hintergrund der auf der Außerordentlichen Synode deutlich gewordenen, so unterschiedlichen Befindlichkeiten und Zugangsweisen zu »heißen Eisen«, die ja nur mühsam kaschiert worden waren: zwischen Nord und Süd, zwischen afrikanischen und asiatischen Synodenteilnehmern auf der einen, nordamerikanischen und europäischen Synodenteilnehmern auf der anderen Seite – wobei ja die »Europäer« keine amorphe, einheitliche Masse gewesen waren, zumal sich zum Beispiel polnische oder kroatische Bischöfe fragten, wie neue Zugänge kompatibel seien mit der Lehre des im Vorfeld der Synode am 27. April 2014 (zusammen mit Johannes XXIII.) heiliggesprochenen Papstes Johannes Paul II., vor allem mit dem Nachsynodalen Apostolischen Schreiben »Familiaris consortio« (1981) und der Enzyklika »Veritatis splendor« (1993).

Dass Bischöfe – vom Papst dazu aufgefordert – freimütig (»ohne menschliche Rücksichten, ohne Furcht«) diskutierten, nicht nur sagten, was andere (vermeintlich) hören wollten, war schon ein gewaltiger Fortschritt: Kirche auf der Suche nach einer neuen Debattenkultur, ein mühsamer Weg kollektiver Konsensbildung und Entscheidungsfindung. Dass die Schlussrelatio hinter die Zwischenrelatio zurückfiel, nicht nur im Tonfall, sondern inhaltlich, war aufmerksam registriert worden. War es realistisch zu meinen, es dürfe keine »Verlierer« und »Gewinner« geben, wenn man sich verschiedene Aktionen und Flügelkämpfe vor Augen und ins Bewusstsein zurückruft?

Die verbissene Verteidigung der »unveränderlichen Lehre« übersah und übersieht bis heute, dass es eine Geschichte der Dogmenentwicklung gibt. Es geht nicht um pastorale Schlupflöcher oder um spitzfindige theologische Konstruktionen, sondern darum, Menschen zu helfen, sie zu befähigen, ein »gutes Leben« als Christen zu führen.

Eine Synode darf nicht nur das Modell einer »idealen Familie« im Blick haben. Sie übersieht oder verdrängt sonst andere Probleme wie Scheidungswaisen, Kinderarbeit, Kinderprostitution oder Kinderversklavung. So leidvoll hierzulande etwa die Problematik wiederverheirateter Geschiedener oder von Homo-, Trans- und Intersexualität ist: Engführungen auf »heiße Eisen« verdecken solche Themenfelder, die nicht nur außerhalb Europas beklemmende Tatsachen sind.

Ein Jahr später, bei der Eröffnungsansprache zur 14. Ordentlichen Generalversammlung der Bischofssynode am 5. Oktober 2015 warb Papst Franziskus erneut für eine lernende Kirche, die sich auf Synodalität und Kollegialität einzustellen hat: »Wie wir wissen, ist die Synode ein gemeinsamer Weg im Geist der Kollegialität und der Synodalität, den wir gehen, indem wir mutig die Parrhesia, den Eifer für Pastoral und Lehre, Weisheit und Aufrichtigkeit pflegen und uns dabei stets das Wohl der Kirche, der Familien und die ›suprema lex‹, die ›salus animarum‹ (vgl. Can. 1752), vor Augen halten.«

Ob das »Heil der Seelen« wirklich immer im Blickpunkt des Interesses steht, noch dazu als »oberstes Gesetz«? Wieder brachte der Papst in Erinnerung, was eine Synode von ihrer Natur her bezweckt: »Ich möchte daran erinnern, dass die Synode keine Fachtagung und kein ›Sprechzimmer‹, kein Parlament oder Senat ist, wo man sich einigt. Die Synode ist eine Ausdrucksweise der Kirche, das heißt der Kirche, die gemeinsam auf dem Weg ist, um die Wirklichkeit mit den Augen des Glaubens und mit dem Herzen Gottes zu deuten. Die Synode ist die Kirche, die nachdenkt über ihre Treue zum *Glaubensgut*, das für sie kein Museum ist, das zu besichtigen und auch nicht nur zu bewahren ist, sondern eine lebendige Quelle, aus der die Kirche ihren Durst stillt, um den Durst des *Lebensgutes* zu stillen und es zu erleuchten.« Nicht nur sei sie »ein geschützter Raum« für Debatten, sondern auch ein Raum, in dem sich das Wirken des Heiligen Geistes entfalten könne – dem man, das blieb in dieser Deutlichkeit ungesagt, in seinen Ergebnissen nicht vorausgreifen kann. Durch die Wiederholung wurde aber auch überdeutlich, dass »die Synode kein Parlament« ist, »wo man sich auf Verhandlungen, auf die Aushandlung von Absprachen oder Kompromissen stützt, um einen Konsens oder eine gemeinsame Vereinbarung zu erreichen. Die einzige Methode der Synode ist dagegen, sich mit apostolischem Mut, evangeliumsgemäßer Demut und vertrauensvollem Gebet dem Heiligen Geist zu öffnen, damit er es sei, der uns führt, erleuchtet und uns nicht unsere persönlichen Ansichten vor Augen stellt, sondern den Glauben an Gott, die Treue zum Lehramt, das Wohl der Kirche und die ›salus animarum‹.«

Man kann unschwer erkennen, dass Papst Franziskus »dazugelernt« hatte: indem er die Sorgen derer ernst nahm, die auf seine Autorität bedacht waren, weil er angeblich die Zügel aus der Hand gegeben hatte. Insofern konnte man gespannt sein, wie er sich anlässlich eines Jubiläums und wie er sich am Ende der Synode äußern würde.

Ein Programm: Kirche und Synode sind Synonyme

Am 17. Oktober 2015, mitten während der Synode, fand nämlich in der Aula der Synodenhalle ein Festakt zum fünfzigsten Jahrestag der Einrichtung der Bischofssynode statt. Die Ansprache von Papst Franziskus ist mit vollem Recht programmatisch zu nennen.

Schon zu Beginn erinnerte er daran, dass er »vom Anfang meines Dienstes als Bischof von Rom an« die Absicht gehabt habe, »die Synode aufzuwerten, die eines der kostbarsten Vermächtnisse der letzten Konzilssitzung ist«. An seine Vorgänger Paul VI., Johannes Paul II. und Benedikt XVI. erinnernd, die auf je ihre Weise die Effizienz dieses Instruments steigern wollten, sagte er: »Auf diesem Weg müssen wir weitergehen. Die Welt, in der wir leben und die in all ihrer Widersprüchlichkeit zu lieben und ihr zu dienen wir berufen sind, verlangt von der Kirche eine Steigerung ihres Zusammenwirkens in allen Bereichen ihrer Sendung. Genau dieser Weg der *Synodalität* ist das, was Gott sich von der Kirche des dritten Jahrtausends erwartet.«

Man staunt vielleicht über die Bestimmtheit, mit der Franziskus diese Einschätzung vortrug. Aber er war sich sehr wohl der Schwierigkeiten bewusst: »Was der Herr von uns verlangt, ist in gewisser Weise schon im Wort ›Synode‹ enthalten. Gemeinsam voranzugehen – Laien, Hirten und der Bischof von Rom –, ist ein Konzept, das sich leicht in Worte fassen lässt, aber nicht so leicht umzusetzen ist.« Denn eine »synodale Kirche«, so der Papst weiter, »ist eine Kirche des Zuhörens, in dem Bewusstsein, dass das Zuhören ›mehr ist als Hören‹. Es ist ein wechselseitiges Anhören, bei dem jeder etwas zu lernen hat: das gläubige Volk, das Bischofskollegium, der Bischof von Rom – jeder im Hinhören auf die anderen und alle im Hinhören auf den Heiligen Geist, den ›Geist der Wahrheit‹ (Joh 14,17), um zu erkennen, was er ›den Kirchen sagt‹ (vgl. Offb 2,7).«

Für Franziskus ist klar: »Die Bischofssynode ist der Sammelpunkt dieser Dynamik des Zuhörens, das auf allen Ebenen des Lebens der Kirche gepflegt wird. Der synodale Weg beginnt im Hinhören auf das Volk (...). Der Weg der Synode setzt sich fort im Hinhören auf die Hirten. Durch die Synodenväter handeln die Bischöfe als authentische Hüter, Ausleger und Zeugen des Glaubens der ganzen Kirche, wobei sie verstehen müssen, diesen von den oft wechselhaften Strömungen der öffentlichen Meinung zu unterscheiden. (...) Und schließlich gipfelt der synodale Weg im Hören auf den Bischof von Rom, der berufen ist, als ›Hirte und Lehrer aller Christen‹ zu sprechen: nicht von seinen persönlichen Überzeugungen ausgehend, sondern als oberster Zeuge der *fides totius Ecclesiae* [des Glaubens der gesamten Kirche].« Und wieder: Alles spiele sich auf einer Synode immer »cum Petro et sub Petro« ab.

Theologisch hoch bedeutsam: »Die *Synodalität* als konstitutive Dimension der Kirche bietet uns den geeignetsten Interpretationsrahmen für das Verständnis des hierarchischen Dienstes selbst. Wenn wir begreifen, dass ›Kirche und Synode Synonyme sind‹, wie der heilige Johannes Chrysostomos sagt – denn die Kirche ist nichts anderes als das ›gemeinsame Vorangehen‹ der Herde Gottes auf den Pfaden der Geschichte zur Begegnung mit Christus, dem Herrn –, dann begreifen wir auch, dass in ihrem Innern niemand über die anderen ›erhöht‹ werden kann.«

Franziskus sprach dann drei Ebenen von Synodalität an: Verwirklichung in den Teilkirchen mit ihren alltäglichen Umsetzungsmöglichkeiten; in den Kirchenprovinzen, kirchlichen Regionen, Partikularkonzilien und in den Bischofskonferenzen; und schließlich in der Universalkirche, in der zweierlei zusammenzubringen sei: »bischöfliche Kollegialität« und »eine ganz und gar synodale Kirche«. »Die Bischofssynode«, so Franziskus, »drückt die *affektive Kollegialität* aus, die bei einigen Gelegenheiten zu einer ›effektiven‹ werden kann, welche die Bischöfe untereinander und mit dem Papst verbindet in der Sorge für das Volk Gottes.«

Das war und ist nichts anderes als eine *lectio brevis* in Sachen Synodalität, die sich in ihrer Dichte schwer überbieten lässt. Und Franziskus ließ durchblicken, dass sein eigenes Amt von einer mehr synodal orientierten Kirche profitieren könnte: »Ich bin überzeugt, dass in einer synodalen Kirche auch die Ausübung des petrinischen Primats besser geklärt werden kann. Der Papst steht nicht allein über der Kirche, sondern er steht in ihr als Getaufter unter den Getauften, im Bischofskollegium als Bischof unter den Bischöfen und ist – als Nachfolger des Apostels Petrus – zugleich berufen, die Kirche von Rom zu leiten, die in der Liebe allen Kirchen vorsteht.«

Beim Abschluss der Synode am 24. Oktober 2015 griff er seine Gedanken noch einmal auf. Wieder ging er dabei auf offenkundig gewordene Spannungen ein: »Auf dem Weg dieser Synode haben die verschiedenen Meinungen, die frei – und leider manchmal mit nicht gänzlich wohlwollenden Methoden – ausgedrückt wurden, zweifellos den Dialog bereichert und belebt und so ein lebendiges Bild einer Kirche dargeboten, die keine ›vorgefassten Formulare‹ verwendet (…). Und – jenseits der vom Lehramt der Kirche genau definierten dogmatischen Fragen – haben wir auch gesehen, dass das, was einem Bischof eines Kontinentes als normal erscheint, sich für den Bischof eines anderen Kontinents als seltsam, beinahe wie ein Skandal herausstellen kann – beinahe! –; was in einer Gesellschaft als Verletzung eines Rechtes angesehen wird, kann in einer anderen eine selbstverständliche und unantastbare Vorschrift sein; was für einige Gewissensfreiheit ist, kann für andere nur Verwirrung bedeuten.«

Auf das Trotzdem kam es an: »Und ohne je der Gefahr des *Relativismus* zu erliegen oder auch jener, die anderen zu *verteufeln*, haben wir versucht, uns vollkommen und mutig der Güte und der Barmherzigkeit Gottes anzuschließen, die unsere menschlichen Kalküle übersteigt und nichts anderes will, als ›DASS ALLE MENSCHEN GERETTET WERDEN‹ (1 Tim 2,4). So wollten wir diese Synode in den Zusammenhang des Außerordentlichen Jubiläumsjahres der Barmherzigkeit einfügen, das die Kirche zu leben berufen ist, und diesen Zusammenhang lebendig erfahren.«

Wer den Duktus solcher Ansprachen gewohnt war, konnte über diese Bemerkung staunen: »Liebe Mitbrüder, die Erfahrung der Synode hat uns auch besser begreifen lassen, dass die wahren Verteidiger der Lehre nicht jene sind, die den Buchstaben verteidigen, sondern die, welche den Geist verteidigen; die nicht die Ideen, sondern den Menschen verteidigen; nicht die Formeln, sondern die Unentgeltlichkeit der Liebe Gottes und seiner Vergebung. Das bedeutet keineswegs, die Bedeutung der Formeln – sie sind notwendig! –, der Gesetze und der göttlichen Gebote zu schmälern, sondern die Größe des wahren Gottes zu preisen, der an uns nicht nach unseren Verdiensten und auch nicht nach unseren Werken, sondern *einzig* nach dem unbegrenzten Großmut seiner Barmherzigkeit handelt (…). Die erste Pflicht der Kirche ist nicht die, Verurteilungen und Bannflüche auszuteilen, sondern jene, die Barmherzigkeit Gottes zu verkünden, zur Umkehr aufzurufen und alle Menschen zum Heil des Herrn zu führen.« Das Schlusssignal lautete: »In der Tat, die Synode *abzuschließen*, bedeutet für die Kirche, *wieder* wirklich ›*gemeinsam voranzugehen*‹, um in alle Teile der Welt, in jede Diözese, in jede Gemeinschaft und in jede Situation das Licht des Evangeliums, die Umarmung der Kirche und die Unterstützung durch die Barmherzigkeit Gottes zu bringen!«

Der »sensus fidei« (Glaubenssinn) der Gläubigen

In seiner Festansprache zum Synodenjubiläum hatte der Papst noch auf einen anderen Punkt hingewiesen, der auch in dem Interview mit Spadaro und später in »Evangelii gaudium« angeschnitten worden war[164], den »sensus fidelium«, der in der Konzilskonstitution »Lumen gentium«, von Franziskus ebenfalls zitiert, zur Sprache kommt: »Im Apostolischen Schreiben *Evangelii gaudium* habe ich das noch einmal unterstrichen: ›Das Volk Gottes ist heilig in Entsprechung zu dieser Salbung, die es ›*in credendo*‹ *unfehlbar* macht‹. Und ich habe hinzugefügt: ›Jeder Getaufte ist, unabhängig von seiner Funktion in der Kirche und dem Bildungsniveau seines Glaubens, aktiver Träger der Evangelisierung, und es wäre unangemessen, an einen Evangelisierungsplan zu denken, der von qualifizierten Mitarbeitern umgesetzt würde, wobei der Rest des gläubigen Volkes nur Empfänger ihres Handelns wäre.‹ Der *sensus fidei* [der Glaubenssinn] verbietet, starr zwischen *Ecclesia docens* [der lehrenden Kirche] und *Ecclesia discens* [der lernenden Kirche] zu unterscheiden, weil auch die Herde einen eigenen »Spürsinn« besitzt, um neue Wege zu erkennen, die der Herr für die Kirche erschließt.

Diese Überzeugung war es, die mich geleitet hat, als ich wünschte, dass das Volk Gottes bei der Vorbereitung auf den zweifachen Synodentermin konsultiert würde – wie es gewöhnlich mit allen *Lineamenta* [Vorbereitungsdokumenten] geschieht und geschah. Selbstverständlich könnte eine Befragung dieser Art in keiner Weise genügen, um den *sensus fidei* zu hören. Aber wie wäre es möglich gewesen, über die Familie zu sprechen, ohne Familien zurate zu ziehen und ihre Freuden und Hoffnungen, ihre Leiden und ihre Ängste anzuhören? Durch die Antworten auf die zwei Fragebögen, die an die

Teilkirchen verschickt wurden, hatten wir die Möglichkeit, wenigstens einige von ihnen zu hören in Bezug auf Fragen, die sie ganz direkt betreffen und über die sie so viel zu sagen haben.«

Schon in seinem längeren Gespräch mit Spadaro hatte er sich seinerzeit dagegen verwahrt, diesen Hinweis des Konzils als »eine Art Populismus«[165] abzutun. Denn es habe mit dem ignatianischen »Sentire cum ecclesia«, dem Fühlen mit der Kirche, zu tun. Man kann letztlich nicht die Augen davor verschließen, dass Papst Franziskus bei seinen Vorgehensweisen und in seiner Entscheidungsfindungskultur stark auf das ignatianische, auf die Geistlichen Übungen gründende Erbe zurückgreift, das in hohem Maße auf den Respekt vor dem Einzelnen – vor seinen Erfahrungen und seiner Sehnsucht – als Geschöpf Gottes zurückgreift.

Synodale Kirche: das Ringen um gemeinschaftliche Unterscheidung

Sehr aufschlussreich ist deswegen als »Begleitlektüre« der Festvortrag, den Kardinal Christoph Schönborn OP, vor seiner Berufung in den bischöflichen Dienst bis 1991 Professor für dogmatische Theologie an der Universität Freiburg (Schweiz), bei derselben Gelegenheit gehalten hat. Sein Argumentationsduktus zeigt auch, wie sich ein Dominikaner einer »jesuitischen« Praxis der Entscheidungsfindung, die ja ein biblisches Fundament hat, angenähert hat und dafür wirbt.

»Wir bleiben allzu oft in der Theorie, im ›man sollte‹ und ›man müsste‹«, resümierte der Kardinal nachdenklich, um abschließend mit Blick auf die Jünger Jesu (»Bitte nehmen wir Maß am Apostelkonzil!«) festzustellen: »Und genau das ist der entscheidende Punkt: In Jerusalem ging es nicht um Beratung oder Entscheidung, sondern um Unterscheidung des Willens und Weges Gottes. Natürlich gehören heftige Diskussionen, ja sogar Streit und intensives Ringen zum synodalen Weg. So war es schon in Jerusalem. Aber Ziel der Debatten, Ziel der Zeugnisse ist das gemeinsame *Unterscheiden* des Willens Gottes. Auch dort, wo abgestimmt wird (wie am Ende jeder Synode), geht es nicht um Machtkämpfe, Parteibildungen (über die Medien dann gerne berichten), sondern um diesen gemeinschaftlichen Prozess zur Bildung eines Urteils, wie wir es in Jerusalem gesehen haben. Am Ende kommt, so hoffen wir, nicht ein politischer Kompromiss heraus, auf einem niedrigen gemeinsamen Nenner, sondern dieser ›Mehr-Wert‹, den der Heilige Geist schenkt, sodass es am Schluss heißen kann: ›Der Heilige Geist und wir haben beschlossen‹ (Apg 15,28).«[166]

Weiteren Klärungsbedarf in der Frage des Verhältnisses von Universal- und Ortskirchen, bei der es Jahre zuvor einen teils heftigen, schlussendlich autoritativ entschiedenen Disput zwischen zwei deutschen Kurienkardinälen gegeben hatte, erkennt Kardinal Marx: »Ohne die Ortskirchen kann die Universalkirche nicht sein und umgekehrt. Es handelt sich dabei um eine Verschränkung und eben nicht um eine Pyramide. Das ist nicht in allen Köpfen drin, daran müssen wir weiter arbeiten. Das berührt nicht zuletzt auch das, was der Papst mit ›chiesa sinodale‹ meint.«[167] Und mit Blick auf den Ablauf ergänzte er: »Es muss tatsächlich noch weiter ausgearbeitet werden, was ›chiesa sinodale‹ hier heißen kann. (…) Es handelt sich immerhin um einen in dieser Form neuen Begriff, den der Papst benutzt und in der entscheidenden Rede allein vier Mal verwendet hat. Es ist noch nicht ausdiskutiert, was das im Einzelnen heißt.«[168]

Auch auf der Ebene der Bischofskonferenzen wird nämlich eine mehr synodal geprägte Kirche Änderungen und Anpassungen nötig machen, wie der glänzende Festvortrag von Hermann Josef Pottmeyer beim Festakt »150. Wiederkehr der Deutschen Bischofskonferenz in Fulda« am 28. September 2017 zeigte. Pottmeyer sprach von einem »Programmwort des Pontifikats von Papst Franziskus«[169]. Dass Franziskus bei seiner Begründung für die Entwicklung einer mehr synodal geprägten Kirche eigens auf seine Vorgänger Bezug nimmt, die eher im Ruf standen, römischen Zentralismus zugelassen, wenn nicht sogar gefördert zu haben, wertet der emeritierte Fundamentaltheologe der Universität Bochum als Versuch, sich in die Linie des Zweiten Vatikanischen Konzils zu stellen. Pottmeyer warnte davor, die Rede von einer synodalen Kirche heute zu verwechseln oder zu vermischen mit »Vorstellungen (...) aus dem politischen und sozialen Bereich (...), nämlich mit demokratischer Willensbildung oder betrieblicher Mitbestimmung«.

Am wichtigsten indes ist sein Hinweis auf eine zu entwickelnde »Kultur und Spiritualität der Achtsamkeit«: »Bei allem Fragen nach möglichen Formen synodaler Mitsprache sollten wir aber die Herzmitte des synodalen Anliegens von Papst Franziskus nicht aus dem Blick verlieren. Das ist eine Kultur und Spiritualität der Achtsamkeit vor allem auf das Drängen des Heiligen Geistes ganz im Sinn der Ignatianischen Exerzitien, sodann gegenüber den Brüdern und Schwestern im Glauben, in denen der Geist auf vielfältige Weise wirkt; eine Kultur und Spiritualität der Achtsamkeit ferner gegenüber den Armen und Bedrängten, in denen uns Christus begegnet, und schließlich gegenüber der Schöpfung, unserer gottgeschenkten Heimat. Deshalb stellt eine synodale Kirche der lange vorherrschenden Top-down-Kommunikation eine Bottom-up-Kommunikation gleichrangig an die Seite. Die Kritik am Zentralismus und Klerikalismus jetzt nicht mehr nur an der Basis, sondern lauthals von der Spitze der Kirche her zu hören, das verstört nicht wenige – auch an der Basis. Denn der gescholtene Zentralismus und Klerikalismus – dienten sie nicht selten auch als Ausrede für die eigene Passivität, da man ja doch nichts ändern und bewirken könne?«

Dieser »Wink« zeigt auch, dass es um eine breite Beteiligung geht. Es nützt nichts, wenn man nur auf einen Papst starrt und meint, er werde »alles richten«. Eine synodale Kirche lebt von Beteiligung. Dazu gehört das richtige »Personal«. Es ist bekannt, dass Papst Franziskus auf die Auswahl von Bischöfen viel Wert legt. Aber er kann unmöglich alle, pro Jahr etwa vierhundert, anstehenden Neuernennungen selbst steuern und kontrollieren. Er ist auf Zuarbeit und Vorschläge der Kongregationen angewiesen. Dass er sich Bischöfe wünscht, die Hirten sind und nicht Herrscher, hat er bei vielen sich bietenden Gelegenheiten gesagt. Am Ende der Synode hat er zum Beispiel jedem Bischof und anderen Teilnehmern, die die Synodenaula verließen, ein kleines Buch des argentinischen Jesuiten Diego Fares (»Il profumo del pastore«) in die Hand gedrückt.[170]

Dass sich ein anderer »Stil« durchaus den – offenbar mühsamen – Weg bahnt, zeigten auch einzelne Stellungnahmen auf den beiden Synoden, wie etwa die Relatio der deutschen Sprachgruppe zum ersten Teil des *Instrumentum laboris* vom 9. Oktober 2015, wo auf die Bedeutung der Redaktion des Schlussdokuments hingewiesen wird, nämlich »ob eine negativ abgrenzende und normativ verurteilende Sprache vorherrscht (forensischer Stil) oder eine positive, die christliche Position entfaltende Sprache«[171]. Auch dass sich ein Sprachzirkel von abschätzigen Einzeläußerungen distanziert (»Mit großer Betroffenheit und Bedauern haben wir die öffentlichen Äußerungen einzelner Synodenväter zu Personen, Inhalt und Verlauf der Synode wahrgenommen. Dies widerspricht dem Geist des Zusammengehens, dem Geist der Synode und ihren elementaren Regeln. Die gebrauchten Bilder und Vergleiche sind nicht nur undifferenziert und falsch, sondern verletzend. Wir distanzieren uns entschieden.«[172]), ist in dieser Art neu und ein echter Fortschritt – und letztlich Ausdruck jener Parrhesia, für die der Papst am Beginn der Synode geworben hatte.

Peter Frey, Chefredakteur des ZDF und Mitunterzeichner einer im Herbst 2017 von Tomaš Halík (Prag) und Paul M. Zulehner (Wien) initiierten Online-Petition »Pro Pope Francis«[173] drehte in einer kurzen Begründung zu seinen Motiven, sich daran zu beteiligen, den Spieß um und schrieb in Richtung derer, die dem Papst Versagen vorwerfen: »Wer versagt hier eigentlich: er oder seine Kirche? Gemeinden, Bischöfe, Laienverbände, Synoden? Nehmen wir den Ball selbstbewusst auf, den er uns zuspielt? Übernehmen wir alle entschlossen und mutig genug die regionale Verantwortung, die er von uns einfordert, die er uns zumutet?«[174]

Es ist unübersehbar, dass dieser Papst dem Volk Gottes etwas zutraut, dass er es einbeziehen will – die vom Papst erbetene Umfrage 2013/14 zeigte es; dass er auf eine synodale Kirche setzt, die damit eine Tradition wiederaufgreift, die im Laufe der Kirchengeschichte vernachlässigt worden ist. Nach der Synode ist also vor der Synode! Und es geht nicht nur um einen anderen, moderaten Tonfall – das wäre ja schon viel. Es geht um eine andere Art des Kircheseins. Die im Herbst 2018 startende »Jugendsynode« wird zeigen, ob auf unterschiedliche Lebenskulturen und -realitäten in einer geeigneten Form reagiert wird. Dabei kommt es nicht nur auf Bischöfe und Kardinäle an.

Internationalisierung der Kirche

Inzwischen sind – Stand Juni 2017 – einundsechzig Kardinäle von Papst Franziskus ernannt worden, neunundvierzig davon waren jünger als achtzig Jahre und damit zur Papstwahl berechtigt. Bestellt, sichert dieser sein Erbe, wie es von verschiedenen Seiten hieß? Der Papst allein ernennt Kardinäle, und er ist dabei völlig frei. Der Fachbegriff lautet: »kreieren«. Denn Kardinäle werden nicht einfach ernannt, sondern einzig durch den Papst »geschaffen«, und davon machte Franziskus reichlich Gebrauch, oft reichlich überraschend.

Zwischen Innovation und Tradition

Zwar gibt es traditionelle Anwärter auf den »roten Hut«, wie man in Anlehnung an die Überreichung des roten Biretts auch sagt. Aber der Papst ist ganz frei in der Ernennung – und Franziskus hat das deutlich zum Ausdruck gebracht, indem er Gewohnheiten durchbrach und Erzbischöfe überging, die bisher normalerweise im Lauf der Zeit Kardinäle wurden.

Das bisher letzte Konsistorium, bei dem fünf neue Kardinäle ihre Insignien überreicht bekamen, fand am 28. Juni 2017 statt. Gut vier Wochen zuvor, am 21. Mai, hatte Franziskus die Namen nach dem sonntäglichen Angelus-Gebet auf dem Petersplatz bekannt gegeben. Nur der Erzbischof von Barcelona, der 71-jährige Juan José Omella Omella war »gesetzt«. Die anderen vier Kardinäle, diesmal alle unter achtzig, waren eine Überraschung: Jean Zerbo (73), Erzbischof von Bamako (Mali); Anders Arborelius OCD (67), Bischof von Stockholm;

Louis-Marie Ling Mangkhanekhoun IVD (73), Apostolischer Vikar von Paksé (Laos); sowie Rosa Gregorio Chávez (74), Weihbischof von San Salvador.

Bemerkenswert diesmal: Schweden hatte in seiner Geschichte noch nie einen Kardinal. Anders Arborelius, seit 1998 der erste schwedischstämmige Bischof – im Alter von zwanzig Lebensjahren zum Katholizismus konvertiert, zwei Jahre später in den Karmeliterorden eingetreten und 1979 zum Priester geweiht –, ist der erste Kardinal eines nordischen Staates. Er wuchs im südschwedischen Lund auf – in jener Stadt, in der 1947 der Lutherische Weltbund (LWB) gegründet wurde und die Papst Franziskus Ende Oktober 2016 aus Anlass des Reformationsjubiläums besucht hat. Die Ernennung ist ein Signal an den Rand des nördlichen Europas.

Dasselbe gilt für den ehemaligen Vorsitzenden der Bischofskonferenz von Laos und Kambodscha, dessen Kardinalswürde den ethnischen Minderheiten in Laos, wo es noch niemals einen Kardinal gab, ein neues Selbstbewusstsein geben kann. Ling gehört selbst der Minderheit der Khmou an, die als die sozial niedrigste Minderheit in dem südostasiatischen, überwiegend von Buddhisten bevölkerten Land gilt, in dem nur 1,5 Prozent der Bevölkerung katholisch sind und oft als »Bürger zweiter Klasse« behandelt werden. Ein Cousin des neuen Kardinals, der Katechist Luc Sy (1938–1970), wurde im Dezember 2016 seliggesprochen; er erlitt unter den Kommunisten als einer von siebzehn Geistlichen im Alter von 32 Jahren das Martyrium in Laos.

Ein anderes Novum war der Kardinalspurpur für einen Weihbischof: Nicht nur, dass es zuvor in El Salvador noch nie einen Kardinal gab. Als delikat wurde – nicht nur in kirchenrechtlicher Hinsicht – auch der Umstand gewertet, dass der Erzbischof von San Salvador, der sechzehn Jahre jüngere José Luis Escobar Alas, selbst nicht Kardinal ist. Chávez wird als »Sachwalter des geistigen und kirchenpolitischen Erbes« des im März 1980 ermordeten Erzbischofs Óscar Arnulfo Romero gesehen, der 2015 seliggesprochen wurde. Mit seiner baldigen Heiligsprechung wird gerechnet. Im Juli 2017 gab Kardinal Chávez bekannt, dass er vom Papst als Troubleshooter eingesetzt wird: Er soll nach Seoul reisen und im Konflikt zwischen Süd- und Nordkorea vermitteln.

Mit diesen fünf neuen Kardinälen war das Kardinalskollegium auf 227 Mitglieder angestiegen, von denen im Juni 2017 genau 121 wahlberechtigt waren, somit einer mehr, als die von Papst Paul VI. festgelegte Obergrenze von 120 Kardinälen vorsieht. (Johannes Paul II. hatte im Februar 2001, seiner vorletzten Kardinalskreierung, die auf 109 wahlberechtige Kardinäle geschrumpfte Wahlmännergruppe auf 135 erweitert – im Konklave im April 2005 waren dann aber altersbedingt nur mehr 117 Kardinäle wahlberechtigt, von denen 115 an der Wahl teilnahmen.)

Kontinentale Verschiebungen

Die Verteilung auf die Kontinente schaut im Moment so aus: 53 Kardinäle kommen aus Europa, je 17 aus Nordamerika und aus Mittel- und Lateinamerika, je 15 aus Afrika und Asien und vier aus Ozeanien. Neben den 49 von Franziskus kreierten Papstwählern gibt es noch zweiundfünfzig aus der Amtszeit von Benedikt XVI. und zwanzig aus der von Johannes Paul II.

Schon im November 2016, als Papst Franziskus siebzehn neue Kardinäle – drei Europäer, vier Nordamerikaner, zwei Lateinamerikaner, drei Afrikaner, zwei Asiaten und einen Ozeanier – kreierte, gab es Überraschungen (vier der neuen Purpurträger waren über achtzig und sind damit nicht berechtigt, an einem Konklave teilzunehmen): der Nuntius in der syrischen Hauptstadt Damaskus, Erzbischof Mario Zenari (70) war ebenso wenig »gesetzt« wie die Erzbischöfe von Bangui (Zentralafrikanische Republik), Dieudonne Nzapalaigna (49), oder Patrick D'Rozario CSC (73) aus dem muslimischen Bangladesch.

Schon zuvor, im Februar 2015, als fünfzehn neue Kardinäle kreiert wurden, gab es Überraschungen – mit Erzbischof Berhaneyesus Demerew Souraphiel CM von Addis Abeba (Äthiopien), Erzbischof John Atcherley Dew von Wellington (Neuseeland), Erzbischof Edoardo Menichelli von Ancona-Osimo (Italien), Erzbischof Pierre Nguyên Văn Nhon von Hanoi (Vietnam), Erzbischof Charles Maung Bo SDB von Rangun (Myanmar), Erzbischof Francis Xavier Kriengsak Kovithavanij von Bangkok (Thailand), Erzbischof Daniel Fernando Sturla Berhouet SDB von Montevideo (Uruguay), Bischof José Luis Lacunza Maestrojuán OAR von David (Panama), Bischof Arlindo Gomes Furtado von Santiago de Cabo Verde (Kapverdische Inseln) oder Bischof Soane Patita Paini Mafi von Tonga.

Alle diese Ernennungen zeigen einen unübersehbaren Trend: Papst Franziskus treibt die Internationalisierung des Kardinalskollegiums voran. Sie hat oft mit den Peripherien zu tun: Mali und Laos, Schweden und El Salvador ... Es sind immer wieder »kleine« Länder mit (manchmal verschwindend geringen) katholischen Minderheiten wie im Fall von Tonga, ein zu Neuseeland gehörendes Missionsgebiet, wo es zum Beispiel weniger als zwanzig Diözesanpriester bei elf Pfarreien für nicht einmal 16.000 Katholiken gibt.

Zum einen wird man darin Wertschätzung für die Peripherien, die »Ränder« von Kirche und Welt, und deren Probleme erkennen können. Zum anderen: Die unter Paul VI. massiv eingeleitete Internationalisierung führt auch dazu, dass traditionelle Erzbischofssitze unberücksichtigt bleiben – wohl auch, um die italienische Übermacht zu brechen, aber nicht nur sie. Nach wie vor gingen der Patriarch von Venedig oder der Erzbischof von Turin leer aus, Los Angeles und Philadelphia oder Berlin genauso. Das erzeugt wohl auch Unmut unter jenen Erzbischöfen, die nach bisherigen Gewohnheiten und Usancen automatisch, früher oder später, mit dem »roten Hut« rechnen konnten. In der Presse ist dann schnell von »Degradierung« die Rede. Andererseits wurde der Erzbischof von Perugia Kardinal: Gualtiero Bassetti. Ebenso wie der Erzbischof von Agrigent, Francesco Montenegro, oder auch der Erzbischof von Newark, Joseph W. Tobin CSsR, der ehemalige Generalobere des Redemptoristenordens, der unter Benedikt XVI. als Sekretär der römischen Religiosenkongregation in die USA (zunächst als Erzbischof von Indianapolis) »weggelobt« worden war.

Signale sind damit gesetzt! Manchmal handelt es sich wohl auch um eine Rehabilitierung, ein Zeichen der Wertschätzung nach erlittenen Demütigungen (z. B. Karl-Josef Rauber, Joseph W. Tobin). Da es die freie Wahl des Papstes ist, wen er erwählt, kann man indes letztlich nicht – je nachdem – von Degradierung oder Promovierung sprechen. Ob die Zeichen immer verstanden werden? Und wie bewähren sich die neuen Kardinäle schließlich in verschiedenen Kongregationen oder Päpstlichen Räten, in die sie mit der Zeit berufen werden, um dort ihre Verantwortung wahrzunehmen und sich einzubringen, um weltkirchliche Anliegen in Rom zur Geltung zu bringen? Das steht freilich auf einem anderen Blatt.

Erkennbar ist die Absicht des Papstes, im Kardinalskollegium, das dann letztlich seinen Nachfolger wählen wird, wirklich eine kontinentale Vielfalt zu etablieren und damit den weltkirchlichen Erfahrungsschatz zu nutzen, wie er ihn selber etwa bereits nutzte – und würdigte –, indem er in »Evangelii gaudium« oder »Laudato si'« eine ganze Reihe von Texten nationaler Bischofskonferenzen zitierte. Auch andere und nicht nur der Papst, so der Subtext, haben über dieses oder jenes Problem nachgedacht – »und ich weiß darum!«. Wer zitiert, ergreift Partei – und bekundet damit auch Wertschätzung! Das ist praktizierte Kollegialität.

Europa oder: Wider die Globalisierung der Gleichgültigkeit

Die Metapher von der »Seele Europas« wird seit Langem bemüht. Aber *das* hier ist nicht Papst Franziskus oder Papst Johannes Paul II.: »Wenn es uns in den kommenden zehn Jahren nicht gelingt, Europa eine Seele zu geben, es mit einer Spiritualität und einer tieferen Bedeutung zu versehen, dann wird das Spiel zu Ende sein. Daher möchte ich die intellektuelle und spirituelle Debatte über Europa wiederbeleben. Ich lade die Kirchen ein, sich daran aktiv zu beteiligen. Wir möchten diesen Prozess nicht kontrollieren, es ist eine demokratische Debatte, die nicht von Technokraten monopolisiert werden darf.«[175] Das ist Jacques Delors, von 1985 bis 1995 Präsident der Europäischen Kommission in Brüssel. In leicht veränderter Form kann man auch lesen: »Glauben Sie mir und meiner Erfahrung. Mit politischem Geschick oder wirtschaftlichem Know-how allein ist Europa zum Scheitern verurteilt.«[176]

Als Johannes Paul II., der erste slawische Papst, am 11. Oktober 1988 vor dem Europaparlament sprach, war Europa noch in zwei Blöcke geteilt. Wenig später kollabierte der Ostblock. Seit 1980 schon wirkte die aus einer Streikbewegung hervorgegangene, freie polnische Gewerkschaft Solidarność an einer politischen Wende. Rückenwind gab ihr die Wahl des Krakauer Erzbischofs, Kardinal Karol Woytiła, vom Oktober 1978. Ungarn baute im Mai 1989 die Grenzzäune zu Österreich ab, die Öffnung eines Grenztors beim Paneuropäischen Frühstück im August wurde zum Signal – und zum Testfall für die Reaktion von Michail Gorbatschow. Der Eiserne Vorhang wurde durchlässig. Am 9. November 1989 fiel die Berliner Mauer. Die Sowjetunion zerfiel 1991. »Alles, was in den letzten Jahren in Osteuropa geschehen ist, wäre ohne diesen Papst nicht möglich gewesen«[177], notierte der letzte Generalsekretär des Zentralkomitees der KPdSU in seinen Memoiren im Jahr 1992.

Papst Johannes Paul II. verwendete immer wieder auch das Bild von den »zwei Lungen«, zuletzt bei seiner Ansprache im polnischen Parlament in Warschau am 11. Juni 1999: »Die nun zehn Jahre zurückliegenden Ereignisse in Polen haben jene historische Gelegenheit geschaffen, um den europäischen Kontinent, der die ideologischen Schranken definitiv abgebaut hatte, auf den Weg der Einheit zurückzuführen. Mehrmals habe ich über dieses Thema gesprochen und die Metapher von den ›zwei Lungen‹ geprägt, mit denen ein Europa atmen soll, das in sich sowohl die orientalische wie die westliche Tradition vereint.«[178]

Ein Argentinier belehrt Europa?

Erinnert ein Papst Franziskus Europa an seine Wurzeln, appelliert er an die lange humanistische Tradition, gibt es da und dort sofort einen Aufschrei. Jorge Mario Bergoglio SJ ist der erste nichteuropäische Papst seit dem Jahr 741. Der italienische Migrationshintergrund, den er bei verschiedenen Gelegenheiten selber immer wieder ins Feld führte, um zu begründen, warum ihm die Flüchtlings- und Migrationsproblematik wichtig ist, wird ihm noch zugestanden. Ansonsten: Es belehrt uns ein Argentinier! Liest da ein Lateinamerikaner Europäern ungehörigerweise die Leviten? Versteht er Europa nicht? Ist es ihm fremd (geblieben), nach fünf Jahren in Rom?

Am 25. November 2014 reiste Franziskus für fünf Stunden nach Straßburg. Er sprach nicht nur vor dem Europaparlament, sondern auch vor dem Europäischen Rat. In seiner ersten Rede nahm er Bezug auf den über 25 Jahre zurückliegenden Besuch von Johannes Paul II., unter ganz anderen politischen Koordinaten. Franziskus erinnerte an die Absicht der Gründerväter der Europäischen Union, denen die »transzendentale Würde« wichtig gewesen sei, zwei Schlüsselwörter, auf die er näher einging.

Mit einem Vergleich eckte der Papst an: »Von mehreren Seiten aus gewinnt man den Gesamteindruck der Müdigkeit, der Alterung, die Impression eines Europas, das Großmutter und nicht mehr fruchtbar und lebendig ist. Demnach scheinen die großen Ideale, die Europa inspiriert haben, ihre Anziehungskraft verloren zu haben zugunsten von bürokratischen Verwaltungsapparaten seiner Institutionen.« Europa – eine unfruchtbare Großmutter? Die Metapher störte – und verstörte. Darf ein Nichteuropäer so reden? Trifft er die Sache? Trifft er sie vielleicht nur zu genau, was manche bissigen Kommentare und Reaktionen, mindestens psychologisch, erklären könnte, die auch Jahre später noch nachhallen?

Vor dem Hintergrund der schon in »Evangelii gaudium« beschriebenen Kapitalismuskritik (»Wegwerfkultur«: EG 53, »zügelloser Konsumismus«: EG 60) erinnerte Franziskus an ein Bild im Vatikan: »Eine der berühmtesten Fresken Raffaels im Vatikan stellt die sogenannte *Schule von Athen* dar. In ihrem Mittelpunkt stehen Platon und Aristoteles. Der erste deutet mit dem Finger nach oben, zur Welt der Ideen, zum Himmel, könnten wir sagen; der zweite streckt die Hand nach vorne, auf den Betrachter zu, zur Erde, der konkreten Wirklichkeit. Das scheint mir ein Bild zu sein, das Europa und seine Geschichte gut beschreibt, die aus der fortwährenden Begegnung zwischen Himmel und Erde besteht, wobei der Himmel die Öffnung zum Transzendenten, zu Gott beschreibt, die den europäischen Menschen immer gekennzeichnet hat, und die Erde seine praktische und konkrete Fähigkeit darstellt, die Situationen und Probleme anzugehen. Die Zukunft Europas hängt von der Wiederentdeckung der lebendigen und untrennbaren Verknüpfung dieser beiden Elemente ab. Ein Europa, das nicht mehr fähig ist, sich der transzendenten Dimension des Lebens zu öffnen, ist ein Europa, das in Gefahr gerät, allmählich seine

Seele zu verlieren und auch jenen ›humanistischen Geist‹, den es doch liebt und verteidigt.«

Das, könnte man sagen, hätte auch ein Benedikt XVI. in Erinnerung rufen können. Auch dass die massenhafte Vernichtung von Lebensmitteln mit zivilisatorischen Problematiken in Verbindung gesetzt wurde: »Neben der Ökologie der Umwelt bedarf es daher jener Ökologie des Menschen, die in der Achtung der Person besteht, die ich heute in meinen Worten an Sie ins Gedächtnis rufen wollte.«

Hellhörig wurden die Abgeordneten, als sich Papst Franziskus dem Thema Migration, seinem Leib-und-Magen-Thema, wie manche abschätzig meinen, zuwandte: »Man kann nicht hinnehmen, dass das Mittelmeer zu einem großen Friedhof wird! Auf den Kähnen, die täglich an den europäischen Küsten landen, sind Männer und Frauen, die Aufnahme und Hilfe brauchen. Das Fehlen gegenseitiger Unterstützung innerhalb der Europäischen Union läuft Gefahr, partikularistische Lösungen des Problems anzuregen, welche die Menschenwürde der Einwanderer nicht berücksichtigen und Sklavenarbeit sowie ständige soziale Spannungen begünstigen. Europa wird imstande sein, die mit der Einwanderung verbundenen Problemkreise zu bewältigen, wenn es versteht, in aller Klarheit die eigene kulturelle Identität vorzulegen und geeignete Gesetze in die Tat umzusetzen, die fähig sind, die Rechte der europäischen Bürger zu schützen und zugleich die Aufnahme der Migranten zu garantieren; wenn es korrekte, mutige und konkrete politische Maßnahmen zu ergreifen versteht, die den Herkunftsländern der Migranten bei der sozio-politischen Entwicklung und bei der Überwindung der internen Konflikte – dem Hauptgrund dieses Phänomens – helfen, anstatt Politik der Eigeninteressen zu betreiben, die diese Konflikte steigert und nährt. Es ist notwendig, auf die Ursachen einzuwirken und nicht nur auf die Folgen.«

Das Ende dieser großen Rede mag pathetisch wirken, aber sie war eben gerade keine der üblichen harmlosen Sonntagsreden. »Es ist der Moment gekommen, den Gedanken eines verängstigten und in sich selbst verkrümmten Europas fallen zu lassen, um ein Europa zu erwecken und zu fördern, das ein Protagonist ist und Träger von Wissenschaft, Kunst, Musik, menschlichen Werten und auch Träger des Glaubens ist. Das Europa, das den Himmel betrachtet und Ideale verfolgt; das Europa, das auf den Menschen schaut, ihn verteidigt und schützt; das Europa, das auf sicherem, festem Boden voranschreitet, ein kostbarer Bezugspunkt für die gesamte Menschheit!«: Redet so einer, der Europa abgeschrieben hat?

Annette Schavan schreibt im Rückblick auf die erste Rede von Franziskus vor einer europäischen Institution, nämlich vor dem Europäischen Parlament: »Er ist der erste Papst, der nicht aus Europa kommt. Seine Rede macht deutlich, dass er davon überzeugt ist, Europa bleibe unter seinen Möglichkeiten. Er empfindet den Kontinent als alt, müde und nicht kreativ genug.«[179] Und im Interview weist sie darauf hin: »Er redet eben gern Klartext, aber genauso klar drückt er seine Wertschätzung aus. In vier Jahren hat er vier große Reden über Europa gehalten, daran sehen Sie: Es stimmt nicht, dass der alte Kontinent ihn nicht interessiert.«[180]

Stete Erinnerung: die Globalisierung der Gleichgültigkeit

Beim Besuch des Europarates, neunzig Minuten später, griff Papst Franziskus seine bereits im Juli 2013 geprägte Vokabel von der »Globalisierung der Gleichgültigkeit« auf, mit der er sich nicht abfinden will, und sprach diesmal von einem »verletzten«, »müden« und »pessimistischen« Kontinent: »Und so haben wir heute das Bild eines verletzten Europas vor Augen, aufgrund der vielen Prüfungen der Vergangenheit, aber auch aufgrund der gegenwärtigen Krisen, die es anscheinend nicht mehr mit der früheren Lebenskraft und Energie zu bewältigen vermag. Ein etwas müdes, pessimistisches Europa, das sich durch die Neuheiten, die von anderen Kontinenten kommen, belagert fühlt.« Dieser Charakterisierung, die ein Kontrastbild zu jeglicher EU-Euphorie abgibt (die sich drei Jahre später, unter dem Eindruck des Brexit und anderer Krisenphänomene, radikal gedreht hat), stellte er Fragen entgegen: »Wir können Europa fragen: Wo ist deine Kraft? Wo ist jenes geistige Streben, das deine Geschichte belebt hat und durch das sie Bedeutung erlangte? Wo ist dein Geist wissbegieriger Unternehmungslust? Wo ist dein Durst nach Wahrheit, den du der Welt bisher mit Leidenschaft vermittelt hast?« Ja, das sind Gewissensfragen, Fragen, die beunruhigen, die an Ideale erinnern, an den europäischen Geist appellieren: »Von der Antwort auf diese Fragen wird die Zukunft des Kontinentes abhängen.«

Und wie so oft: Der Papst spricht – und fliegt nach Rom zurück. Abgeordnete applaudierten oder rümpften die Nase, Kommentatoren analysierten – und die Tagespolitik setzte ihr Geschäft fort. Ein Papst muss ja ein bisschen ins Gewissen reden, er braucht ja nur ein einziges Mal gewählt zu werden und muss sich keiner Wiederwahl stellen! Im Nachhinein muss man immer fragen: Was bewirkt eine Papstrede wirklich? Ändern Appelle an das humane Potenzial Europas etwas in der Realpolitik? Wirkt die Bezugnahme auf die Gründerväter Konrad Adenauer, Robert Schuman und Alcide de Gasperi nicht künstlich, erst recht aus lateinamerikanischen Mund?

Schon auf dem Rückflug lautete die erste Frage eines Journalisten bei der Fliegenden Pressekonferenz, ob er sich im Europaparlament mit seinen Ausführungen nicht »in die Nähe einer sozialdemokratischen Position« gebracht habe. Antwort: »Da komme ich mir vor wie in einer Insektensammlung: ›Das ist ein sozialdemokratisches Insekt …‹ Nein, ich würde sagen nein: ich weiß nicht, ob es einen sozialdemokratischen Papst gibt oder nicht … Ich wage es nicht, mich der einen oder anderen Seite zuzuordnen. Ich wage zu sagen, dass das aus dem Evangelium kommt: das ist die Botschaft des Evangeliums, die von der Soziallehre der Kirche übernommen wurde. Darin, konkret, und in anderen – sozialen oder politischen – Dingen, die ich gesagt habe, habe ich mich nicht von der Soziallehre der Kirche entfernt. Die Soziallehre der Kirche kommt aus dem Evangelium und der christlichen Tradition. Das, was ich gesagt habe – die Identität der Völker –, ist ein Wert des Evangeliums, nicht wahr? In diesem Sinne sage ich es.«

Den Versuch, Papst Franziskus zu schubladisieren, in die Nähe politischer Parteien oder innerkirchlicher Fraktionen zu rücken, gibt es seit März 2013 immer wieder. Und Franziskus trägt es mit Fassung, gelassen, manchmal mit einem ironischen Kommentar versehen – und lässt sich nicht vereinnahmen.

Päpstliche Träume – oder Träumereien?

Dass Papst Franziskus dann am 6. Mai 2016 in der *Sala Regia* des Apostolischen Palastes der renommierte Internationale Karlspreis verliehen wurde, löste da und dort Verwunderung aus. Und Polemiken. So tief sei das Niveau bereits gesunken, dass ein Nichteuropäer und noch dazu ein Lateinamerikaner gewürdigt werde – diese Kritik übersah den Preisträger des Jahres 2000: Bill Clinton. »Der Preis an einen Südamerikaner«, so die Berliner Tageszeitung *taz*, »gilt auch als politische Ohrfeige an einen Kontinent, dessen Repräsentanten derzeit in Reihe versagen. Und niemand preiswürdig wäre.«

Die Begründung des Direktoriums (»in Würdigung der herausragenden Botschaften und Zeichen, die sein Pontifikat für Frieden und Verständigung, für Barmherzigkeit, Toleranz, Solidarität und die Bewahrung der Schöpfung setzt«) vermochte nicht jeden zu überzeugen. Es sah in Franziskus »eine Stimme des Gewissens«, »die uns mahnt, bei all unserem Tun den Menschen in den Mittelpunkt zu stellen, und eine herausragende moralische Autorität, die uns als Mahner und Mittler zugleich daran erinnert, dass Europa den Auftrag und die Verpflichtung hat, aufbauend auf den Idealen seiner Gründerväter Frieden und Freiheit, Recht und Demokratie, Solidarität und die Bewahrung der Schöpfung zu verwirklichen.«

Vatikan statt Aachen: Die Verleihung mit fünfhundert Gästen hatte Ausmaße eines europäischen Spitzengipfels, bei dem das EU-Trio

Jean-Claude Juncker, Martin Schulz und Donald Tusk sowie verschiedene Parlamentsabgeordnete und Vertreter des öffentlichen Lebens, aber auch der spanische König Felipe, Großherzog Henri von Luxemburg, die litauische Staatspräsidentin Dalia Grybauskaite, der italienische Ministerpräsident Mario Renzi und die deutsche Kanzlerin Angela Merkel (die tags zuvor eine Privataudienz erhielt) anwesend waren. Franziskus nutzte die Gelegenheit, um seinen Traum von Europa zu formulieren und »einen neuen kräftigen Schwung für diesen geliebten Kontinent herbeizuwünschen«, wie er ganz am Beginn sagte.

Franziskus nahm Bezug auf sein viel zitiertes Wort aus seiner Rede vor dem EU-Parlament und wiederholte es, diesmal angereichert mit einer Reihe von Fragen: Er habe sich seinerzeit »erlaubt, von Europa als Großmutter zu sprechen. Zu den Europaabgeordneten sagte ich, dass von verschiedenen Seiten der Gesamteindruck eines müden und gealterten Europa, das nicht fruchtbar und lebendig ist, zugenommen hat, wo die großen Ideale, welche Europa inspiriert haben, ihre Anziehungskraft verloren zu haben scheinen; ein heruntergekommenes Europa, das seine Fähigkeit, etwas hervorzubringen und zu schaffen, verloren zu haben scheint. Ein Europa, das versucht ist, eher Räume zu sichern und zu beherrschen, als Inklusions- und Transformationsprozesse hervorzubringen; ein Europa, das sich ›verschanzt‹, anstatt Taten den Vorrang zu geben, welche neue Dynamiken in der Gesellschaft fördern – Dynamiken, die in der Lage sind, alle sozialen Handlungsträger (Gruppen und Personen) bei der Suche nach neuen Lösungen der gegenwärtigen Probleme einzubeziehen und dazu zu bewegen, auf dass sie bei wichtigen historischen Ereignissen Frucht bringen. Ein Europa, dem es fernliegt, Räume zu schützen, sondern das zu einer Mutter wird, die Prozesse hervorbringt (vgl. Apostolisches Schreiben *Evangelii gaudium*, 223).

Was ist mit dir los, humanistisches Europa, du Verfechterin der Menschenrechte, der Demokratie und der Freiheit? Was ist mit dir los, Europa, du Heimat von Dichtern, Philosophen, Künstlern, Musikern, Literaten? Was ist mit dir los, Europa, du Mutter von Völkern und Nationen, Mutter großer Männer und Frauen, die die Würde ihrer Brüder und Schwestern zu verteidigen und dafür ihr Leben hinzugeben wussten?«

Wieder erinnerte der Papst an die Gründerväter der EU, er zitierte Elie Wiesel († 2016) und Erich Przywara SJ († 1972), er warb – mit Bezugnahme auf eine EG-Erklärung von 1950 – um eine »Solidarität der Tat«, die sich, ähnlich wie nach dem Zweiten Weltkrieg, in »konkreter Großzügigkeit« zeigen müsse. Und zig Staats- und Regierungschefs, die ihrer Bevölkerung ihre Flüchtlingspolitik erklären und mit Xenophobie umgehen müssen, saßen vor ihm und hörten zu. Franziskus warb dafür, »die Idee Europa zu ›aktualisieren‹ – eines Europa, das imstande ist, einen neuen, auf drei Fähigkeiten gegründeten Humanismus zur Welt zu bringen: Fähigkeit zur Integration, Fähigkeit zum Dialog und Fähigkeit, etwas hervorzubringen«.

Dass das konkret auch heißen muss, »ideologische Kolonialisierungen« zu überwinden, »moralische Pflichten« nicht mit »bloßer Philanthropie« zu verwechseln, lag für Franziskus auf der Hand. Anstelle von Beschwörung setzte er wieder auf das literarische Mittel der Träume: »Mit dem Verstand und mit dem Herz, mit Hoffnung und ohne leere Nostalgien, als Sohn, der in der Mutter Europa seine Lebens- und Glaubenswurzeln hat, träume ich von einem *neuen europäischen Humanismus* (…) Ich träume von einem jungen Europa, das fähig ist, noch Mutter zu sein: eine Mutter, die Leben hat, weil sie das Leben achtet und Hoffnung für das Leben bietet. Ich träume von einem Europa, das sich um das Kind kümmert, das dem Armen brüderlich beisteht und ebenso dem, der Aufnahme suchend kommt, weil er nichts mehr hat und um Hilfe bittet. Ich träume von einem Europa, das die Kranken und die alten Menschen anhört und ihnen Wertschätzung entgegenbringt, auf dass sie nicht zu unproduktiven Abfallgegenständen herabgesetzt werden. Ich träume von einem Europa, in dem das Migrantsein kein Verbrechen ist, sondern vielmehr eine Einladung zu einem größeren Einsatz mit der Würde der ganzen menschlichen Person. Ich träume von einem Europa, wo die jungen Menschen die reine Luft der Ehrlichkeit atmen, wo sie die Schönheit der Kultur und eines einfachen Lebens lieben, die nicht von den endlosen Bedürfnissen des Konsumismus beschmutzt ist; wo das Heiraten und der Kinderwunsch eine Verantwortung wie eine große Freude sind und kein Problem darstellen, weil es an einer hinreichend stabilen Arbeit fehlt. Ich träume von einem Europa der Familien mit einer echt wirksamen Politik, die mehr in die Gesichter als auf die Zahlen blickt und mehr auf die Geburt von Kindern als auf die Vermehrung der Güter achtet. Ich träume von einem Europa, das die Rechte des Einzelnen fördert und schützt, ohne die Verpflichtungen gegenüber der Gemeinschaft außer Acht zu lassen. Ich träume von einem Europa, von dem man nicht sagen kann, dass sein Einsatz für die Menschenrechte an letzter Stelle seiner Visionen stand.«

Päpstliche Träume – oder utopische Träumereien? Franziskus begnügt sich nicht mit dem Zitieren päpstlicher Dokumente oder von Ansprachen seiner Vorgänger. Er will nicht ein schlechtes Gewissen erzeugen. Er erinnert. Er mahnt. Er appelliert. Er motiviert – und er traut dem alten Kontinent Europa viel zu, mehr jedenfalls, als ihm manche Kritiker absprechen und unterstellen. Die *taz* titelte: »Der erhobene Zeigefinger ist überall«. Das Mittelmeer als Friedhof – damit will sich ein Papst Franziskus eben nicht abfinden.

Die EU besucht den Papst

Anlässlich des 60. Jahrestags der Unterzeichnung der Römischen Verträge (25. März 1957), der zur Organisation eines Sondergipfels auf dem Römischen Kapitol führte, kam es am Vorabend, am 24. März 2017, noch einmal zu einer bemerkenswerten Begegnung. Das ZDF meinte zwar, der Papst habe mit der Europäischen Union »eher weniger am Hut«, und eine Tageszeitung fasste seine Rede zusammen mit den Worten: »Papst redet EU ins Gewissen«. Doch schon der Anlass allein war bemerkenswert: Die EU-Spitzen stellten sich zusammen mit allen (wegen des Brexit mit Ausnahme Großbritanniens) 27 Mitgliedsstaaten im Vatikan ein.

Franziskus bemühte im ersten Teil seiner Rede wieder die Anfangsvision: »Die Gründerväter erinnern uns daran, dass Europa nicht eine Summe von einzuhaltenden Regeln, nicht ein Handbuch von zu befolgenden Protokollen und Verfahrensweisen ist. Es ist ein Leben; eine Art, den Menschen ausgehend von seiner transzendenten und unveräußerlichen Würde zu begreifen und nicht nur als eine Gesamtheit von zu verteidigenden Rechten oder einzufordernden Ansprüchen.« Er erinnerte an Johannes Paul II. und dessen Wort von der »Seele Europas«. Sechzig Jahre später sei der Kontinent unter ganz anderen Bedingungen mit neuen Krisen konfrontiert: einer Wirtschaftskrise, der »Krise der Institutionen« und der Flüchtlingskrise.

Nostalgische Rückschau allein oder das Beschwören eines Gründungsgeistes sind ihm zu wenig. Der Papst stellt Fragen – und will Hoffnung machen: »Welche ist also die Hermeneutik, der Interpretationsschlüssel, mit dem wir die Schwierigkeiten der Gegenwart lesen und Antworten für die Zukunft finden können? Die Erinnerung an das Denken der Väter wäre nämlich unfruchtbar, wenn sie nicht dazu diente, einen Weg aufzuzeigen, wenn sie nicht zu einem Ansporn für die Zukunft und einer Quelle der Hoffnung würde. Jedes Wesen, das den Sinn seines Weges verliert und dem dieser nach vorwärts gerichtete Blick abhandenkommt, erleidet zunächst eine Rückbildung und läuft auf lange Sicht Gefahr zu sterben. Was ist also die Hinterlassenschaft der Gründerväter? Welche Perspektiven zeigen sie uns auf, um uns den Herausforderungen zu stellen, die auf uns warten? Welche Hoffnung geben sie uns für das Europa von heute und morgen?«

Die Antwort konnte nicht wirklich überraschen: Europa müsse in die Entwicklung und in den Frieden investieren, jungen Menschen Perspektiven durch Bildung geben und reale Chancen der Eingliederung in den Arbeitsmarkt. Die Bedrohung durch Terror – zwei Tage zuvor hatte es in London ein Attentat gegeben – kam ebenso zur

Sprache wie der Populismus und nationaler Egoismus: »Man muss wieder beginnen, europäisch zu denken, um die gegensätzliche Gefahr einer grauen Uniformität oder *des Triumphs der Partikularismen* abzuwehren. Eine solche *Führungsrolle der Ideen* ist Sache der Politik; diese soll vermeiden, Emotionen auszunutzen, um Zustimmung zu gewinnen, sondern vielmehr im Geist der Solidarität und Subsidiarität politische Handlungsweisen erarbeiten, welche die gesamte Union in einer harmonischen Entwicklung wachsen lassen.«

Und Franziskus kam dann auf sein ureigenes Anliegen zu sprechen, das ein vom Ural bis zum Atlantik sich erstreckendes Europa bewegt, beschäftigt und bedrängt, an dessen Umgang sich aber auch zeigt, wie das geistige Fundament Europas ausschaut: »Die Öffnung für die Welt schließt die Fähigkeit des ›Dialog[s] als Form der Begegnung‹ auf allen Ebenen mit ein, von der Begegnung zwischen den Mitgliedsstaaten und zwischen den Institutionen und den Bürgern bis hin zur Begegnung mit den zahlreichen Immigranten, die an den Küsten der Union landen. Man kann sich nicht darauf beschränken, die schwerwiegende Flüchtlingskrise dieser Jahre so zu bewältigen, als sei sie nur ein zahlenmäßiges, wirtschaftliches oder ein die Sicherheit betreffendes Problem. Die Migrationsproblematik stellt eine tiefere Frage, die vor allem kultureller Natur ist. Welche Kultur bietet Europa heute an? Die Angst, die man häufig wahrnimmt, findet nämlich ihren tieferen Grund im Verlust der Ideale. Ohne eine echte Perspektive der Ideen wird man am Ende von der Angst beherrscht, dass der andere uns aus den festen Gewohnheiten herausreißt, uns die erworbenen Annehmlichkeiten nimmt, auf gewisse Weise einen Lebensstil infrage stellt, der allzu oft nur aus materiellem Wohlstand besteht. Der Reichtum Europas ist hingegen immer seine geistige Offenheit gewesen und die Fähigkeit, sich grundlegende Fragen über den Sinn des Daseins zu stellen. Der Offenheit für den Sinn des Ewigen entspricht zudem eine positive – wenn auch nicht spannungsfreie und fehlerlose – Öffnung gegenüber der Welt. Der erworbene Wohlstand scheint ihm hingegen die Flügel gestutzt und ihn dazu gebracht zu haben, den Blick zu senken. Europa hat ein ideelles und geistiges Erbe, das einzigartig ist auf der Welt.«

Das Flüchtlingsproblem – nicht nur »ein zahlenmäßiges, wirtschaftliches oder ein die Sicherheit betreffendes Problem«! Was werden sich dabei so unterschiedliche Politikercharaktere wie Viktor Orbán und Angela Merkel gedacht haben? Franziskus – päpstliche Unterstützung für die Parole »Wir schaffen das!«? Für diesen Satz wurde die deutsche Kanzlerin im Sommer 2015 als Pastorentochter verspottet, auch (und vor allem) aus den eigenen Reihen von CDU und CSU.

Europa-Kongress im Vatikan

Vom 27. bis 29. Oktober 2017 fand im Vatikan der Kongress »(Re) thinking Europe« statt, der von der Kommission der Bischofskonferenzen der Europäischen Gemeinschaft (ComECE) unter ihrem Präsidenten Kardinal Reinhard Marx veranstaltet wurde. Dieser betonte am Beginn in der Synodenaula des Vatikans, wo 350 Europaparlamentarier, Minister, Diplomaten und Funktionäre zusammen mit katholischen Bischöfen und Vertretern anderer christlicher Kirchen saßen, um darüber nachzudenken, wie sich Christen in das »Projekt Europa« einbringen könnten, dass die Veranstaltung »nicht als ›klassischer Kongress‹ angelegt sei, sondern als Dialogprozess«. Nach kurzen Podiumsgesprächen zu Punkten, die Papst Franziskus in seiner Rede zur Verleihung des Karlspreises benannt habe, sollte in Kleingruppen debattiert werden. Marx räumte ein, dass das Thema Flucht und Migration unter europäischen Bischöfen kontrovers diskutiert werde.

Aus ganz Europa reisten Teilnehmer an. Repräsentiert waren Belgien, Bulgarien, Dänemark, Deutschland, Estland, Finnland, Frankreich, Griechenland, Irland, Island, Italien, Kroatien, Lettland, Litauen, Luxemburg, Malta, Niederlande, Österreich, Polen, Portugal,

Rumänien, Schweden, Slowakei, Slowenien, Spanien, Tschechien, Ungarn, Vereinigtes Königreich und Zypern, außerdem der Heilige Stuhl, eine Delegation der EU beim Heiligen Stuhl und Vertreter von ComECE aus Brüssel sowie ein Vertreter der US-amerikanischen Bischofskonferenz.

Der Mainzer Sozialethiker Gerhard Kruip gab im Blick auf die beiden Themen Migration und Familie unumwunden zu: »Wir sind in der katholischen Kirche offensichtlich noch nicht in der Lage, das konstruktiv auszutragen. Es bestehen gegenseitige Unterstellungen, es existieren Vorurteile, es gibt das Gefühl, dass einem etwas aufgedrückt werden soll.«[181] Offenkundig sei, dass es zwischen osteuropäischen Bischöfen, vor allem aus Ungarn, Polen, Tschechien und der Slowakei, und westeuropäischen Bischöfen deutliche Unterschiede in der Einschätzung gibt, vor allem was Ängste vor einer schleichenden Islamisierung angeht. Hinter dem innerkirchlichen Dissens steht für Kruip die Frage, wie mit gesellschaftlicher Modernisierung umgegangen werden soll: Manche sähen Modernisierungsprozesse im Gang, die gestaltbar und durchaus nicht gegen christliche Werte gerichtet seien; andere Teile der Kirche in Europa fühlten sich offenbar eher bedroht von etwas, »was ihnen fremd ist und gegen das sie sich wehren müssen«.

Im Wissen um den deutlichen Standpunkt des Papstes wolle man, so Marx in seinem Statement, das Gemeinsame hervorheben und Spannungen aushalten: »Von Papst Franziskus erhoffen wir uns zum Abschluss unseres Treffens Ermutigung und Bestärkung, diesen Dialogprozess mit Blick auf die Zukunft Europas (und der Europäischen Union) fortzusetzen.«[182]

Und dieser erwies sich am 28. Oktober 2017 wieder als Brückenbauer und wurde damit dem Titel »Pontifex« gerecht. Entgegen aller Euroskepsis appellierte er erneut an den Traum eines geeinten – und einigen – Europas, an Solidarität (ein Wort, das manche »aus dem Wortschatz streichen« wollten), an die Verantwortung zwischen den Generationen: »Europa erlebt eine Art *Gedächtnisverlust*. Dazu zurückzukehren, eine solidarische Gemeinschaft zu sein, bedeutet, den Wert der eigenen Vergangenheit wiederzuentdecken, um die eigene Gegenwart zu bereichern und den nachfolgenden Generationen eine Zukunft der Hoffnung zu übergeben.«

Und Franziskus bekräftigte schon früher Gesagtes. Wiederholungen machen deutlich, was der Kern seiner Botschaft war und bleibt: »Der erste und vielleicht größte Beitrag, den die Christen dem heutigen Europa bringen können, ist es, daran zu erinnern, dass es nicht eine Ansammlung von Zahlen oder Institutionen ist, sondern aus Menschen besteht. Leider ist festzustellen, wie sich jegliche Debatte oft leicht auf eine Diskussion über Zahlen reduziert. Es gibt nicht die Bürger, es gibt die Stimmen bei Wahlen. Es gibt nicht die Migranten, es gibt die Quoten. Es gibt nicht die Arbeiter, es gibt die Wirtschaftsindikatoren. Es gibt nicht die Armen, es gibt die Armutsgrenzen. Die konkrete menschliche Person wird so auf ein abstraktes, bequemeres und beruhigenderes Prinzip reduziert.«

Franziskus ließ bei dieser Gelegenheit nicht locker und warf sein ganzes moralisches Gewicht in die Waagschale: »Es ist die gemeinsame Verpflichtung der Verantwortungsträger, ein Europa zu fördern, das eine *inklusive* Gemeinschaft ist. Man hüte sich hier vor einem grundsätzlichen Missverständnis: Inklusion ist nicht Synonym für eine undifferenzierte Verflachung. Im Gegenteil, man ist wahrhaft inklusiv, wenn man die Unterschiede in ihrem Wert erkennt und sie als gemeinsames und bereicherndes Kapital annimmt. In dieser Sichtweise sind die Migranten eher eine Ressource als eine Last. Die Christen sind aufgerufen, ernsthaft die Aussage Jesu zu betrachten: ›Ich war fremd und ihr habt mich aufgenommen‹ (Mt 25,35). Vor allem angesichts des Flüchtlingsdramas darf man die Tatsache nicht vergessen, dass es sich um Personen handelt, die nicht nach eigenem Belieben, entsprechend politischer, wirtschaftlicher oder sogar religiöser Gesichtspunkte ausgewählt oder abgewiesen werden können.«

Sehr wohl sind dem Papst die realpolitischen Schwierigkeiten seiner an Humanität und Solidarität gerichteten Appelle bewusst, die vor Ort in einzelnen Ländern mit ihren unterschiedlichen Befindlichkeiten entstanden sind. Er ergänzte diesmal in zweierlei Richtungen: »Dennoch steht dies nicht im Widerspruch zur Pflicht jeder Regierungsgewalt, die Flüchtlingsfrage mit der Tugend zu behandeln, die dem Regieren eigen ist, d. h. mit Klugheit, die sowohl der Notwendigkeit, ein offenes Herz zu haben, als auch der Möglichkeiten, diejenigen auf gesellschaftlicher, wirtschaftlicher und politischer Ebene voll zu integrieren, die in das Land kommen, Rechnung tragen muss. Man kann das Flüchtlingsphänomen nicht als einen unterschiedslosen und ungeregelten Vorgang verstehen, aber man kann auch nicht Mauern der Gleichgültigkeit und der Angst errichten. Ihrerseits dürfen die Migranten selbst die schwerwiegende Verpflichtung nicht versäumen, die Kultur und die Traditionen der aufnehmenden Nation kennenzulernen, zu achten und sich auch anzueignen.«

Nicht nur gehe es darum, »Europa wieder eine Seele zu geben, sein Gewissen wieder wachzurufen, nicht um Räume zu besetzen – dies wäre Proselytismus –, sondern um Prozesse in Gang zu bringen« – wieder und wieder eine Bezugnahme auf sein bedeutendes Schreiben »Evangelii gaudium«!

Abfinden will und kann sich dieser Papst nicht mit einer schleichenden Gleichgültigkeit: »Im vergangenen Jahrhundert hat es nicht an ansprechenden Beispielen von christlichen Unternehmern gefehlt, die verstanden haben, wie der Erfolg ihrer Initiativen vor allem von der Möglichkeit abhing, Arbeitsplätze und würdige Anstellungsbedingungen anzubieten. Es ist notwendig, wieder vom Geist dieser Initiativen auszugehen, die auch das beste Gegengift gegen die von einer *seelenlosen Globalisierung*, einer ›sphärischen‹ Globalisierung hervorgerufenen Unausgeglichenheiten sind, die mehr auf den Gewinn als auf die Personen achtet und so weit verbreitete Enklaven der Armut, der Arbeitslosigkeit, der Ausbeutung und sozialen Elends geschaffen hat.«

Bei der Abschlusszeremonie, unmittelbar vor der Ansprache von Papst Franziskus, hatte Kardinal Marx die Einberufung eines neuen

Europäischen Konvents angeregt, auch um neu zu beratschlagen, wie gerade Christen aus ihrem religiösen Erbe heraus eine »Vision für Europa« anbieten und umsetzen könnten.

Lampedusa …

Allen fünf Reden zum Thema Europa in Straßburg und in Rom vorausliegend war die erste Reise des Papstes außerhalb des Vatikans nach seiner Wahl, die ihn bekanntlich nach Lampedusa führte – eine Mittelmeerinsel, die näher am afrikanischen als am europäischen Kontinent liegt. 138 Kilometer Luftlinie nach Tunesien, 205 nach Sizilien. Keine vier Stunden verbrachte der Papst am 8. Juli 2013 dort. Es sollte ein Zeichen sein, und es wurde verstanden. Jegliche Polit- und sonstige Prominenz verbat sich der neue Papst, als er im Hafen von Punta Favarolo am Kai wartende Immigranten empfing und dann auf dem Sportplatz »Arena« eine Messe feierte, ohne jeden kirchlichen Pomp.

»Helden« sind für Papst Franziskus Menschen wie die Bürgermeisterin von Lampedusa und Linosa, Guiseppina »Giusi« Maria Nicolini, oder der Erzbischof von Agrigent, Francesco Montenegro, den er im Februar 2015 – ungewöhnlich genug, aber typisch für Franziskus – zum Kardinal machte. Montenegro ist in der sizilianischen Bischofskonferenz Delegierter für karitative Angelegenheiten und Gesundheit, auch als Kardinal hat er weiterhin die Leitung der bischöflichen Fachstelle für Migrationsfragen »Fondazione Migrantes« beibehalten.

Bevor Franziskus am Beginn »Giusi« Nicolini, dem Erzbischof und den »geschätzten muslimischen Immigranten« dankte, nannte er das Motiv seines Blitzbesuches. Die Meldungen vom massenhaften Sterben auf dem Mittelmeer hätten ihn bewegt: »Und da habe ich gespürt, dass ich heute hierherkommen musste, um zu beten, um eine Geste der Nähe zu setzen, aber auch um unsere Gewissen wachzurütteln, damit sich das Vorgefallene nicht wiederhole. Es wiederhole sich bitte nicht.«

Das genau, sollte sich wenig später herausstellen, blieb ein frommer Wunsch: Wenige Monate nach dem Papstbesuch auf Lampedusa kenterte am 3. Oktober 2013 auf dem Mittelmeer ein mit 545 Flüchtlingen aus Somalia und Eritrea beladener Kutter, der aus der libyschen Hafenstadt Misrata kam. Die italienische Küstenwache und einheimische Fischer konnten 155 Überlebende retten, fast 400 Menschen ertranken. Ein Papst Franziskus fragt: Bewegt das Europa? Rührt das Politikerinnen und Politiker, die die Last der Verantwortung auf Italien, Griechenland und die Türkei abschieben? Die genaue Zahl der Ertrunkenen im Mittelmeer kennt keiner.

Franziskus machte am Ende seiner Predigt klar, dass sie ein »Gottesdienst« sei, »den wir zur Buße feiern, bitten wir um Vergebung für die Gleichgültigkeit gegenüber so vielen Brüdern und Schwestern, wir bitten dich, Vater, um Vergebung für den, der sich damit abgefunden, der sich im eigenen Wohlstand eingeschlossen hat, der zur Betäubung des Herzens führt; wir bitten dich um Vergebung für alle, die mit ihren Entscheidungen auf weltweiter Ebene Situationen geschaffen haben, die zu solchen Dramen führen.«

Die Worte des Papstes auf Lampedusa waren einfach, aber eindringlich. Er wolle Worte sagen, »die vor allem das Gewissen aller anstoßen und dazu bringen sollen, nachzudenken und gewisse Haltungen konkret zu ändern«. Sehr oft wurden sie seither zitiert. Aber hat sich die EU-Politik deswegen geändert? »Adam, wo bist du?« und »Kain, wo ist dein Bruder?«: Diese beiden Fragen aus dem Buch Genesis – die Frage Gottes an Adam nach dem Sündenfall und nach dem Blutmord – stellte er an den Beginn: »Diese beiden Fragen Gottes ertönen auch heute in all ihrer Kraft! Viele von uns, ich schließe auch mich ein, sind wie ohne Orientierung, wir achten nicht mehr auf die Welt, in der wir leben, wir wahren und hüten nicht, was Gott für alle geschaffen hat, und wir sind nicht einmal mehr in der Lage, einander zu hüten. Und wenn diese Orientierungslosigkeit Weltdimensionen annimmt, kommt es zu Tragödien wie jener, die wir erfahren haben.«

Mit einer literarischen Anleihe bei dem spanischen Dichter des Goldenen Zeitalters Lope de Vega (1562–1635) und seiner Komödie »Das berühmte Drama von Fuente Ovejuna« (*Comedia famosa de Fuente Ovejuna*) machte er auf einen ermordeten Tyrannen aufmerksam. Als der Richter des Königs gefragt habe, wer den verhassten Gouverneur umgebracht habe, lautete die Antwort: »Fuente Ovejuna, Herr«, sprich: Alle und niemand. Und so sei es auch mit den Flüchtlingen, die massenhaft nach Europa drängten: »Auch heute taucht diese Frage nachdrücklich auf: Wer ist der Verantwortliche für das Blut dieser Brüder und Schwestern? Niemand! Wir alle antworten so: Ich bin es nicht, ich habe nichts damit zu tun, es werden andere sein, sicher nicht ich. Aber Gott fragt einen jeden von uns: ›Wo ist dein Bruder, dessen Blut zu mir schreit?‹ Niemand in der Welt fühlt sich heute dafür verantwortlich; wir haben den Sinn für brüderliche Verantwortung verloren; wir sind in die heuchlerische Haltung des Priesters und des Leviten geraten, von der Jesus im Gleichnis vom barmherzigen Samariter sprach: Wir sehen den halb toten Bruder am Straßenrand, vielleicht denken wir ›Der Arme‹ und gehen auf unserem Weg weiter; es ist nicht unsere Aufgabe; und damit beruhigen wir uns selbst und fühlen uns in Ordnung. Die Wohlstandskultur, die uns dazu bringt, an uns selbst zu denken, macht uns unempfindlich gegen die Schreie der anderen; sie lässt uns in Seifenblasen leben, die schön, aber nichts sind, die eine Illusion des Nichtigen, des Flüchtigen sind, die zur Gleichgültigkeit gegenüber den anderen führen, ja zur Globalisierung der Gleichgültigkeit. In dieser Welt der Globalisierung sind wir in die Globalisierung der Gleichgültigkeit geraten. Wir haben uns an das Leiden des anderen gewöhnt, es betrifft uns nicht, es interessiert uns nicht, es geht uns nichts an!«

»Globalisierung der Gleichgültigkeit«: Wem gehen solche Worte und Vergleiche nicht unter die Haut? Wie abgestumpft müssen Menschen werden, dass sie ungerührt und unberührt bleiben von menschlichen Dramen und Schicksalen? Ist das Selbstschutz? Franziskus rief dazu auf: »Bitten wir den Herrn um die Gnade, über unsere Gleichgültigkeit zu weinen, zu weinen über die Grausamkeit in der Welt, in uns, auch in denen, die in der Anonymität sozioökonomische Entscheidungen treffen, die den Weg bereiten zu Dramen wie diesem ›Wer hat geweint?‹ Wer hat heute in der Welt geweint?«

... Sardinien – Albanien – Lesbos

Leicht gerät in Vergessenheit, dass Papst Franziskus wenige Wochen später, am 23. September, einen Tagesbesuch auf der Insel Sardinien absolvierte, in Cagliari – wieder eine Reise an die Peripherie, in eine der ärmsten Regionen Italiens. »Dies ist die zweite Stadt, die ich in Italien besuche. Es ist bemerkenswert: beide – *die erste* und diese – sind Inseln. In der ersten habe ich das Leid so vieler Menschen gesehen, die unter Lebensgefahr Würde, Brot, Gesundheit suchen: die Welt der Flüchtlinge. (...) Hier in dieser zweiten Stadt, Insel, die ich besuche, auch hier sehe ich Leid.«

Man muss seine Ausführungen gar nicht im Einzelnen wiedergeben. Wieder war vom »Götzen Geld« die Rede, von »Wegwerfkultur«, von Leid. Und der Papst legte bei der ersten Begegnung am *Largo Carlo Felice* eine vorbereitete Rede aus der Hand und übergab sie dem Erzbischof von Cagliari, um aus dem Herzen sprechen zu können. Alle Predigten wollten aufbauen und stärken, und sie waren sehr persönlich, wie etwa die letzte Ansprache, bei der er mit Jugendlichen zusammentraf und von seiner eigenen Berufungsgeschichte erzählte.

Auch der Tagesbesuch in Tirana (Albanien) ein Jahr später (21. September 2014) hatte eine ähnliche Struktur. Franziskus rückt Regionen und Länder in den Fokus der Aufmerksamkeit, an die man nicht unbedingt denkt, die nicht auffallen – er gibt ihnen damit Bedeutung, weil er das Interesse für sie weckt. Wer nur auf das Europa der Mächtigen und Einflussreichen und Schönen schaue, dem sage er damit: »Dass sie eine Botschaft ist, diese meine Reise, sie ist ein Zeichen: Sie ist ein Zeichen, das ich setzen will.« Und man konnte Papst Franziskus dort das erste Mal weinen sehen, als er der Schilderung eines Martyriums zuhörte – für die er eine vorbereitete Ansprache wieder beiseitelegte. In Albanien kam das gelingende Zusammenleben von Muslimen, Christen und Orthodoxen dazu.

Eine letzte Reise sei erwähnt, wieder ein Blitzbesuch, diesmal auf der griechischen Insel Lesbos, am 16. April 2016. Am Beginn seiner Reise – es war der Tag des 89. Geburtstags seines Vorgängers Benedikt XVI., für den er um das Gebet bat – machte er den mitreisenden Journalisten klar: »Es ist eine traurige Reise. Wir gehen, um der größten humanitären Katastrophe nach dem Zweiten Weltkrieg zu begegnen. Wir gehen – und wir werden es sehen – zu ganz vielen leidenden Menschen, die nicht wissen, wohin; zu Menschen, die fliehen mussten. Und wir gehen auch zu einem Friedhof: dem Meer. Ganz viele Menschen sind dort ertrunken. Ich sage das nicht, um Bitterkeit zu verbreiten, nicht aus Verbitterung, sondern damit auch Ihre heutige Arbeit in Ihren Medien die Gemütsverfassung übermitteln kann, in der ich diese Reise unternehme.« Begleitet wurde Franziskus diesmal auch vom Ökumenischen Patriarchen von Konstantinopel, Bartholomaios I., sowie vom Erzbischof von Athen und ganz Griechenland, Hieronymos II., sowie vom Präsidenten der griechischen Bischofskonferenz, dem Kapuziner Fragkiskos Papamanolis.

Franziskus wandte sich in seiner kurzen Ansprache direkt an die Flüchtlinge und sprach ihnen Mut zu: »Ich möchte euch sagen, dass ihr nicht alleine seid. In diesen Monaten und Wochen habt ihr auf eurer Suche nach einem besseren Leben viel Leid erfahren. Viele von euch haben sich gezwungen gesehen, aus Situationen des Konfliktes und der Gewalt zu fliehen, vor allem um eurer Kinder willen, den Kleinsten zuliebe. Ihr habt für eure Familien große Opfer auf euch genommen. Ihr kennt den Schmerz, alles zurückgelassen zu haben, was euch lieb war, und – was vielleicht am schwersten ist – nicht zu wissen, was die Zukunft bringen wird. Auch viele andere warten wie ihr in

Lagern oder Städten, in der Hoffnung, auf diesem Kontinent ein neues Leben aufzubauen. Ich bin hierhergekommen mit meinen Brüdern, dem Patriarchen Batholomäus und dem Erzbischof Hieronymos, einfach um bei euch zu sein und eure Geschichten anzuhören. Wir sind gekommen, um die Aufmerksamkeit der Welt auf diese schwere humanitäre Krise zu lenken und ihre Lösung zu erflehen. Als Männer des Glaubens möchten wir unsere Stimmen vereinen und offen in eurem Namen sprechen. Wir hoffen, dass die Welt diese Situationen tragischer und wirklich verzweifelter Not beachtet und in einer Weise reagiert, die unserem gemeinsamen Menschsein würdig ist.«

Die drei Religionsvertreter unterzeichneten im Flüchtlingslager Moria nicht nur eine gemeinsame Erklärung. Sie aßen auch zusammen mit Flüchtlingen zu Mittag. Sie besuchten gemeinsam das Präsidium der Küstenwache, um dem Regierungschef und Vertretern des öffentlichen Lebens, aber auch den Bewohnern von Lesbos für ihren Einsatz zu danken und der Opfer von Flucht und Vertreibung zu gedenken. Dabei sagte er: »Die Sorgen der Institutionen und der Menschen hier in Griechenland wie auch in anderen Ländern Europas sind verständlich und berechtigt. (...) Leider ist es einigen – darunter vielen Kindern – nicht einmal gelungen, anzukommen: Sie haben ihr Leben im Meer verloren als Opfer unmenschlicher Reisen unter den Schikanen niederträchtiger Peiniger.«

Gesichter, Namen und Geschichten

Ohne politische Aussagen zu machen, war diese Reise sehr politisch, und der Bischof von Rom überraschte die Weltöffentlichkeit einmal mehr, indem er in dem italienischen Airbus, der ihn nach Rom zurückbrachte, drei Flüchtlingsfamilien mitnahm. Ein starkes Zeichen. In seiner Ansprache sagte er, man dürfe »nie vergessen, dass die Migranten an erster Stelle nicht Nummern, sondern Personen sind, Gesichter, Namen und Geschichten. Europa ist die Heimat der Menschenrechte, und wer auch immer seinen Fuß auf europäischen Boden setzt, müsste das spüren können.« Das stärkste Zeichen war gewiss, dass Papst Franziskus mit zwölf Flüchtlingen zurückreiste, die beim Hinflug nicht im Flugzeug gesessen hatten.

Federico Lombardi SJ, der Leiter des vatikanischen Presseamtes und Pressesprecher des Heiligen Stuhls, erklärte dazu auf dem Rückflug, dass die drei Familien »bereits vor dem Abkommen zwischen der Europäischen Union und der Türkei in den Lagern von Lesbos waren. Die Initiative des Papstes wurde durch Verhandlungen des Staatssekretariats mit den zuständigen griechischen und italienischen Behörden verwirklicht. Die Mitglieder der Familien sind alle Muslime. Zwei Familien kommen aus Damaskus und eine aus Deir ez-Zor, das in der besetzten Zone von Daesh liegt. Ihre Häuser sind bombardiert worden. Für die Aufnahme und den Unterhalt der Familien kommt der Vatikan auf. Zu Anfang wird die Gastfreundschaft durch die *Comunità di Sant'Egidio* gewährleistet.

Von der Journalistin Franca Giansodati gefragt, warum er drei muslimische Familien bevorzugt habe, antwortete der Papst: »Ich habe nicht eine Wahl zwischen Christen und Muslimen getroffen. Diese drei Familien hatten ihre Papiere, ihre Dokumente in Ordnung, und so konnte man es tun. In der ersten Liste waren zum Beispiel zwei christliche Familien, deren Papiere aber nicht in Ordnung waren. Es ist kein Privileg. Alle zwölf sind Kinder Gottes; das ›Privileg‹ besteht darin, Kinder Gottes zu sein, das ist wahr.«

Hier zeigt sich noch einmal, dass es ihm auf einen grundlegenden menschlichen Aspekt ankommt, er nicht nach Religion, Geschlecht oder Hautfarbe sortiert. Das bewundern die einen. Andere stört es.

Bilder bleiben hängen. Nicht Zahlen oder Statistiken. Sie graben sich ins Gedächtnis ein, besetzen die Herzen. Bilder von Gesichtern prägen sich ein: Es geht um konkrete Menschen bei Flüchtlingen und Migranten, nicht um abstrakte Ideen. Letztlich geht es um Menschlichkeit. Wie viel davon können, wie viel wollen wir uns »leisten«? Solche Fragen müssen sich Christen stellen. Bilder bleiben hängen.

Papst Franziskus könnte fragen: Wer erinnert sich noch an den Namen des syrischen Jungen kurdischer Abstammung, der am 2. September 2015 wie ein Stück Schwemmholz an die Küste von Bodrum in der Provinz Muğla im Südwesten der Türkei angespült und von einem Polizisten weggetragen wurde? Aylan Kurdi hieß das ertrunkene Kind – ein Bild, das weltweit Entsetzen auslöste und auch heftige Reaktionen in der Politik, in der Presse und in Sozialen Netzwerken auslöste: Darf man, so fragte der Münchner Medienethiker Alexander Filipović, eine »drastische Aufnahme mit einer tieftraurigen Ästhetik« zeigen?

Die französische Satirezeitschrift *Charlie Hebdo* veröffentlichte zwei Wochen später in Anspielung auf den Tod des kleinen Jungen zwei Karikaturen. Auf einer Karikatur liegt Aylan am Strand; neben ihm steht ein Schild mit den Worten »Sonderangebot: Zwei Kinder-Menüs zum Preis von einem«. Die Karikatur ist mit »So nah am Ziel …« überschrieben. Die andere Karikatur mit dem Titel »Der Beweis, dass Europa christlich ist« zeigt das Kind mit dem Oberkörper im Wasser und den Beinen herausragend. Über der Zeichnung des Jungen steht in einer Sprechblase »Muslimische Kinder ertrinken«. Neben ihm schwebt eine Figur, die wie Jesus von Nazareth aussieht, auf dem Wasser. Die dazugehörige Sprechblase ist mit den Worten »Die Christen gehen übers Wasser« versehen. Diese Karikaturen lösten heftige Reaktionen aus.

Unter die Haut gefahren ist vielen Menschen weltweit auch der Anblick des fünfjährigen Omran Daqneesh, der in Aleppo nach einem Luftangriff blutverschmiert und verstaubt in einen Krankenwagen gesetzt wurde, völlig benommen, mit leerem Blick. Es hieß, das Foto sei »gefakt«. Tags darauf ist sein zehnjähriger Bruder an seinen Verletzungen gestorben. Um das Kind und die Echtheit des Fotos setzte ein Propagandakrieg ein, der Omran zum zweiten Mal zum Opfer machte. Ein Jahr später zeigte das russische Fernsehen den kerngesunden Jungen, der in einem von Regierungstruppen kontrollierten Teil von Aleppo lebt.

Wer das Wort von der »Globalisierung der Gleichgültigkeit« bemüht, muss sich bewusst machen, dass Papst Franziskus nicht in die Ruhe entlässt, sondern in die Unruhe. Es geht ihm nicht um Rhetorik oder um einen Jargon der Betroffenheit. Nicht alle werden seiner Analyse von der Flüchtlingskrise als der größten Krise in Europa seit Ende des Zweiten Weltkriegs folgen können.

Die Frage bleibt: Was bewirken seine Worte – in Straßburg, vor EU-Repräsentanten in Rom, auf Lesbos? Franziskus macht mit seinen Worten, viel mehr noch indes mit seinen Taten, sichtbar, dass es um konkrete Gesichter, Namen und Geschichten geht. Ein Kind wie Aylan Kurdi hat nie eine Lebensgeschichte schreiben können. Ist naiv, wer an Menschlichkeit, an Mitgefühl, an Großzügigkeit, an pragmatische Lösungen für Schutzsuchende appelliert?

An einer Kultur der Integration müssen alle politischen, gesellschaftlichen und kirchlichen Kräfte arbeiten: »Willkommenskultur«, so der Wiener Pastoraltheologe Paul M. Zulehner, der fragt, warum das Wort oft ironisierend unter Anführungszeichen gesetzt wird, ist »nichts anderes als politisch ausformulierte Nächstenliebe«[183]. Wer ehrenamtlich Engagierte abkanzelt oder Predigern den Mund verbietet, reduziert Christentum auf Spiritualität oder auf Weihnachtsliturgie mit Gratiskonzerten. Das ist nicht das, was sich Papst Franziskus von aktiven Christen wünscht. Fast könnte man meinen, er müsse Europa mit dem Holzhammer daran erinnern, was auf dem »alten Kontinent« alles geworden ist und erreicht wurde – ein Erbe, das nicht durch nationalistische und populistische Töne, die vor allem lokale Interessen bedienen, verspielt werden darf.

Negative Schlagzeilen?

Auch ein Papst ist ein Mensch. Er kann Fehler begehen. Er kann Situationen oder Menschen falsch einschätzen. Er kann auch gut gemeinten, aber einseitigen Ratschlägen aufsitzen, auf die falschen Leute hören, in der Bewertung der einen oder anderen Situation danebenliegen. Ein Papst kann auch sündigen – und dass er das tut, zeigt Papst Franziskus, indem er wiederholt in den Petersdom ging, um zu beichten, bevor er selber anderen die Beichte abnahm. »Ich bin ein Sünder« – das ist keine leere Floskel für Franziskus. Noch immer meinen manche, das sei »ein billiger Gag« gewesen.

Souffleure, Ratgeber und »Freunde« dürfte es genug geben, die sich damit vielleicht auch eine besondere Stellung sichern wollen. Wem kann ein Papst trauen? Auf wen kann er sich wirklich – wie blind – verlassen? Solche Fragen machen deutlich, wie dünn die Luft ist, um in einem Bild zu sprechen, ohne dass man deswegen annehmen muss, dass hinter jeder Hecke eine Gefahr lauert. Ein Papst ist oberster Gesetzgeber (Kirchenrecht) und steht gleichzeitig über dem Gesetz. Das Erste Vatikanische Konzil hat ihn mit dem Dogma der Unfehlbarkeit und dem Jurisdiktionsprimat mit einer ungeheuren Machtfülle ausgestattet, die ihn in den Augen mancher Zeitgenossen zu einer Art Gottmensch macht.

Schon wenige Monate nach der Wahl schien der »Bergoglio-Hype« einen Dämpfer zu erhalten. Er wurde kurz vor Weihnachten 2013 aufmerksam registriert. »Der Papst irrt«: So lautete der Titel eines Kommentars von Marc Beise, dem Leiter der Wirtschaftsredaktion der *Süddeutschen Zeitung*, der die Kapitalismuskritik des am 24. November 2013 veröffentlichten Nachsynodalen Apostolischen Schreibens

»Evangelii gaudium« kritisierte (»Diese Wirtschaft tötet«: EG 53). *ZEIT*-Mitherausgeber Josef Joffe stieß in dasselbe Horn. Erste Sympathieeinbußen wurden ausgemacht – und mit kaum verhohlener Genugtuung wurde von manchen Kommentatoren betont, ein aus Argentinien stammender Papst habe eben von europäischen oder nordamerikanischen Wirtschaftsmechanismen wenig Ahnung. Deswegen bringe er Grundlegendes durcheinander.

Zwei Jahre später meinte Hernando de Soto in derselben Hamburger Wochenzeitung: So bewundernswert der Einsatz des Papstes für die Armen sei, sosehr sein Herz offenbar »links« schlage – die Umwelt-Enzyklika »Laudato si'« (24. Mai 2015) sei von marxistischen Thesen inspiriert und abhängig. Ähnliches Unbehagen war in anderen großen, überregionalen Tageszeitungen zu lesen, vor allem im Wirtschaftsteil. Papst Franziskus macht auf die Schattenseiten von Globalisierung aufmerksam, unter denen vor allem Arme zu leiden haben. Damit eckt er an.

»Das gehört sich nicht für einen Papst«

Anstoß erregte im Januar 2015 eine auf dem Rückflug von den Philippinen gefallene Bemerkung, die, aus dem Zusammenhang gerissen, schräg durch die Medien geisterte – als »Karnickel-Gate«. Wenn die Frage nicht so absurd wäre: Was hat der Präsident des Zentralverbandes Deutscher Rasse-Kaninchenzüchter e. V. mit dem Papst zu tun? Kaninchenzüchter waren auf Papst Franziskus nach einer Bemerkung sauer: Man dürfe nicht allen Kaninchen pauschal ein erhöhtes Sexualverhalten unterstellen, sexuelle Ausschweifungen träfen nur auf frei lebende Tiere zu, die Fortpflanzung bei Zuchtkaninchen verlaufe in geordneten Bahnen. Der Papst sollte, so der Präsident Erwin Leowsky († 2017), »vielleicht mal darüber nachdenken, solche Redensarten gehen zu lassen und dafür die Verhütung freigeben. Das wäre meiner Meinung nach eher angebracht, als solche dummen Sprüche loszulassen.«[184]

Was wollte der Papst sagen? Worum ging es ihm? Das Thema lautete: vernünftige Familienplanung. War das wirklich eine hemdsärmelige Formulierung, eine eines Papstes nicht würdige saloppe Bemerkung, wie sie gesprächsweise fallen kann, nur nicht beim Pontifex maximus? Für die deutsche Gruppe von Journalisten hatte Christoph Schmidt gefragt: »Sie haben von den vielen Kindern auf den Philippinen gesprochen, von Ihrer Freude darüber, dass es so viele Kinder gibt. Doch die Umfragen ergeben, dass die Mehrheit der Philippiner meint, dass das enorme Anwachsen der philippinischen Bevölkerung einer der wichtigsten Gründe für die enorme Armut des Landes ist. Im Durchschnitt bringt eine Frau auf den Philippinen in ihrem Leben mehr als drei Kinder zur Welt, und die katholische Position zur Empfängnisverhütung scheint eine der wenigen Fragen zu sein, in denen ein großer Teil der Menschen auf den Philippinen nicht mit der Kirche übereinstimmt. Was denken Sie darüber?«

Die Antwort von Papst Franziskus lautete: »Ich glaube, dass die Zahl von drei [Kindern] pro Familie, die Sie erwähnen, nach dem, was die Fachleute sagen, wichtig ist, um die Bevölkerung zu erhalten. Drei pro Paar. Wenn dieser Stand unterschritten wird, tritt das andere Extrem ein, wie zum Beispiel in Italien, wo, wie ich gehört habe – ich weiß nicht, ob es wahr ist –, im Jahr 2024 nicht mehr die Mittel vorhanden sein werden, um die Pensionäre zu bezahlen. Der Bevölkerungsschwund. Darum ist das Schlüsselwort zur Beantwortung der Frage das, welches die Kirche immer gebraucht und auch ich gebrauche: die ›verantwortliche Vaterschaft‹. (…) Manche glauben, um gute Katholiken zu sein, müssten wir – entschuldigen Sie den Ausdruck – wie die Kaninchen sein (*essere come conigli*). Nein. Verantwortliche Vaterschaft (*Paternità responsabile*). (…) Für die ärmsten Leute ist ein Kind ein Schatz. Es stimmt, auch hier muss man klug sein. Doch für sie ist ein Kind ein Schatz. Gott weiß, wie er ihnen hilft. Vielleicht sind einige darin nicht klug, das stimmt. Verantwortliche Vaterschaft.«

Wenn man den Kontext beachtet, ist die Angelegenheit nicht so heiß, wie sie hinterher verhandelt wurde. Aber Differenzierung ist nicht die Sache der schnellen Schlagzeile. Ich habe diese Bemerkung, wie viele Frauen und Paare, als Befreiung erlebt, nach Zeiten, in denen in Beichtstühlen und auf Kanzeln eingeschärft wurde, dass jeder Geschlechtsakt offen sein muss für Nachkommenschaft. Es kommt vor, dass man in einer Landpfarrei von Frauen erfährt, die (im 20. Jahrhundert!) zwei Kinder in einem Jahr zur Welt gebracht haben, im Januar und im Dezember – gewiss nicht zu ihrer Freude, aber oft auf heimlichen Druck der Kirche. Wenn sich da grundsätzlich etwas ändert: Was ist daran verkehrt?

»Der Satz mit den Karnickeln wird Franziskus nun vorauseilen, weil er an einem Reizthema rührt, das immer größere Bedeutung bekommt. (...) Man mag über den flapsigen Satz schmunzeln. Und doch ist er von großem Ernst.« Die Schlussfolgerung des *SZ*-Korrespondenten Arne Perras macht bereits auf eine übergeordnete Ebene aufmerksam: »Franziskus hat eine Debatte über die Familie der Zukunft angestoßen. Sie ist überfällig. Es ist nicht zu übersehen, dass das Leben der Menschen immer weiter abdriftet von der reinen katholischen Lehre. Die Kirche wird sich bewegen müssen, will sie ihrem Anspruch, nahe bei den Menschen zu sein, noch gerecht werden. Franziskus hat damit begonnen.«[185]

Im Übrigen: Papst Franziskus hat sich zustimmend zur Pillenenzyklika »Humanae vitae« von 1968 geäußert. Die Schlagzeile in der *Süddeutschen Zeitung* lautete: »Papst befürwortet Geburtenkontrolle«; kleiner gedruckt war: »Er macht aber keine Kompromisse bei Verhütung.«[186] Wir leben in einer Stichwort-Gesellschaft und reagieren hyperschnell. Und viele wiederholen – ungeprüft – eine und dieselbe Quelle.

Dem *ARD*-Korrespondenten Jan-Christoph Kitzler erklärte der Papst den von ihm selbst ins Spiel gebrachten Ausdruck von der »ideologischen Kolonisierung«: »Was wollte ich über Paul VI. sagen? Es ist klar, dass die Offenheit für das Leben eine Bedingung für das Sakrament der Ehe ist. Ein Mann kann der Frau das Sakrament nicht spenden, und die Frau kann es dem Mann nicht spenden, wenn sie über diesen Punkt, offen für das Leben zu sein, nicht einig sind. (…) Die Ablehnung Pauls VI. richtete sich nicht gegen die persönlichen Probleme, in Bezug auf die er dann die Beichtväter aufforderte, barmherzig zu sein, die Situationen zu verstehen und zu vergeben oder barmherzig und verständnisvoll zu sein. Er schaute auf den allgemeinen Neo-Malthusianismus, der umging. Und wie erkennt man diesen Neo-Malthusianismus? An der Geburtenrate von weniger als ein Prozent in Italien wie auch in Spanien. Jener Neo-Malthusianismus, der eine Kontrolle der Menschheit vonseiten der Mächte anstrebte. Das bedeutet nicht, dass der Christ serienweise Kinder in die Welt setzen soll. Vor einigen Monaten habe ich einer Frau in einer Pfarrei Vorwürfe gemacht, weil sie nach sieben Kaiserschnitt-Geburten mit dem achten Kind schwanger war: ›Wollen Sie etwa sieben Waisen zurücklassen?‹ Das bedeutet, Gott zu versuchen. Man spricht von *verantwortlicher* Vaterschaft. Das ist der Weg: die verantwortliche Vaterschaft. Doch was ich sagen wollte, ist, dass Paul VI. nicht eine rückständige, verschlossene Ansicht hatte. Nein, er war ein Prophet, der uns damit gesagt hat: Hütet euch vor dem Neo-Malthusianismus, der im Kommen ist. Das wollte ich sagen. Danke.« Das war's – was der Papst sagen wollte.

Auf dem Flug von Colombo (Sri Lanka) nach Manila (Philippinen) am 15. Januar 2015 fragte der französische Journalist Sébastien Maillard, »wie weit« man »in der Achtung gegenüber den verschiedenen Religionen in der Freiheit der Meinungsäußerung gehen (kann), die ja auch ein grundlegendes Menschenrecht ist?« Der Frage vorausgegangen war tags zuvor eine Messe in Colombo, bei der Franziskus eine Heiligsprechung vorgenommen hatte und dabei in der Predigt auf das Thema Religionsfreiheit als fundamentales Menschenrecht zu sprechen gekommen war. Im Hintergrund stand für diesen Journalisten der kurz zuvor, am 7. Januar 2015, in Paris verübte Überfall auf das Satiremagazin *Charlie Hebdo* in Paris, bei dem IS-Terroristen zwölf Menschen erschossen und über zwanzig teils schwer verletzt hatten.

Franziskus daraufhin mit Blick auf den bei der Pressekonferenz neben ihm stehenden Reisekoordinator Alberto Gasbarri[187]: »Es ist natürlich wahr, dass man nicht aggressiv reagieren soll, aber wenn Dr. Gasbarri [, der hier neben mir steht], mein guter Freund, mir ein Schimpfwort gegen meine Mutter sagt, bekommt er eins drauf! Das ist normal! Das ist normal. Man darf nicht provozieren, man darf nicht den Glauben der anderen beleidigen, man darf sich nicht über den Glauben lustig machen. (...) Viele Leute, die abfällig über die Religionen reden, sich über sie lustig machen, sagen wir: die Religionen der anderen zum ›Kasperle‹ machen – diese Leute provozieren, und dann kann das passieren, was geschieht, wenn Dr. Gasbarri etwas gegen meine Mutter sagt. Es gibt eine Grenze. Jede Religion hat ihre Würde, jede Religion, die das menschliche Leben und die menschliche Person achtet. Und ich darf sie nicht bespötteln. Da gibt es eine Grenze. Ich habe dieses Beispiel der Grenze gewählt, um zu sagen, dass es bei der Meinungsfreiheit Grenzen gibt wie jene bezüglich meiner Mutter.«

Der Kontext ist klar: Es gibt Grenzen bei der Meinungsfreiheit, sobald religiöse Gefühle verletzt werden. Das Beispiel des Papstes wurde in die Schlagzeile gequetscht: »Papst Franziskus zum Faustschlag bereit«. Oder, noch simpler kommentiert: »Wer meine Mama beleidigt, dem hau' ich eine in die Fresse« (anders wiedergegeben: »Dem knall' ich einen vor den Latz«).

Man kann krampfhaft alles missverstehen wollen, ganz ähnlich wie mit dem noch viel heftiger (aber nur hierzulande) kommentierten Wort vom »würdevollen Schlagen« während der Generalaudienz vom 4. Februar 2015, also drei Wochen später, das auf Italienisch völlig anders klingt, aber eine »Klaps-Debatte« ausgelöst hat und sogar den Vorsitzenden der vom Papst einberufenen Kinderschutzkommission des Vatikans, Kardinal Sean Patrick O'Malley OFMCap. aus Boston, zu einer Stellungnahme reizte. Man wolle Papst Franziskus in dieser Beziehung Ratschläge geben. In Deutschland meldeten sich der Erzbischof von Bamberg und der Bischof von Würzburg zu Wort.

Die inkriminierte Passage lautet in deutscher Übersetzung: »Ein guter Vater versteht zu warten und versteht zu vergeben, aus tiefstem Herzen. Sicher, er versteht es auch, entschieden zurechtzuweisen: Er ist kein schwacher, nachgiebiger, sentimentaler Vater. Der Vater, der es versteht, zurechtzuweisen, ohne zu entmutigen, versteht auch zu beschützen, ohne Mühen zu scheuen. Einmal habe ich in einer Versammlung von Ehepaaren gehört, wie ein Vater sagte: ›Manchmal muss ich den Kindern einen Klaps geben (…) aber nie ins Gesicht, um sie nicht zu erniedrigen.‹ Wie schön! Er ist sich der Würde bewusst. Er muss bestrafen, er macht es auf die richtige Weise, und er geht weiter.«

Ist das tatsächlich ein Plädoyer für eine »g'sunde Watsch'n«, wie man in Österreich sagt, oder eine päpstliche »Lizenz zum Schlagen« (Christiane Florin)[188]? Der Papst habe zuerst, so Matthias Drobinski, »klug über die Verantwortung der Väter geredet. (…) Ein Skandal ist der Satz also nicht.« Nachsatz: »Aber er gehört sich nicht für einen Papst.« Und weiter: »Ja, es ist gut, dass dieser Papst in seinen Reden etwas riskiert. Aber diesmal ging es daneben.«[189]

Mich überzeugt das nicht. Aber ich räume ein, dass es in unterschiedlichen sprachlichen und kulturellen Kontexten unterschiedliche Befindlichkeiten gibt. Im Rückblick auf fünf Jahre ist festzustellen, dass der Papst dazugelernt hat, sich aber nicht den Mund verbieten lassen will. Ob sich an der einen oder anderen heftigen Äußerung nicht manchmal Scheindebatten und scheinheilige Entrüstungsstürme entzündet haben, muss mindestens gefragt werden.[190]

Drobinski bringt das Dilemma auf den Punkt: »Es ist eben der Papst, der das gesagt hat. Er ist der Inhaber des Lehramtes seiner Kirche, ihr ›Heiliger Vater‹. Er hat die Sätze auch nicht daheim in Santa Marta am Küchentisch gesagt, sondern vor laufenden Kameras bei der Generalaudienz. Das Amt und der öffentliche Auftritt aber erfordern, dass, wer da auftritt, sich seiner Rolle bewusst ist und der Verantwortung, die er für seine Worte hat. Das gilt für den Chef eines Unternehmens wie für die Bundeskanzlerin wie für den Papst.« Die entscheidende Einsicht an derselben Stelle darf jedoch nicht unterschlagen werden: »Es gehört zu den großen Verdiensten des Jorge Mario Bergoglio, dass er die Starre des Amtes durchbrochen hat. Er hat es menschlich gemacht, durch die Art, wie er lebt, und die Weise, wie er spricht. (...) Glaube und Religion sind das pralle Leben. Um davon zu erzählen, braucht es eine zupackende Sprache, braucht es Erzählungen und Bilder. Da ist Franziskus ganz bei Martin Luther und bei Jesus.«[191] Jesuanische Verwandtschaft und lutherische Direktheit!

Inhaltlich wirklich heikel war ein anderer Vergleich, der dem Umstand geschuldet war, dass der Papst – wie so oft – vom Manuskript abwich, ins Erzählen und dabei auf ein persönlich erlebtes Ereignis zu sprechen kam: Er verglich überfüllte Flüchtlingslager auf den Ägäis-Inseln mit Konzentrationslagern. Eine heftige Debatte entstand: legitim oder daneben?

Was hatte er gesagt? Bei einem Wortgottesdienst in der mitten in Rom auf einer Tiberinsel erbauten Basilika San Bartolomeo mit der Gemeinschaft Sant'Egidio zum Gedenken an die »neuen Märtyrer des 20. und 21. Jahrhunderts« nahm der Papst am 22. April 2017 in seiner Predigt Bezug auf seinen ein Jahr zuvor absolvierten Tagesbesuch auf der griechischen Insel Lesbos: »Ich möchte in dieser Kirche heute noch eine weitere Ikone hinzufügen. Eine Frau. Ich kenne ihren Namen nicht. Aber sie blickt vom Himmel her auf uns. Ich war in Lesbos, begrüßte die Flüchtlinge und traf auf einen etwa 30-jährigen Mann mit drei Kindern. Er hat mich angesehen und zu mir gesagt: ›Vater, ich bin Muslim. Meine Frau war Christin. Die Terroristen sind in unser Land gekommen, sie haben uns gemustert, uns nach unserer Religion gefragt und sie haben gesehen, dass sie ein Kreuz trägt. Sie haben ihr gesagt, sie soll es auf die Erde werfen. Sie hat es nicht getan und sie haben ihr vor meinen Augen die Kehle durchgeschnitten. Wir haben uns so sehr geliebt!‹ Das ist die Ikone, die ich heute als Geschenk mitbringe. Ich weiß nicht, ob jener Mann noch in Lesbos ist oder ob er es geschafft hat, woandershin zu gehen. Ich weiß nicht, ob es ihm gelungen ist, jenes Konzentrationslager zu verlassen, denn die Flüchtlingslager – viele – sind Konzentrationslager wegen der Menge der Menschen, die einfach dortgelassen werden. Und die großherzigen Völker, die sie aufnehmen, müssen auch diese Last weiter tragen, weil die internationalen Vereinbarungen wichtiger zu sein scheinen als die Menschenrechte.«[192]

Franziskus war sichtlich bewegt, als er von dieser Begegnung mit dem muslimischen Flüchtling erzählte – man kann die Szene im Internet nachschauen. Unmittelbar zuvor hatte Karl Schneider über das Schicksal seines Vaters Paul Schneider, einem protestantischen Pastor und Mitglied der Bekennenden Kirche, berichtet, der im Juli 1939 im KZ Buchenwald ermordet worden war. (Die deutsche Bundespost hat den »Prediger von Buchenwald« 1989 mit einer 100 Pfennig-Briefmarke geehrt.) Vermutlich hatte Franziskus, als er seine Predigt hielt und vom Manuskript abwich, dieses Zeugnis noch im Ohr, als er seinen Vergleich anstellte.

Während das amerikanische Jewish Commitee den emotionalen Vergleich kritisierte, bezeichnete ihn Christoph Heubner vom Internationalen Auschwitz-Komitee (IAK) als »legitim«. Josef Schuster wiederum, der Präsident des Zentralrats der Juden in Deutschland, bezeichnete den Vergleich als »unglücklich gewählt«, auch wenn er dem Papst zugestand, damit auf das Schicksal von Flüchtlingen und Migranten aufmerksam machen zu wollen.

Lassen sich Flüchtlingscamps in Griechenland und Italien mit Konzentrationslagern vergleichen? In der Tageszeitung *Die Welt* reagierte der Journalist Thomas Schmid scharf: »Denn das sollte auch ein Papst aus Argentinien wissen: Wer so schludrig und frivol wie er das Wort ›Konzentrationslager‹ in den Mund nimmt, arbeitet jenen in die Hände, die die Schoah herunterreden und vergessen machen wollen. Glaubt Franziskus wirklich, in den Flüchtlingszentren Europas würden Menschen systematisch gequält, ermordet, getötet? Der Papst, der so gerne ein vereintes Europa fordert, hat offensichtlich ein äußerst merkwürdiges Bild von Europa. Bei etlichen seiner kleineren oder größeren Tabubrüche gewinnt man den Eindruck, er wolle gefallen. Auf viel unreflektiertere Weise als sein Vorvorgänger Johannes Paul II., ein Medienpapst, legt es Franziskus darauf an, Aufmerksamkeit zu erregen. Doch das passt ganz einfach nicht zu seiner Rolle und seiner Aufgabe. Ein Papst soll Theologe oder Kirchenreformer oder Prediger sein. Nicht aber Unterhaltungskünstler. Franziskus bewiese päpstliche Größe, wenn er diesen Vergleich entschuldigend zurücknähme.«[193]

Bernd Hagenkord SJ, der Leiter der deutschsprachigen Redaktion von Radio Vatikan, bestritt, dass der Papst mit seinem Vergleich etwas habe verharmlosen wollen. Er gab am 23. April in seinem Blog zu bedenken: »Dieses Mal echauffiert sich die Presse darüber, dass der Papst Flüchtlingslager mit Konzentrationslagern verglichen hat, offensichtlich – wer es gesehen hat – aus persönlicher Betroffenheit, aber auch aus eigener Anschauung heraus. Ja, er hat das Wort benutzt. Aber ich behaupte einmal, dass nicht die ganze Welt dem Wort und dem historischen Phänomen dieselbe Bedeutung beimisst. Wir sagen Konzentrationslager, aber was wir meinen sind Vernichtungslager. Die Briten haben das Wort erfunden, für ihre eigenen Lager in Afrika. Das ist eine ganz eigene Sache und noch keine Verharmlosung der deutschen Geschichte, geschweige denn eine Verhöhnung der Opfer. Wir Deutschen reagieren sensibel auf den Gebrauch des Wortes, zu Recht. Es hat einen sogenannten Historikerstreit gegeben um die Frage, ob die Verbrechen der Nazis nun einmalig waren oder nicht, jede Relativierung der Geschichte ist Anlass zu Aufregung. Der Papst hat aber nicht deutsche Vernichtungslager, nationalsozialistische Massenmorde, Schoah und dergleichen verharmlosen wollen, indem er sie relativiert. Schon gar nicht in einem Gottesdienst, wo ein Sohn eines NS-Opfers quasi neben ihm stand. In der ihm eigenen Art hat er eine drastische Sprache gewählt, um die Phänomene dieser Lager zu beschreiben und die emotionale Wucht, die diese erzeugen. Wir tun hier ja so, als ob alles in Ordnung wäre, solange die Flüchtlinge in der Türkei und in Griechenland bleiben und bloß nicht zu uns kommen. Kaum jemand fragt nach, wie es in diesen Lagern, ohne Perspektive, voller Gewalt, ohne Ausgang, wie in einem Druckkessel, zugeht. Einen Gang zurückschalten, bitte, mit der Erregung. Die wäre besser angebracht für den Blick auf das Schicksal, in das wir – wir reichen Europäer – Flüchtlinge zwingen.«[194]

Es ist unwahrscheinlich, dass der Papst den medialen Wirbel um seinen Vergleich nicht mitbekommen hat. Eine Woche später, am 29. April, auf dem Rückflug von Ägypten, sprach ihn der Rom-Korrespondent der *Frankfurter Allgemeinen Zeitung*, Jörg Bremer, bei der Fliegenden Pressekonferenz darauf an: »Für uns Deutsche ist dieser Ausdruck begreiflicherweise sehr, sehr hart und sehr nahe am Begriff ›Vernichtungslager‹. Es gibt Stimmen, die sagen, dass dies Ihrerseits ein *lapsus linguae* gewesen ist. Was wollen Sie wirklich sagen?«

Franziskus nahm den Vergleich in seiner Antwort nicht zurück, ganz im Gegenteil: »Zunächst einmal muss man alles, was ich gesagt habe, genau lesen. Ich habe gesagt, dass die großherzigsten Länder in Europa Italien und Griechenland waren. (…) Was Deutschland betrifft, habe ich immer seine Fähigkeit zur Integration bewundert. Als ich dort studierte, gab es sehr viele Türken in Frankfurt, die integriert waren, sehr viele. Sie waren integriert und führten ein normales Leben. Es ist kein *lapsus linguae* gewesen: Es gibt Flüchtlingslager, die wahre Konzentrationslager sind. Da gibt es vielleicht eins in Italien, eins anderswo … in Deutschland jedoch sicher nicht! Aber denken Sie einmal: Was machen Menschen, die in ein Lager eingesperrt sind und nicht herauskönnen? Denken Sie an das, was in Nordeuropa passiert ist, als sie über das Meer wollten, um nach England zu kommen. Sie wurden eingesperrt! Mich hat es zum Lachen gebracht – das ist ein wenig die italienische Mentalität –, als ich von einem Lager in Sizilien hörte – das hat mir ein Vertreter der Katholischen Aktion der Erzdiözese Agrigent erzählt. Dort in der Gegend gibt es zwei oder drei solcher Lager, ich weiß nicht, in welcher Diözese sie liegen. Die Verantwortlichen dieser Stadt, wo sich das Lager befindet, haben mit den Menschen im Flüchtlingslager gesprochen und haben gesagt: ›Es ist für euch nicht gut, hier drin zu sein; das schlägt aufs Gemüt. Ihr müsst mal herausgehen. Aber bitte macht keine krummen Sachen! Wir können euch jedoch nicht das Tor öffnen, aber wir machen hinten ein Loch. Ihr könnt dann heraus und macht einen schönen Spaziergang …‹ Und so haben sich Beziehungen zu den Einwohnern dieses Dorfs entwickelt, gute Beziehungen … Diese begehen keine Vergehen, keine Kriminalität. Aber das schlichte Faktum, eingesperrt zu sein, ohne etwas tun zu können, das ist ein solches Lager – oder etwa nicht? Aber das hat nichts mit Deutschland zu tun, nein, nein.«

Dass er an seinem Vergleich festhielt und ihn bekräftigte, irritierte und empörte erneut. Der Sprecher der deutschen Bundesregierung, Steffen Seibert, distanzierte sich von der Papst-Aussage.

Gesprochenes Wort – verletzliches Wort

Wie kann einer, der derart im Rampenlicht steht, der nichts sagen oder tun kann, was nicht sofort auf die Goldwaage gelegt, nach allen Seiten hin abgeklopft, vielleicht mit dem Handy aufgenommen und ins Netz gestellt wird, gelassen bleiben, sich die Freiheit des Geistes wahren – und nicht vor lauter Angst, etwas Falsches, Widersprüchliches oder Missverständliches zu sagen, in unverbindliche Floskeln flüchten? Ein Theologenjargon ist diesem Papst fremd, betuliche oder theologische Höhenflüge zuwider.

Antonio Spadaro SJ hat im Herbst 2017 ein Buch mit noch unveröffentlichten Predigten und Ansprachen des früheren Erzbischofs von Buenos Aires aus dem Zeitraum 1999 bis 2004 veröffentlicht, das auch ins Deutsche übersetzt wurde, zumindest ein Teil davon. Die zu kirchlichen Hochfesten und gesellschaftlichen Anlässen gehaltenen Texte sollen das Leben und Denken des jetzigen Papstes, der sich, wie schon öfter gesagt, am 13. März 2013 nicht neu erfunden hat, verständlich machen helfen – ihn als Priester und Privatperson zeigen. Spadaro hat den Papst bei einer längeren Begegnung Anfang Juli 2017, bei der die beiden über die jetzt veröffentlichten Texte sprachen, zu seinem Rede- und Denkstil befragt, ähnlich wie schon beim ersten ausführlichen Interview vom August 2013 nicht nach einem Frage-Antwort-Schema, sondern in einer Art von Austausch.

Gesprächsweise erfährt man darin etwas über die lebenslang eingeübte und praktizierte Weise des direkten, offenen Wortes, dem jetzt, in der Rolle des Papstes, Grenzen gesetzt sind – oder werden.

Schon als Student, noch vor der Priesterweihe, weigerte sich Jorge Mario Bergoglio SJ, Predigten vollständig auszuformulieren, und erzählt von seinem Homiletik-Professor: »Ich war und bin überzeugt, dass nichts zwischen dem Prediger und dem Volk Gottes stehen darf. Da darf kein Blatt Papier dazwischenpassen. Ein paar schriftliche Notizen, das ja, aber nicht alles. (…) Der Lehrer war erstaunt. Er hat mich gefragt, warum ich so dagegen sei, die Predigt komplett vorzubereiten. Und ich habe ihm geantwortet: ›Wenn man liest, kann man den Leuten nicht in die Augen sehen.‹ Daran erinnere ich mich noch wie heute.«[195]

Ich meine, dass man hier eine Erklärung dafür findet, warum der Papst so oft von Manuskripten abweicht – auch auf das Risiko eines »Missgriffs« hin, der da oder dort zu »diplomatischen« Verstimmungen führen könnte. Er nimmt direkt Bezug auf die Episode mit seinem Lehrer. Weil er jetzt als Papst die Predigten oft ablesen müsse, erinnere er sich immer wieder, was er diesem damals gesagt habe: »Deshalb weiche ich oft vom vorbereiteten schriftlichen Text ab, füge Wörter und Formulierungen hinzu, die da nicht stehen. Auf diese Weise sehe ich die Leute an. Wenn ich spreche, muss ich zu jemandem sprechen. Ich mache das, so gut es eben geht, aber es ist mir ein tiefes Bedürfnis. Es stimmt, in Sankt Peter muss man gut vorbereitet sein. Aber ich habe immer dieses tiefe Bedürfnis, das über den formellen Rahmen hinausgeht.«[196]

Papst Franziskus setzt auf Nähe: auf Augenkontakt, auf die persönliche Begegnung. Zu viel Vorformuliertes, Festgesetztes, blockiert ihn dabei ganz offensichtlich. An Spadaro gerichtet erfahren wir: »Was will ich dir damit sagen? Dass du, je näher du den Leuten bist, desto besser predigst und das Wort Gottes in ihr Leben hineinträgst. So verbindet sich das Wort Gottes mit einer menschlichen Erfahrung, die dieses Wort braucht. Je mehr du dich von den Leuten und ihren Problemen entfernst, desto mehr flüchtest du dich in eine eingekastelte ›Man-muss-und-man-darf-nicht-Theologie‹, die nichts zu sagen hat, die leer ist, abstrakt, im Nichts verloren, in den Gedanken … Manchmal antworten wir mit unseren Worten auf Fragen, die sich niemand stellt.«[197]

Gesprochenes Wort ist immer auch verletzliches Wort. Es kann missverstanden, gegen seine Intention verstanden und dann kommuniziert und berichtet werden. Viele Menschen, in erster Linie jedoch Katholiken, tun sich schwer damit, dass dieser Papst auch sehr direkte Worte und Vergleiche nicht scheut – und damit immer wieder einmal übers Ziel hinausschießt, wie sie meinen. Produziert oder provoziert Franziskus negative Schlagzeilen? Polarisiert er? Wohlabgewogen, nach allen Seiten hin abgesichert, sind viele Äußerungen des oft sehr spontan reagierenden Pontifex nicht. Das gehört zu seiner Natur. Ich konnte mich nie besonders darüber aufregen, merkte aber, dass sich viele an der Ausdrucksweise des Papstes stören: So redet ein Papst nicht! Oder, noch schärfer: Das ist der Slang der Gosse!

Papst Franziskus ist auch als Papst Seelsorger geblieben. Er rekurriert sehr oft auf seine Erfahrungen in der Pastoral. Diese sind zu einer Art Fundus geworden, aus dem er schöpft, um etwas aufzuzeigen, zu illustrieren. Im Gespräch mit Spadaro erinnert er sich an sogenannte *Ad-audiendas*-Examina für die Berechtigung zum Beichtehören, in denen manchen Prüflingen derart abstrakte oder komplizierte Fälle vorgelegt worden seien, dass einer einmal gesagt habe, so etwas komme im realen Leben gewiss nicht vor – woraufhin ein Prüfer gemeint habe: Aber es stehe in den Büchern. Das Resümee von Papst Franziskus: »So lernt man das Herz der Gemeinde, der Leute nicht kennen. Man braucht den Kontakt. Ja, man muss die Leute sogar berühren, sie streicheln. Der Tastsinn ist der religiöseste der fünf Sinne.

Es tut gut, den Kindern, den Kranken die Hand zu geben: ihnen die Hand zu drücken, sie zu streicheln … Oder ihnen schweigend in die Augen zu sehen. Auch das ist Kontakt.«[198]

Der Papst scheut sich auch nicht zu betonen, dass man manchmal sehr energisch sein müsse in der Predigt: »Manchmal teile ich Prügel aus. Manchmal muss man Prügel austeilen, manchmal muss man Mut zusprechen, und manchmal muss man beides gleichzeitig tun. Jesus hat das auch so gemacht. Lies die Seligpreisungen.«[199]

Antonio Spadaro SJ gilt in der Öffentlichkeit – ob zu Recht oder zu Unrecht – als einer der engsten Vertrauten des Papstes. Er hat ihn auf vielen Reisen begleitet – ohne (die ersten vier Jahre) je eine offizielle Position im akkreditierten Journalistentross oder im päpstlichen Gefolge gehabt zu haben. Es scheint, dass der Papst ihn einfach in seiner Nähe haben will – vielleicht auch als eine Art Resonanzkörper, um auf während eines Tages Erlebtes zu sprechen zu kommen, um die eine oder andere Einschätzung zu erbitten, um Eindrücke zu sammeln – wie ein Echo. Spadaro macht für die von ihm herausgegebene Predigtsammlung darauf aufmerksam: »Bergoglio entfaltet – und in Santa Marta tut er dies nach wie vor – eine ›mündliche Lehre‹. Diese Definition wird durch die Lektüre des vorliegenden Bandes noch plausibler. Diese Seiten enthalten ein ›gebrochenes‹ Wort: gebrochen, um im Moment seines Vortrags geteilt zu werden. Der Leser wird einen *Logos* finden, der die Kraft der Mündlichkeit in sich birgt. Eine vitale Spannung, die nicht wirklich mit einem *labor limae*, mit der Feinarbeit des Laborbestecks ›domestiziert‹ werden kann – nicht einmal in jenen analytischeren, strukturierteren und breiter angelegten Ansprachen, in denen Bergoglio beweist, dass er zu einer Strenge fähig ist, die nicht akademisch, sondern paradoxerweise warmherzig ist.«[200]

Mir helfen solche Hinweise, um den Menschen kennenzulernen und zu verstehen, der hinter dem Papst steckt. Oder besser: der er ist. Er verstellt sich nicht. Er ist echt. Und was für seine Zeit als Erzbischof von Buenos Aires galt, gilt auch jetzt: Oft landet der Papst – wie seinerzeit – mit seinem Wort »denkwürdige Treffer«[201].

Allgemein bekannt ist, dass der argentinische Staatspräsident Nestor Kirchner während seiner Amtszeit (2003–2007) nur ein einziges Mal an einem 25. Mai am Te Deum teilnahm: An diesem Nationalfeiertag, der an die Bildung der ersten autonomen Regierung nach der Unabhängigkeit Argentiniens (1810) erinnert, wird in der Kathedrale von Buenos Aires, die in unmittelbarer Nachbarschaft zum Präsidentenpalast, der Casa Rosada, liegt, dem zweiten monumentalen Bau im Stadtteil Montserrat an der parkähnlichen Plaza de Mayo, das Te Deum gesungen. Traditionellerweise nehmen daran der Präsident und die wichtigen politischen Autoritäten teil. Erzbischof Bergoglio nutzte seine Ansprachen oft, um der Regierung ins Gewissen zu reden – mit dem Ergebnis, dass Kirchner »sich gezwungen sah, vor seinen Predigten Reißaus zu nehmen«[202].

Wenn Papst Franziskus einen »Treffer landet«, fühlt sich jemand angesprochen – oder auch verletzt. Oft war in den letzten fünf Jahren zu lesen, dass handfeste Erziehungsratschläge, derbe, martialisch wirkende Vergleiche oder Exkurse etwa über das Paarungsverhalten von Vierbeinern nicht nur für enge Mitarbeiter ein Schock gewesen seien. Grenzen seien überschritten worden. »Denkt er nicht darüber nach, wie Worte wirken können?«, lautete eine häufige Frage. Ich meine: Der Papst stört – weil er stören will. Es sind bewusst gesetzte Provokationen.

Der italienische Übersetzer der von Spadaro herausgegebenen Predigtsammlung betont sehr deutlich: »In einigen Übersetzungen, die nach seiner Wahl erschienen sind, als man Franziskus' Stil noch nicht kannte, ist seine Sprache oft ›veredelt‹, geglättet worden. Doch das Ergebnis hat das Predigen von ›Pater Franziskus‹ (er lässt sich in den Fragen, die er seinen Gesprächspartnern zuweilen in den Mund legt, gerne ›Pater‹ nennen, und auch das ist ein Zeichen für die ›literarische‹, aber vor allem für die menschliche Gattung, in die er sich einordnet) sowohl der Form als auch der Substanz nach verraten. Deshalb sollte die umgangssprachliche Rhetorik oder die ›Mündlichkeit‹ mit ihren häufigen Wiederholungen, volkstümlichen Ausdrücken und dem an verschiedene Hörerschaften angepassten Vokabular bis ins Detail gewahrt bleiben.«[203]

Was für die Amtszeit in Buenos Aires gilt, scheint mir auch jetzt Gültigkeit zu haben, wenn der Papst extemporiert, improvisiert und aus dem Stegreif spricht: »nicht der instinktiven Versuchung zu erliegen und den Stoff zu ›veredeln‹ oder abzukühlen«[204]. Dass, sobald in freier Rede vorgetragene Bemerkungen auf der Website des Vatikans erscheinen, diese Gefahr oder Versuchung besteht, eben weil sie verschriftlicht sind, liegt auf der Hand. Dass es gelegentlich vorkam, dass ein Dementi oder eine Richtigstellung folgte, wenn der Papst sich geirrt oder Fakten durcheinandergebracht hatte, kam immer wieder einmal vor. Dieses Risiko geht Franziskus aber offenbar bewusst ein. Sonst würde er an Authentizität verlieren, sich bevormundet oder gar zensuriert fühlen.

Deutschsprachige Befindlichkeiten …

Bei allem, was vor allem hierzulande aneckt oder aufregt, ist zu bedenken, dass unterschiedliche kulturelle und sprachliche Befindlichkeiten eine Rolle spielen. Ein Deutscher drückt sich anders aus als ein Argentinier. Wo der eine die Nase rümpft, schmunzelt der andere vielleicht – auch dieser Faktor spielt eine Rolle. Starke Bilder, anschauliche Beispiele, deftige Vergleiche kommen dem einen spontan in den Sinn, wenn er beim Reden Worte sucht, Geschichten erzählt, von Begegnungen berichtet, um zu veranschaulichen. Ein anderer wieder scheut genau das und »zeigt« sich nicht gern persönlich. Etliche »Aufreger« fanden oft nur im deutschen und im nordamerikanischen Sprachraum starke Resonanz. Ein medialer Entrüstungssturm kann aber auch fälschlicherweise insinuieren, die ganze Welt nehme von einer bestimmten Ansprache Kenntnis. Oft hat man sich im nicht deutschsprachigen Ausland gewundert, warum überhaupt oder wie lange eine Predigt oder eine Rede des Papstes »aufregen« konnten.

Die ehemalige Diplomatin und Publizistin Karin Kneissl, wegen ihrer politischen Kommentare ein bekanntes Gesicht in der Öffentlichkeit und seit Weihnachten 2017 österreichische Außenministerin, regte sich im April 2017 in einem Kommentar über den österreichischen Bundespräsidenten Alexander Van der Bellen (wegen eines Kopftuch-Vergleichs) und über Papst Franziskus (wegen seiner KZ-Äußerung) auf. Sie machte dabei eine »neue Flapsigkeit« aus: »in der Hofburg und im Vatikan«. An beide Hausherren gerichtet stellte sie die Frage: »Beide Zitate verschlagen einem kurz den Atem, man liest die Quelle nach und ist erschüttert, dass es doch kein Witz, keine Fake News waren. Ist dies nur Teil einer Groteske, wie wir sie täglich in den unbedachten Wortmeldungen aus Washington, Ankara und Pjöngjang erleben können? Oder sind die Wortschöpfer allesamt von ihren Aussagen überzeugt?« An die Adresse des Papstes formulierte sie: »Franziskus ist zwar für einige der kirchliche Superstar, aber seine Predigten lassen immer wieder auf Ignoranz und eine gefährliche Naivität schließen. Mit flapsigen Worten zu provozieren ist das Recht der Jugend, auch des Wahlkämpfers. Doch einmal im Amt, noch dazu auf dem Heiligen Stuhl oder als oberster Repräsentant der Republik, ist der Amtsträger in ein protokollarisches und sprachliches Korsett gezwängt. Es ist dann eine Frage der Intelligenz und des Charakters, sich hierin Freiraum zu erarbeiten und moralische Autorität zu erlangen. Eine klare Sprache zu finden, anstatt Phrasen zu dreschen ist jedenfalls möglich, wie die Beispiele großer Staatsmänner im Stile eines Charles de Gaulle oder Winston Churchill zeigen. In der Hofburg residierten einst Habsburger, die Probleme benannten – aber mit Hausverstand und Stil, wie Maria Theresia. Und Papst Johannes Paul II. war der erste Medienpapst, aber eben einer mit schauspielerischer Ausbildung, der die Macht der Sprache verstand.«[205]

Dass Papst Franziskus sich der Wirkung seiner Vergleiche nicht bewusst wäre, dass er unterschätzt, wo was wie wirkt, glaube ich nach fünf Jahren längst nicht mehr. Eher wundere ich mich über die pseudomoralische Überheblichkeit mancher Kommentatoren, die darüber befinden, welche Zuspitzungen legitim sind und welche nicht. Dass Franziskus dazugelernt hat, scheint mir auf der Hand zu liegen.

Das Schicksal der Propheten

Propheten hört man gerne zu. Sie sind direkt. Sie sagen ungeschminkt die Wahrheit. Sie konfrontieren. Sie nehmen gerade kein Blatt vor den Mund. Sie legen den Finger auf die Wunden. Und das gefällt – solange sich keiner persönlich angesprochen fühlt oder angesprochen fühlen muss. Solange es immer nur »die anderen« sind, die sich ändern müssen, nicht ich.

Und dann bringt man Propheten um. Oder boykottiert sie. Oder verunglimpft sie. Oder investigiert gegen sie. Bis sie aufgeben, resignieren, gebrochen sind, in die innere oder äußere Emigration flüchten. Die Kirchengeschichte bietet dafür unzählige Beispiele. Selbst ein König Herodes war von Johannes dem Täufer angetan: »Wenn er ihm zuhörte«, heißt es im Markusevangelium, »geriet er in große Verlegenheit und doch hörte er ihm gern zu« (vgl. Mk 6,21). Bis er sich in erotischer Verblendung und aus einer Laune heraus dazu hinreißen ließ, den Reizen der Tochter der Herodias erlegen – von Richard Strauß in seiner Oper »Salome« (op. 54) nach dem gleichnamigen Drama von Oscar Wilde vertont –, den Täufer köpfen zu lassen.

Der »Erfolg« eines Papstes hängt auch davon ab, ob seine Inhalte nicht ins Lächerliche gezogen oder sonst wie diskreditiert werden. Papst Franziskus einen prophetischen Papst zu nennen, wäre nur ein weiterer (untauglicher) Versuch, ihn auf den Punkt, auf einen Begriff bringen zu wollen. Unberechenbar bleibt er, wie Propheten auch – viel mehr sollte die »geistliche Jugend eines alten Papstes«[206] verwundern. »Sicher wurde die Prophetie«, so Andrea Riccardi, Gründer der Gemeinschaft Sant'Egidio und im Kabinett von Mario Monti von November 2011 bis April 2013 Minister ohne Portefeuille, »in den Jahren der Nachkonzilszeit auch auf missverständliche Weise verstanden. Es ist aber festzuhalten, dass der prophetische Geist in die Kommunikation der Worte und der Erfahrungen des Glaubens ein Pathos eingebracht hat, das notwendig erscheint.«[207]

Für Überraschungen ist Papst Franziskus jedenfalls immer gut, so oder so – und manchmal braucht es auch eine negative Schlagzeile, um die Aufmerksamkeit auf eine Situation oder einen Zustand zu lenken. Franziskus ist einer, der anstößt – und mächtig anschieben muss. Er braucht Verbündete – auch wegen des Widerstands, der sich auf verschiedensten Ebenen und auf vielfache Weise formiert hat.

Widerstand

Dieser Papst: ein Reformer? Ein Sanierer? Das alles sind Etiketten. Wird einer geboren, um sich später den Titel »Reformpapst« ans Revers zu heften – wie eine Trophäe? Wird einer Jesuit, um Geschichte zu schreiben? Um Bischof, Kardinal, gar Papst zu werden? Franziskus hat das Vorkonklave Anfang März 2013 aktiv, hoch konzentriert und sehr wach mitverfolgt. Der Ruf nach Reformen in der Kirche war unüberhörbar. Jorge Mario Bergoglio SJ, der nach dem Konklave fest mit der Annahme seines altersbedingt schon 2011 eingereichten Rücktritts rechnete und sich bereits für einen Platz in einem Priesteraltenheim in Buenos Aires interessierte, dürfte in diesen Tagen der Beratung von einer Kirche geträumt haben, die Dienerin ist, Hilfe für die Menschen, Lebenshilfe – und von einem Apparat, der Römischen Kurie, die als Dienstleisterin auftritt und nicht in erster Linie herrschend, regulierend, besserwisserisch. In den vergangenen fünf Jahren – *sub specie aeternitatis* nicht einmal ein Wimpernschlag – hat er die Weltkirche in den Augen von Paul M. Zulehner »tief greifend verändert«: »Es ist die Pastoralkultur, die eine neue Grundmelodie bekommen hat.«[208] Aber eben nicht nur diese. Die Änderungen gehen weit über einen Stilwechsel hinaus.

Widerstand gegen das, was er seit seiner Wahl, oft sehr spontan, scheinbar sprunghaft und ohne erkennbares System, anging, mit einer Konsequenz, die immer wieder überrascht und für einen mittlerweile über 80-Jährigen doch beachtlich ist, konnte nicht ausbleiben. Wer ändert sich schon gern? Erzkonservative Hardliner sehen »die wahre Lehre« in Gefahr. Anderen geht der Papst zu wenig respektvoll und wertschätzend mit dem Apparat um. Wieder andere bemängeln seine saloppe Ausdrucksweise. Kritik kommt eher aus den Reihen des Klerus, wo er oft den Finger in die Wunde legt und vor einem »Doppelleben« warnt. Widerstand hat sich formiert, bei Einzelfragen, aber auch generell, was die Amtsführung und das Amtsverständnis von Papst Franziskus anbelangt. Wo protestiert wird, tauchen nicht selten auch typische Klischees und Kalauer gegenüber Jesuiten auf.

»Impertinenz der Papstkritik«

Der Wiener Religionsjournalist Otto Friedrich hat im November 2017 einen »Furche«-Kommentar mit »Impertinenz der Papstkritik« überschrieben. Vor dem Hintergrund der mit »Amoris laetitia« laut gewordenen, hauptsächlich innerkirchlichen Kritik am Papst und seinem Kurs fragte er, »wie relevant die kritischen Ennunziationen sind, und ob sie tatsächlich die katholische Welt beunruhigen sollten«[209]. Friedrich machte sogar, jenseits der sich an dem Nachsynodalen Schreiben entzündenden Kritik, »personelle Übereinstimmungen zwischen dem Trump- und dem Anti-Papst-Lager« aus: »In dieser Hinsicht also ist das Aufbegehren relevant. Und für eine offene Kirche auf ihrem Weg durch die Welt gefährlich. Dennoch muss die reaktionäre Agenda dieser Papstkritik, die ja eine Kritik an jeder Verheutigung (›Aggiornamento‹) darstellt, der sich die katholische Kirche mit dem II. Vatikanum verschrieben hat (und dem Franziskus so engagiert endlich zum Durchbruch verhelfen will), klar benannt werden.«[210]

Es geht wohl nicht nur um eine einzelne Äußerung oder um ein einzelnes päpstliches Dokument, das nicht gefällt. Die mit Franziskus verbundene Öffnung der Kirche – stilistisch, moral- und pastoraltheologisch, kirchenrechtlich, dogmatisch –, für die er sich auf den Geist des nach seiner Einschätzung unerledigten Zweiten Vatikanischen Konzils beruft, ist das (für viele unsichtbare) Ziel mancher Aktionen, über die man den Kopf schütteln muss. Sie sähen das Rad der Geschichte gern zurückgedreht und nehmen es Papst Benedikt XVI.

nach wie vor übel, dass er im Februar 2013 seinen Rücktritt erklärt und freiwillig auf sein Amt verzichtet hat.

Fünf Jahre nach der Wahl vom 13. März 2013 dürfte auch eine rein biologische Betrachtungsweise nicht von der Hand zu weisen sein. Denn inzwischen spielt die Zeit Kritikern und Widersachern, notorischen Nörglern, die mit ihrer »Besorgnis« Stimmung machen (Johannes XXIIII. nannte sie bekanntlich »Unglückspropheten«), in die Hand: »Man kann die erzkonservativen Umtriebe auch dahingehend interpretieren, dass sich deren Vertreter fürs nächste Pontifikat in Stellung bringen: Franziskus ist bekanntlich kein junger Mann, und nach ihm soll nie wieder einer seines Schlags an die Kirchenspitze gelangen. Insbesondere dieser Strategie muss die dem Konzil verbundene, oft schweigende Mehrheit in der katholischen Kirche entschieden entgegentreten.«[211]

Auch Matthias Drobinski meint, dass Franziskus »das Amt mit seiner demonstrativ bescheidenen Lebensführung revolutioniert«, mit »Evangelii gaudium« oder »Laudato si'« »neue Türen zur Welt geöffnet« und mit den beiden Familiensynoden »eine Debatte ermöglicht« hat, »die lange tabu war in der Kirche«. Allerdings sei der »Widerstand von konservativen Bischöfen und Kardinälen« unübersehbar, »für die der Papst die Wahrheit der Kirche an den Zeitgeist verkauft«[212]. Im Jahr 2018, so seine Prognose mit Blick auf die Jugendsynode im Oktober, könnte es zum großen Krach kommen: »Die Abstimmungen dort werden auch Abstimmungen über den Kurs des Papstes sein.«[213] Man wird sehen.

Der Ton wird rauer: »Il Papa Dittatore«

Nicht von der Hand weisen lässt sich der Eindruck, dass der Ton rauer, ruppiger, ja unverschämter geworden ist. Die »Stimmungsmache« hat vielleicht nicht Methode. Aber sie wirkt – gemäß dem Motto: »Steter Tropfen höhlt den Stein.« Der Papst als fundamentaler Zerstörer oder gnadenloser Boss. Der nach Lust und Laune in Kongregationen Personal entlässt, austauscht oder versetzt. Der Druck macht auf einzelne Gemeinschaften wie die Ordensgemeinschaft der franziskanischen Brüder und Schwestern von der »Immaculata«, den Malteserorden oder, wie jüngst (wenige Tage vor seiner Reise nach Peru), auf die peruanische Bewegung »Sodalitium Christianae Vitae«, die sich als Gegenbewegung zur Befreiungstheologie versteht, und sie unter eine kommissarische Leitung stellt.

Wer verärgert ist, wer sich an etwas reibt und stößt, sucht sich Ventile. An der Nordseite der Piazza Pantaleo, dem südwestlichen Nebenplatz der weltbekannten Piazza Navona steht eine antike Skulpturengruppe, zu der der berühmt-berüchtigte *Pasquino* gehört: An diesen hellenistischen Torso wurden seit dem 16. Jahrhundert anonyme Spottverse über aktuelle Machthaber angeheftet. Vor allem, wenn die Meinungsfreiheit unterdrückt wurde, war der Pasquino ein beliebtes Ventil.[214] Papst Hadrian VI. wollte ihn, verärgert über satirische Spottverse über die Zustände an der Kurie, im Tiber versenken lassen. Mussolini konnte nicht verhindern, dass beim Besuch Hitlers in Rom Spottgedichte auftauchten. In jüngerer Zeit machten sich Römerinnen und Römer dort gern über Ministerpräsident Silvio Berlusconi Luft.

Der Pasquino ist die einzige noch genutzte »sprechende Statue« Roms. Vor allem in der Zeit des Nepotismus der Päpste wurden sie in der ganzen Stadt in Anspruch genommen: der *Marforio* (heute im Kapitolinischen Museum), der *Babuino* (bei der Spanischen Treppe), der *Abbate Luigi* (bei der Kirche Sant'Andrea della Valle), der *Facchino* (eine Brunnenfigur am Palazzo De Carolis, heute Banca di Roma, gegenüber dem Palazzo Doria-Pamphilj) und *Madama Lucrezia* (an der Piazza San Marco, dem westlichen Ausläufer der Piazza Venezia).

Im Januar und Februar 2017 kam eine andere Methode zur Anwendung, die an den Pasquino anlehnte, bis hin zum römischen Dialekt: Große Teile Roms waren vollgepflastert mit Anti-Papst-Plakaten. Auch unweit des Vatikans, an der Piazza del Risorgimento etwa. Unbekannte affichierten über zweihundert Plakate mit dem Konterfei eines missmutig dreinschauenden Papstes und der Aufschrift »A France'« (Ey, Franz): »Du hast Behörden zwangsverwaltet, Priester entfernt, den Malteserorden enthauptet, Kardinäle ignoriert – wo ist Deine Barmherzigkeit?« Weil widerrechtlich aufgehängt, ließ die Stadtbehörde sie entfernen. Schnell kam eine Debatte auf: Volkes Stimme oder konservative, finanzstarke Kreise?

Ein unmittelbarer Anlass (neben anderen) war der (ihm von Franziskus nahegelegte) Rücktritt des Großmeisters des Souveränen Malteserordens, Matthew Festing, der die Öffentlichkeit wochenlang beschäftigt hatte. »Es sind diejenigen, welche auf Einhaltung von Regeln achten, wenn der Papst das aber tut, ihn auf Barmherzigkeit hinweisen. Und wenn der Papst barmherzig ist, dann wollen sie die Regeln. Je nach eigener Problemlage«, kommentierte Bernd Hagenkord SJ in seinem Blog: »Die Fälle, die da ineinandergerührt werden, sind sehr verschieden und haben nichts miteinander zu tun, außer dass der Papst der Handelnde ist. (...) Interessant ist vielleicht auch, dass ein Plakat zeigt, dass man die Öffentlichkeit außerhalb der Filterblasen des Internets sucht.«[215] Der Präsident des Päpstlichen Kulturrates, Kardinal Gianfranco Ravasi, benannte »Ultrakatholiken« als Urheber: »Das sind schwache Minderheiten. Aber sie sind gut darin, die Massenkommunikationsmittel zu nutzen.« Und er zitierte einen Aphorismus von Georg Christoph Lichtenberg: »Es ist fast unmöglich, die Fackel der Wahrheit durch ein Gedränge zu tragen, ohne jemandem den Bart zu versengen.«[216]

Es blieb nicht bei den Schmähpostern. Auch mit Fake-News sah sich der Vatikan konfrontiert. Eine gefälschte Ausgabe der amtlichen Tageszeitung des Apostolischen Stuhls tauchte auf. Kardinäle, Bischöfe, Kurienmitarbeiter, Adelige und andere Persönlichkeiten Roms erhielten eine E-Mail mit einer pdf-Datei im Anhang: eine gefakte Titelseite des »L'Osservatore Romano«. Titel: »Ha risposto!« (Er hat geantwortet). Die Seite zeigt einen dozierenden Papst. Er gibt ein fingiertes Interview, in dem er auf umstrittene Reformfragen antwortet, jeweils mit einem kategorischen »Sic et non« (Ja und nein) – für Kenner eine Anspielung auf eine gleichnamige Schrift des Philosophen Petrus Abaelardus (1079–1142). »Das Ziel ist, den Papst lächerlich zu machen«, so die Journalistin Gianfranca Soldati, die für die Tageszeitung *Il Messaggero* recherchierte: »Ein Papst, der nicht sagen kann, ob eine Sache richtig oder falsch ist, der mit den Achseln zuckt und sagt, vielleicht ja, vielleicht aber auch nein, soll zeigen, dass es einen Papst gibt, der nicht geeignet ist.«[217] Mit Humor reagierte der Direktor des echten »Osservatore«, Giovanni Maria Vian: »Das ist eine großartige Werbung, für die wir sehr dankbar sind, weil sie umsonst ist. Trotzdem sind wir etwas enttäuscht, denn der ›Osservatore Romano‹ ist viel schöner als die Fake-Version, nicht nur in puncto Grafik, sondern auch was das Latein angeht. Diese Fälscher sind echte Dilettanten.«[218] Die Vatikan-Gendarmerie ermittelte gegen Unbekannt.

Eine weitere Eskalation: Unter dem pseudohistorischen Pseudonym Marcantonio Colonna erschien Mitte November 2017 auf Italienisch, einige Wochen später auf Englisch, eine nur im Internet als E-Book zu erwerbende Veröffentlichung mit dem bezeichnenden Titel »Il Papa dittatore«. Süffisante Kapitelüberschriften wie »Die St. Gallen-Mafia«, »Die Reformen – welche Reformen?«, »Barmherzigkeit, Barmherzigkeit!« oder »Der Kreml von Santa Marta« (!) ließen erahnen, woher der Wind weht. Tenor der Schmähschrift: Der Papst übt ein Terrorregime aus, er ist total unorganisiert und macht Kritiker mundtot. Selbst die Wochenzeitung »Die Tagespost« räumte ein: »Das Buch lässt alles weg, was dazu beitragen könnte, ein authentisches Bild von Jorge Mario Bergoglio zu zeichnen (…). Aber es ist ein Phänomen in Zeiten des Internets: Da es ein E-Book ist, kann es jemand für wenig Geld erwerben und sofort über seine Verteiler an einen weiten Kreis von Gleichgesinnten senden. (…) Auch die Anti-Franziskus-Stimmung bedient sich zahlreicher Versatzstücke, die das Diktatoren-Buch nun alle zusammenfasst.«[219]

»Wer hat in Rom den Hut auf?«

Bilder sagen oft mehr als Worte. Und man kann mit ihnen »Politik« machen, jedenfalls die Meinungsbildung steuern. So geschehen in der Beilage »Christ & Welt« der Hamburger Wochenzeitung *DIE ZEIT*, Ausgabe 3/2018 (11. Januar): Ein abgelegtes rotes Kardinalsbirett, darunter in übergroßen Lettern: »Wer hat in Rom den Hut auf?« Der zum Lesen animierende Text-Teaser: »Für sein Lehrschreiben ›Amoris laetitia‹ wird Papst Franziskus von Konservativen heftig kritisiert. Die Weltkirche ist gespalten wie nie. Gerade deshalb müsse man den Papst unterstützen, meint der Wiener Kardinal Schönborn. Das große C & W-Interview auf den Seiten 2 und 3«. Absatz garantiert!

Die Botschaft, die hier mittransportiert wird: Hat der Papst eigentlich das Heft des Handelns (noch) in der Hand? Entgleitet ihm die Reform? Ist er mit dem Regieren überfordert? Gibt es einen »Kampf um Rom«? Dass mit Franziskus auch Mitarbeiter und Vertraute des Papstes, echte oder vermeintliche, ihr Fett abbekommen, versteht sich von selbst. Kritik an Päpsten kann sein – und soll sein, das räumt der Wiener Erzbischof, Kardinal Christoph Schönborn OP (»Der Treue unter den Untreuen«) in dem Interview ein. Aber er mißbilligt bestimmte Aktionen und Methoden. Man muss schon sehen (wollen), dass unter Franziskus bisher nicht gekannte Methoden zur Anwendung gekommen sind, die unter Benedikt XVI. oder Johannes Paul II. undenkbar gewesen wären. Der Streit um die Deutungshoheit wird scharf und auch mit unfairen und unlauteren Mitteln ausgetragen, er hat Unruhe in die Kirche gebracht, er verunsichert, er macht aggressiv.

Bernd Hagenkord SJ zum Vorgehen von Franziskus: »Er will Unruhe stiften, innere wie äußere. Er will, dass sich etwas bewegt, innerlich und geistlich, aber auch mit Blick etwa auf Flüchtlinge oder Krieg. Und Papst Franziskus nutzt seine Sprache und sein Sprechen, solche Unruhe auszulösen. Das ist nicht immer leicht zu verstehen.«[220] Annette Schavan bringt es auf den Punkt: »Für mich ist er ein Radikaler, und mit radikal meine ich konsequent. Er vertritt konsequent eine Kirche, die verbinden soll, was in der Welt auseinanderfällt. In die klassischen Kategorien links, rechts, rot, grün, schwarz passt er nicht.«[221] Hat Franziskus zu viele Baustellen aufgemacht? Überfordert er – andere, aber auch sich selbst? Ist das Tempo zu schnell? Ludwig Ring-Eifel, Chefredakteur der Katholischen Nachrichtenagentur (kna), wies in einem Interview mit dem Deutschlandfunk zum vierten Jahrestag der Wahl (2017) auf die Doppelrolle von Papst Franziskus hin: Er ist Reformlokomotive und gleichzeitig Herr des ganzen Apparats. In der ersten Rolle drückt er aufs Gas und macht Tempo. In der zweiten Rolle muss er schauen, dass keiner überfahren wird oder sich überfahren fühlt: »Er steht ja auch an der Spitze dieser Hierarchie. Es ist ja das Paradoxe an ihm, dass er gewissermaßen zwei Rollen spielt. Er ist gleichzeitig der Chef des Ganzen und er macht gleichzeitig die außerparlamentarische Opposition. Das ist natürlich auch eine schwierige Doppelrolle, die er da innehat. Aber er übt auch Druck von oben aus.«[222]

Den Papst, so scheint es, irritiert der Widerstand nicht, auch nicht die verschiedenen Aktionen, die man in anderen Kontexten als »unter der Gürtellinie« bezeichnen würde. Oder doch? Dass er von seiner Persönlichkeit her ein autoritärer Typ ist, dass er »austeilen« kann und dabei nicht zimperlich ist, das ist hinlänglich bekannt. Perlt Kritik an ihm selber teflonartig ab? Er geht jedenfalls seinen Weg weiter, scheinbar ungerührt, und lässt sich nicht einschüchtern. Bei verschiedenen Gelegenheiten hat er seine Sicht der Dinge jedoch dargelegt oder präzisiert – oder man verstand seine Worte da und dort durchaus als Reaktion auf bestimmte Vorkommnisse.

Bei der schon erwähnten Audienz zur 4000. Ausgabe der Jesuiten-Zeitschrift *La Civiltà Cattolica*« am 9. Februar 2017 im Konsistoriensaal fielen auch Worte, die man als Reaktion auf die Aktionen von Anfang 2017 verstehen kann: »Ihr seid im Boot Petri. Es kann manchmal in der Geschichte – heute wie gestern – von den Wellen hin- und hergeworfen werden, und man darf sich darüber nicht wundern.

Aber auch die Matrosen, die berufen sind, im Boot Petri zu rudern, können in Gegenrichtung rudern. Das ist immer schon geschehen. Ihr von ›La Civiltà Cattolica‹ müsst ›erfahrene und tüchtige Ruderer‹ sein (Pius VII., *Sollicitudo omnium ecclesiarum*): Rudert also! Rudert, seid stark, auch bei Gegenwind!«

»Vietato lamentarsi« (Jammern verboten!): Als ihm im August 2017 bei einer Generalaudienz der Psychotherapeut und Motivationsredner Salvo Noé, der ein Buch mit dem Titel »Smettila di lamentarti« veröffentlicht hatte, in dem er dem Papst einige Seiten widmete, ein Schild mit der Aufschrift »Vietato lamentarsi« (Jammern verboten!) überreichte, hängte Franziskus dieses prompt an die Tür seines privaten Arbeitszimmers im Gästehaus Santa Marta.[223] Darunter der Text: »Übertreter setzen sich einer Schikanekrankheit aus und der folgenden Einschränkung ihres Sinnes für Humor sowie ihrer Fähigkeit, Probleme zu lösen. Die Strafe verdoppelt sich, wenn der Verstoß in Gegenwart von Kindern begangen wird.« Auf der Website der Tageszeitung *La Stampa* erschien umgehend ein Foto davon.

In den Wochen davor hatte sich Franziskus mit heiklen Personalproblemen beschäftigen müssen: Die Amtszeit des Präfekten der Glaubenskongregation wurde nicht verlängert, sein oberster Wirtschaftsprüfer, Libero Milone, trat zurück und Kurienkardinal George Pell, der Finanzchef des Vatikans, musste nach Australien reisen, um sich einem Gerichtsverfahren zu stellen. Kardinal Gerhard Müller hatte im Frühjahr 2017 ein 605 Seiten starkes Buch mit dem Titel »Der Papst« veröffentlicht, in welchem er im ersten Kapitel über die Päpste seiner Lebensgeschichte schreibt. Dem gegenwärtigen Papst (»2013 – feliciter regnans«[224]) sind ganze sechs Seiten gewidmet, vier davon bringen Müllers eigene Stellungnahme auf der Bischofssynode 2015 zum Thema Familie.[225] »In wörtlicher Rede! Dazu braucht es einen ziemlich starken Glauben – an sich selbst«, kommentierte Rudolf Neumaier in der *Süddeutschen Zeitung*.[226]

Handeln statt klagen, lautet das unausgesprochene päpstliche Motto. Nicht umsonst findet sich das Wort »Freude« in vielen wichtigen

Schreiben von Franziskus. Gelegentlich soll der Papst aber auch sein Bedauern über Illoyalitäten geäußert haben. Kalt lässt ihn gewiss nicht, was ihm alles unterstellt wird. Und doch hält er Kurs. Und bekommt auch Unterstützung von verschiedenen Seiten.

Die Weihnachtsansprachen an die Römische Kurie: eine spezielle Form der Mitarbeitermotivation?

Ein Termin im päpstlichen Jahreskalender hat sich mittlerweile zu einem Anlass entwickelt, bei dem Programmatisches von Franziskus zu erwarten ist: die Ansprachen beim traditionellen Weihnachtsempfang für die Römische Kurie. »Vor Ostern«, so Matthias Drobinski, »wäscht Franziskus den Armen die Füße – und vor Weihnachten der Kurie den Kopf. So lassen sich die Traditionen zusammenfassen, die sich unter Jorge Mario Bergoglio aus Argentinien herausgebildet haben.«[227]

Im ersten Pontifikatsjahr hielt sich alles im gewohnten Rahmen: Der Papst – seit neun Monaten im Amt – hieß namentlich den italienischen Erzbischof Pietro Parolin, den früheren Nuntius in Venezuela, den er zwei Monate später zum Kardinal kreierte, als neuen Staatssekretär willkommen. Und er erwähnte kurz drei Punkte: »Professionalität«, »Dienst« und »Heiligkeit des Lebens«. Im Interview mit Antonio Spadaro SJ im August hatte er mit Blick auf seinen »Apparat« gemeint: »Die römischen Dikasterien (Kongregationen, Räte und die anderen Ämter) stehen im Dienst des Papstes und der Bischöfe. Sie müssen den Ortskirchen helfen oder den Bischofskonferenzen. Es sind Einrichtungen des Dienstes. In Einzelfällen, wenn man sie nicht richtig versteht, laufen sie Gefahr, Zensurstellen zu werden. Es ist eindrucksvoll, die Anzeigen wegen Mangel an Rechtgläubigkeit, die in Rom eingehen, zu sehen. Ich meine, dass diese von den Bischofskonferenzen untersucht werden müssen, die ihrerseits Hilfe aus Rom bekommen können. Die Fälle werden besser an Ort und Stelle behandelt. Die römischen Dikasterien sind Vermittler, sie sind nicht autonom.«[228]

Jetzt betonte er: »Wenn die Professionalität fehlt, rutscht man langsam in den Bereich der Mittelmäßigkeit ab. Die Akten werden zu klischeehaften Berichten und zu Mitteilungen ohne eine innerlich treibende, lebendige Kraft, unfähig, den Blick auf das Große hin zu öffnen. Wenn andererseits die Haltung nicht die des Dienstes für die Teilkirchen und ihre Bischöfe ist, wächst die Struktur der Kurie wie ein schwerfälliges Zollamt, eine bürokratische Untersuchungs- und Kontrolleinrichtung, die dem Wirken des Heiligen Geistes und dem Wachsen des Gottesvolkes keinen Raum lässt.« Und ganz beiläufig ermunterte er zur »Verweigerung aus Gewissensgründen gegenüber dem Tratsch!«.

Ein Jahr später, am 22. Dezember 2014, wurde er deutlicher, und diese Rede ging als »Kurienschelte« in die Geschichte ein. Dass Franziskus am Beginn für die geleistete Arbeit dankte – und zwar nicht nur pro forma –, ging in der weltweiten Aufregung weitgehend unter. Hingegen konnte man Kommentare der Art lesen, dass beispielsweise der Aufsichtsratvorsitzende von Siemens oder der Chef der Deutschen Bahn, wenn sie ihre Mitarbeiterinnen und Mitarbeiter derart »abkanzeln« würden, noch dazu wenige Tage vor Weihnachten, wohl ihren Hut nehmen oder mindestens mit innerbetrieblichem Protest, wenn nicht mit Sabotage, rechnen müssten. Nicht nur in der Presse, auch innerkirchlich nahmen es zwar manche mit Genugtuung hin, dass der Papst Kardinälen und Bischöfen eine »Kopfwäsche« verpasst hatte. Doch wer zu viel Schadenfreude über diese »Gardinen-« oder (Ironie der Geschichte, dass dafür ein anderer Orden herhalten muss) »Kapuzinerpredigt« aufkommen ließ, hatte nicht die ganze Rede gelesen. Denn Franziskus zeigte nicht mit dem Finger auf eine einzelne Gruppe, die Kurienmitarbeiter, er nahm alle mit ins Boot: »Brüder, diese Krankheiten und diese Versuchungen sind natürlich eine Gefahr für jeden Christen und für jede Kurie, Gemeinschaft, Kongregation, Pfarrei und kirchliche Bewegung, und sie können auf individueller wie auf gemeinschaftlicher Ebene auftreten.«

Die fünfzehn »Krankheiten« oder »Versuchungen« hatten es in sich: »1. Die Krankheit, sich ›unsterblich‹, ›immun‹ oder sogar ›unentbehrlich‹ zu fühlen und so die notwendigen und üblichen Kontrollen zu unterlassen. (…) 2. Eine weitere Krankheit ist der ›Martalismus‹ (von ›Marta‹ abgeleitet), der übertriebene Fleiß: die Krankheit derer, die sich in die Arbeit versenken und dabei unvermeidlich ›das Bessere‹ vernachlässigen, (…) 3. Es gibt auch die Krankheit der geistigen und geistlichen ›Versteinerung‹: die Krankheit derer, die ein Herz von Stein haben und ›halsstarrig‹ sind (vgl. Apg 7,51); die unterwegs die innere Gelassenheit, die Lebendigkeit und die Kühnheit verlieren, sich hinter den Schriftstücken verstecken und ›*Aktenbearbeitungsmaschinen*‹ werden anstatt ›*Gottesmänner*‹ (…). 4. Die Krankheit der Planungswut und des Funktionalismus (…). 5. Die Krankheit der schlechten Koordination (…). 6. Es gibt auch die Krankheit des ›geistlichen Alzheimer‹ (…). 7. Die Krankheit der Rivalität und der Eitelkeit (…). 8. Die Krankheit der existenziellen Schizophrenie (…). 9. Die Krankheit des Geredes, des Gemunkels und des Tratsches (…). 10. Die Krankheit, die Vorgesetzten zu vergöttern (…). 11. Die Krankheit der Gleichgültigkeit gegenüber den anderen (…). 12. Die Krankheit der Totengräbermiene (…). 13. Die Krankheit des Hortens (…). 14. Die Krankheit der geschlossenen Zirkel, wo die Zugehörigkeit zum Grüppchen stärker wird als die zum Leib und – in einigen Fällen – zu Christus selbst (…). 15. Und die letzte Krankheit: die des weltlichen Profits, der Zurschaustellung, wenn der Apostel seinen Dienst in Macht und seine Macht in Ware verwandelt, um weltlichen Nutzen oder mehr Einfluss zu gewinnen«.

Die Stichwörter, die in der Rede fielen, ließen auf tiefe Verärgerung und Enttäuschung in den letzten Monaten schließen: fehlende Selbstkritik, Pathologie der Macht, Komplex der Erwählten, Narzissmus, Stress und Rastlosigkeit, Sensibilität, Gesinnung Jesu, Frische, Fantasie, Neuheit, Verfall der spirituellen Fähigkeiten, Ehrgeiz, Prahlerei, vorgespielter Mystizismus, Quietismus, Parallelwelt, Rufmord, Terrorismus des Geredes, Karrierismus und Opportunismus, Unterwerfung und Komplizenschaft, Verschlagenheit und Schadenfreude, theatralische Strenge und steriler Pessimismus, existenzielle Leere, Unterjochung, Verleumdung, Diffamierung, Diskreditierung …

Nichts Menschliches, so schien es, ließ der Papst aus – und so menschlich bzw. unmenschlich, ja »weltlich«, das konnte man mit lesen, geht es offenbar in der Kurie zu! Auch nicht anders als anderswo, musste man – erschreckt – zur Kenntnis nehmen! Im Grunde ging es dem Papst um einen Aufruf zur Echtheit. Damit nicht »die äußere Erscheinung, die Farbe der Talare und die Ehrenabzeichen zum vorrangigen Lebensziel werden« und sich »ein Doppelleben« einschleicht: »Frucht der typischen Heuchelei des Mittelmäßigen und der fortschreitenden spirituellen Leere, die durch Diplome und akademische Titel nicht gefüllt werden kann«. Ob seine eindringlichen, aufschreckenden Appelle verstanden wurden? Oder ob nur Verletzungen zurückblieben bei denen, die sich hier »abgestraft« sahen?

Bernd Hagenkord SJ hat ein Jahr später in seinem Blog auf die Schrift des fünften Generaloberen der Jesuiten, Claudio Aquavia SJ (1543–1615), hingewiesen[229]: »Anweisungen zur Behandlung von Krankheiten der Seele« (Industriae ad curandos morbos animae)[230]. Sie könnte für den Beichtspiegel von Papst Franziskus Pate gestanden haben, der seinerseits zwei Jahre später bei der Weihnachtsansprache 2016 am Ende jedem Zuhörer ein Exemplar genau dieses Klassikers überreichte, nachdem er rückblickend von einer Ansprache »nach dem Modell der Wüstenväter« gesprochen hatte.

Ein Jahr darauf waren wieder alle auf die Weihnachtsansprache 2015 gespannt. Würde der Papst der Kurie erneut die Leviten lesen? Wegen einer noch nicht überwundenen Grippe im Sitzen sprechend, kam Franziskus am Beginn kurz auf die Ansprachen von 2013 und 2014 zu sprechen und kündigte an, dem »Katalog der Kurienkrankheiten« diesmal eine Liste mit »kurialen Antibiotika« an die Seite stellen zu wollen. Im Rückblick auf das Jahr stellte er fest: »Einige dieser Krankheiten sind im Laufe dieses Jahres aufgetreten; sie haben dem gesamten Leib nicht unerhebliche Schmerzen zugefügt und viele Menschen innerlich verletzt – auch durch den Skandal …«. Er ließ keinen Zweifel daran, dass er sich nicht davon abbringen lasse, weiterhin Reformen anzugehen: »Ich halte es für meine Pflicht zu bekräftigen, dass dies ein Anlass zu aufrichtigen Überlegungen und entscheidenden Maßnahmen war und weiter sein wird. Die Reform wird mit Entschlossenheit, klarem Verstand und Tatkraft fortgeführt werden, denn *Ecclesia semper reformanda.*«

Der Rahmen war damit gesetzt. Nachdem er sein Bedauern über verschiedene Skandale ausgesprochen hatte, lobte der Papst diesmal die Arbeit der Kurie expressis verbis. Man kann spüren, dass er dabei indirekt auf die heftigen Reaktionen vom Vorjahr anspielte: »Dennoch können die Krankheiten und sogar die Skandale nicht die Effizienz der Dienste überdecken, welche die Römische Kurie mühevoll mit Verantwortung, Engagement und Hingabe für den Papst und die ganze Kirche leistet, und das ist ein wirklicher Trost. Es wäre eine große Ungerechtigkeit, gegenüber all den anständigen und gewissenhaften Personen, die in der Kurie mit uneingeschränktem Einsatz, mit Ergebenheit, Treue und Professionalität arbeiten, nicht einen tief empfundenen Dank und eine gebührende Ermutigung zum Ausdruck zu bringen – sie schenken der Kirche und dem Nachfolger Petri den Trost ihrer Solidarität und ihres Gehorsams, ganz zu schweigen von ihren großherzigen Gebeten. Überdies sind die Widerstände, die Mühen und das Fallen der Menschen und der Amtsträger auch Lektionen und Chancen zum Wachsen und niemals Anlass zur Entmutigung. Sie sind Gelegenheiten, sich ›*auf das Wesentliche zu besinnen*‹, das heißt zu überprüfen, wie weit wir uns im Klaren sind über uns selbst, über Gott, über den Nächsten, über den *sensus Ecclesiae* und über den *sensus fidei.*«

Da das Weihnachtsfest ins schon angelaufene »Jahr der Barmherzigkeit« fiel, entfaltete er diesmal einen »Katalog der notwendigen Tugenden«. Dabei griff er zu einer von Matteo Ricci SJ (1552–1610) in China angewendeten Methode: »Es ist eine Aufstellung, die von einer akrostichischen Analyse (…) gerade des Wortes ›*MISERICORDIA* – Barmherzigkeit‹ ausgeht, damit diese uns leite und leuchte.«

Es handelt sich dabei um ein Buchstabenspiel, das nur in der Originalsprache funktioniert, in der deutschen Übersetzung auf der Website des Vatikans aber kenntlich gemacht wurde. Die zwölf Buchstaben des Wortes »Misericordia« verband der Papst mit zwölf veschiedenen Themenkreisen: 1. *M*issionarietà e pastoralità – Missionsgeist und pastorale Grundhaltung; 2. *I*doneità e sagacità – Eignung und Scharfsinn; 3. *S*piritualità e umanità – Spiritualität und Menschlichkeit; 4. *E*semplarità e fedeltà – Vorbildlichkeit und Treue; 5. *R*azionalità e amabilità – Vernünftigkeit und Liebenswürdigkeit; 6. *I*nnocuità e determinazione – wohlwollende Besonnenheit und Entschiedenheit; 7. *C*arità e verità – Liebe und Wahrheit; 8. *O*nestà e maturità – Ehrlichkeit und Reife; 9. *R*ispettosità e umiltà – Achtung und Demut; 10. »*D*oviziosità« e attenzione – Großherzigkeit und Aufmerksamkeit (»ich habe das Laster der sprachlichen Neubildungen«); 11. *I*mpavidità e prontezza – Unerschrockenheit und Regsamkeit; sowie 12. *A*ffidabilità e sobrietà – Vertrauenswürdigkeit und Nüchternheit.

Unschwer kann man den positiven, aufbauenden Duktus erkennen, den es nach der Standpauke von 2014 offenbar auch brauchte. Franziskus betonte abschließend, »Barmherzigkeit« sei »kein flüchtiges Gefühl, sondern sie ist die Synthese der Frohen Botschaft, die Wahl dessen, der die Gesinnung des ›*Herzens Jesu*‹ haben und ernstlich dem Herrn nachfolgen will (…) So möge also die Barmherzigkeit unsere Schritte lenken, unsere Reformen inspirieren und unsere Entscheidungen erleuchten. Möge sie die tragende Säule unseres Wirkens sein. Möge sie uns lehren, wann wir vorangehen und wann wir einen Schritt zurück tun müssen.«

Die Weihnachtsansprache am 22. Dezember 2016 drehte sich erneut um das Thema Kurienreform. Ausgangspunkt war damals ein alter Sinnspruch, »der die Dynamik der ignatianischen Exerzitien beschreibt: *deformata reformare* – was entstellt ist reformieren, *reformata conformare* – was reformiert ist, anpassen, *conformata confirmare* – was angepasst ist, festigen und *confirmata transformare* – und was gefestigt ist, neu gestalten«. Unzweideutig ging er auf die Notwendigkeit der Reform ein, bei der es nicht um Kosmetik gehe, wie er mit Zitaten von Paul VI. und Benedikt XVI. bekräftigte – wohl auch, um sich in eine Reihe mit früheren Versuchen zu stellen, den Apparat zu verändern: »Da die Kurie kein unbeweglicher Apparat ist, ist die Reform vor allem ein Zeichen der Lebendigkeit der Kirche auf dem Wege«, so Franziskus. Daran, dass er in der Reform keinen »Selbstzweck« sieht, sondern einen »Prozess des Wachstums und vor allem der *Umkehr«*, kann man erkennen, dass es ihm um eine fundamentale Wurzelbehandlung geht: »Sie verfolgt darum kein ästhetisches Ziel, so als wolle sie die Kurie schöner machen, noch darf sie als eine Art *Lifting*, *Make-up* oder Schminke verstanden werden, um den alten kurialen Leib zu verschönern, und auch nicht als eine Operation der Schönheitschirurgie, um die Falten wegzunehmen. Liebe Brüder, nicht die Falten sind das, was man in der Kirche fürchten muss, sondern die Flecken!«

Deswegen werde die Reform »einzig und allein wirksam sein (…), wenn sie mit ›*erneuerten*‹ und nicht bloß mit ›*neuen*‹ Menschen durchgeführt wird. Es genügt nicht, sich damit zufriedenzugeben, das Personal auszutauschen, sondern die Kurienmitglieder müssen dazu gebracht werden, sich geistlich, menschlich und beruflich zu erneuern. Die Kurienreform verwirklicht sich keineswegs mit dem Wechsel *der* Personen – was gewiss geschieht und geschehen wird –, sondern mit der Umkehr *in den* Personen. Tatsächlich reicht eine ›*ständige Fortbildung*‹ nicht aus, es bedarf auch ›*einer Umkehr und einer ständigen Reinigung*‹. Ohne einen ›*Gesinnungswandel*‹ wäre das funktionelle Bemühen vergeblich.«

Erstmals ging Franziskus jetzt auf verschiedene Formen des Widerstands ein, den er registriert hatte: »Auf diesem Weg ist es normal, ja sogar heilsam, auf Schwierigkeiten zu stoßen, die im Fall der Reform in verschiedenen Arten von Widerstand auftreten könnten: *offener Widerstand*, der oft aus gutem Willen und aus aufrichtigem Dialog hervorgeht; *verborgener Widerstand*, der aus verängstigten oder versteinerten Herzen hervorgeht, die ihre Nahrung aus dem leeren

Gerede des geistlichen ›*Gattopardismus*‹ derer ziehen, die sich in Worten zur Veränderung bereit erklären, aber wollen, dass alles beim Alten bleibt. Und es gibt auch den *böswilligen Widerstand*, der in verdrehten Mentalitäten aufkeimt und zum Vorschein kommt, wenn der Dämon böse (oft als Lämmer verkleidete) Vorhaben eingibt. Diese letzte Art des Widerstands versteckt sich hinter rechtfertigenden und in vielen Fällen beschuldigenden Worten und sucht Zuflucht in Traditionen, äußeren Erscheinungen, Formalitäten, im Altbekannten oder darin, alles auf die persönliche Ebene zu verlagern, ohne zu unterscheiden zwischen der Handlung, dem Handelnden und der Auswirkung.«

Eine nichtssagende Sonntagsrede, leere Floskeln hatte keiner erwartet. Neu und überraschend war diesmal, wie konkret Franziskus wurde, indem er noch zwölf »Leitlinien der Reform« (*criteri guida della riforma*) vorlegte, die so gut wie alles auf den Punkt brachten, worauf er seit März 2013 Wert gelegt hatte: Individualität (persönliche Umkehr), Hirtensorge (pastorale Umkehr), Missionsgeist (Christozentrismus), Rationalität, Funktionsfähigkeit, Modernität (Aggiornamento – Aktualisierung), Einfachheit, Subsidiarität, Synodalität, Katholizität, Professionalität und Gradualität (Unterscheidung). Man konnte unschwer erkennen, dass hier die beiden Familiensynoden, was dort verhandelt und wie dort agiert wurde, einflossen. Rationalisierungs- und Verschlankungsmaßnahmen, wozu die (mittlerweile vollzogene) Reduzierung von Dikasterien gehört, stärkere synodale Strukturen, eine verstärkte Internationalisierung, ständige Fortbildung werden genannt. Vermeintliche Problemlösungen, etwa Beförderungen im Sinne von Scheinversetzungen, sollten sofort beendet werden: »Andererseits muss die Praxis des *promoveatur ut amoveatur* unbedingt *definitiv* ad acta gelegt werden. Das ist ein Krebsgeschwür.« Auch die Ausführungen zur Gradualität, die bei der Familiensynode 2015 eine große Rolle spielte, lassen an Deutlichkeit nichts zu wünschen übrig: »Die Gradualität ist die Frucht der unentbehrlichen Unterscheidung. Diese schließt einen historischen Prozess, ein Abwägen von Zeiten und Etappen, Überprüfung, Korrekturen, Versuchsphasen und die Approbation *ad experimentum* ein. Es handelt sich also in diesen Fällen nicht um Unentschiedenheit, sondern um die Flexibilität, die notwendig ist, um eine wirkliche Reform zu erreichen.«

Bemerkenswerterweise legte Franziskus dann eine ganze Liste mit schon Erreichtem vor. Angesichts permanenter, offen oder versteckt geäußerter Vorwürfe, er regiere nicht wirklich, vielen Worten seien wenig Taten gefolgt, müssten damals auch Zuhörer, die hier eine »Leistungsschau« vermuteten, eingesehen haben, dass viel auf den Weg gebracht worden ist. Und der Papst verwies, nicht zum ersten Mal, auf das Vorkonklave: »In einem kurzen Überblick nenne ich einige Schritte, die verwirklicht wurden in Umsetzung der Leitlinien und der Empfehlungen, die von den Kardinälen während der Generalkongregationen vor dem Konklave, von der COSEA, vom Kardinalsrat sowie von den Leitern der Dikasterien und von anderen Personen und Experten geäußert wurden.«

Erinnert wird an den Kardinalsrat (K8/K9), die Aufsichtskommission für die Vatikanbank, die Gerichtsbarkeit der Rechtsorgane des Staates der Vatikanstadt, die Studien- und Leitungskommission für die Organisation der administrativ-wirtschaftlichen Struktur des Heiligen Stuhls (COSEA), das Finanzsicherheitskomitee des Heiligen Stuhls zur Verhütung und Bekämpfung von Geldwäsche, Terrorismus-Finanzierung und Verbreitung von Massenvernichtungswaffen, die Konsolidierung der Finanzaufsichtsbehörde, das Wirtschaftssekretariat und den Wirtschaftsrat, das (neue) Amt des Generalrevisors (URG), die Kommission für den Schutz von Minderjährigen, die Verwaltung der Güter des Apostolischen Stuhls, die Statuten der neuen Wirtschaftseinrichtungen, das Sekretariat für die Kommunikation, die Reform des kanonischen Verfahrens für die Fälle von Ehenichtigkeitserklärungen (»Mitis Iudex Dominus Iesus«), die Ahndung verschleppter oder vertuschter Missbrauchsfälle durch Bischöfe, die neu geordneten Kompetenzbereiche des Wirtschaftssekretariats und der

Verwaltung der Güter des Apostolischen Stuhles, die Errichtung des Dikasteriums für die Laien, die Familie und das Leben und des Dikasteriums für den Dienst zugunsten der ganzheitlichen Entwicklung des Menschen, das die bisherigen vier Päpstlichen Räte »Gerechtigkeit und Frieden«, »Cor Unum«, »Seelsorge für die Migranten und die Menschen unterwegs« sowie »Pastoral im Krankendienst« zusammenführte, und an das Statut der Päpstlichen Akademie für das Leben.

Die genannten Maßnahmen und Entscheidungen betreffen den Zeitraum April 2013 bis Oktober 2016 – wer sie aufmerksam verfolgt, kann wahrnehmen, dass sehr viel passiert ist. Dass es dabei auch zu Pannen kam, ist verständlich. Unschwer kann man vermuten, dass es dabei Gewinner und Verlierer gab, »Verteilungskämpfe« abliefen, Widerstand gegen Strukturänderungen wachgerufen wurde. Und doch ist die Leistungsbilanz, die auch etwas über die Leitungskompetenz aussagt, erstaunlich – und keineswegs so »mager«, wie manche nach wie vor behaupten.

Es gab an Weihnachten 2016 auch ein Weihnachtsgeschenk für die Kurienmitarbeiter, das an die zweite derartige Ansprache (2014) erinnerte: »Vor zwei Jahren, als ich über die Krankheiten gesprochen habe, kam einer von euch zu mir und sagte mir: ›Wo soll ich hingehen, zur Apotheke oder zur Beichte?‹ – ›Hm, zu beiden‹, sagte ich. Und als ich Kardinal Brandmüller begrüßte, hat er mir in die Augen geschaut und gesagt: ›Acquaviva!‹ In diesem Moment habe ich es nicht verstanden, aber als ich dann nachdachte und nachdachte, erinnerte ich mich, dass Acquaviva, der fünfte Ordensgeneral der Gesellschaft Jesu, ein Buch geschrieben hatte, das wir als Studenten auf Latein lasen, das uns die Spirituale lesen ließen. Sein Titel war: *Industriae pro Superioribus ejusdem Societatis ad curandos animae morbos*, das heißt die Krankheiten der Seele. Vor drei Monaten ist eine sehr gute italienische Ausgabe erschienen. Sie wurde von Pater Giuliano Raffo, der vor Kurzem verstorben ist, besorgt und hat ein gutes Vorwort, das Hinweise gibt, wie man es lesen muss, und auch eine gute

Einleitung. Es handelt sich nicht um eine kritische Ausgabe, aber die Übersetzung ist sehr schön, gut gemacht, und ich denke, sie ist hilfreich. Gerne möchte ich sie einem jeden von euch als Weihnachtsgeschenk geben.«

Zuletzt soll hier an die Weihnachtsansprache aus dem Jahr 2017 erinnert werden, in dem der Papst eine Reihe von Aktionen und Intrigen zu erdulden hatte. Sie wurde ähnlich wie die scharfe Ansprache von 2014 als »Rundumschlag« aufgenommen. Auch diesmal wurde in der Presse umgekehrt proportional berichtet, und es fiel dabei unter den Tisch, dass Franziskus – wie immer – zuerst für den vielfältigen Einsatz gedankt hatte. »Möge dieses Weihnachten uns die Augen öffnen, um Überflüssiges, Falsches, Boshaftes und Vorgetäuschtes hinter uns zu lassen und das Wesentliche, das Wahre, das Gute und das Echte zu sehen«: Es sollte nicht bei einem frommen Wunsch bleiben. Aufhorchen ließ am Beginn die Zitierung des unter Pius IX. in Rom wirkenden belgischen Erzbischofs Frédéric-François-Xavier De Mérode (1820–1874): »In Rom Reformen durchzuführen heißt gleichsam die Sphinx von Ägypten mit einer Zahnbürste zu putzen.«

Franziskus forderte dazu auf, »die unausgewogene und verwerfliche Mentalität von Verschwörungen und kleinen Zirkeln zu überwinden«. »Diese stellen nämlich in Wirklichkeit trotz aller Rechtfertigungen und guten Absichten ein Krebsgeschwür dar, das zur Selbstbezogenheit (*autoreferencialità*) führt und auch vor den Organismen der Kirche als solchen und insbesondere vor den Menschen, die dort arbeiten, nicht haltmacht. Wenn dies aber passiert, verliert man die Freude des Evangeliums, die Freude daran, Christus zu verkündigen und in Gemeinschaft mit ihm zu sein; wir verlieren dann die Großherzigkeit unserer Weihe.« Ohne große Umschweife wies er auf »eine Gefahr« hin: »auf diejenigen, welche Vertrauen missbrauchen oder die Mütterlichkeit der Kirche ausnutzen, bzw. die Personen, die sorgfältig dazu ausgewählt wurden, um dem Leib der Kirche und ihrer *Reform* mehr Kraft zu geben, die sich aber dadurch, dass sie die Größe ihrer Verantwortung nicht verstehen, von Ambitionen oder Eitelkeiten korrumpieren lassen und sich selbst, wenn sie dann sanft entfernt werden, fälschlicherweise zu Märtyrern des Systems erklären, des nicht ›informierten Papstes‹, der ›alten Garde‹ …, anstatt ihr ›*Mea culpa*‹ zu sprechen. Neben diesen Personen gibt es dann auch andere, die in der Kurie noch tätig sind, denen man alle Zeit gibt, wieder den rechten Weg aufzunehmen, in der Hoffnung, dass sie in der Geduld der Kirche eine Gelegenheit finden, sich zu bekehren und nicht um sich einen Vorteil zu verschaffen. Dies sage ich freilich, ohne die überwältigende Mehrheit treuer Personen zu vergessen, die hier mit lobenswertem Einsatz, treu, kompetent, hingebungsvoll und oft auch heiligmäßig arbeiten.«

Manche Beobachter sahen darin Anspielungen auf den Mitte des Jahres in seinem Amt nicht bestätigten Präfekten der Glaubenskongregation, der in einer Reihe von Interviews betont hatte, er sei »kein Höfling«, sondern dem Evangelium und der Wahrheit verpflichtet.

Wichtig war die Erinnerung an eine zuvor getroffene Maßnahme, nämlich die Einrichtung einer – neben der Sektion für Allgemeine Angelegenheiten und der Sektion für die Beziehungen mit Staaten – Dritten Sektion im Staatssekretariat – »mit dem Ziel (…), die Aufmerksamkeit und die Nähe des Papstes und der Oberen des Staatssekretariats gegenüber dem diplomatischen Personal sowie den Ordensleuten und Laien, die in den Nuntiaturen arbeiten, zu bekunden. Es handelt sich um eine Abteilung, die sich mit Fragen befasst, welche die Personen betreffen, die im diplomatischen Dienst des Heiligen Stuhls arbeiten oder sich darauf vorbereiten.« Als Begründung wurde genannt die »zweifache Dimension des Dienstes des diplomatischen Personals«, das als »Hirten« wie als »Diplomaten« tätig sei.

Ein ganz praktischer Punkt, der bei vielen Bischöfen oft zu Frustration geführt hatte, kam zur Sprache: »In diesem Sinne stellen die Besuche *ad limina Apostolorum* eine große Möglichkeit für Begegnung, Dialog und gegenseitige Bereicherung dar. Deshalb habe ich es vorgezogen, bei den Treffen mit den Bischöfen einen Dialog des gegenseitigen Zuhörens zu führen, frei, vertraulich und aufrichtig, der über protokollarische Gepflogenheiten und den üblichen Austausch von Ansprachen und Empfehlungen hinausgeht. Der Dialog zwischen den Bischöfen und den verschiedenen Dikasterien ist ebenfalls wichtig. Dieses Jahr, als die *Ad-limina*-Besuche nach dem Heiligen Jahr wieder aufgenommen wurden, vertrauten mir die Bischöfe an, dass sie von allen Dikasterien gut aufgenommen und angehört wurden. Das freut mich sehr, und ich danke den anwesenden Leitern der Dikasterien.«

Erwähnt wurde die Beziehung der Kurie zu den Ländern, zu den Teilkirchen, den Ostkirchen, dem ökumenischen Dialog, dem Judentum, dem Islam und den anderen Religionen – ein Blick gleichsam auf die »Außenwelt« der Kurie, nachdem der Blick 2016 auf deren Innenleben gerichtet gewesen war. Dass der ökumenische, um eine Einheit der Kirche bemühte Dialog als »Weg« zu verstehen sei, allerdings als »unumkehrbarer Weg, ohne Rückwärtsgang«, ist eine programmatische Ansage.

Wie es nicht anders sein kann, gab es am Ende eine kleine geistliche Katechese: »Weihnachten erinnert uns daran, dass ein Glaube, der uns nicht in eine Krise führt, ein Glaube in Krise ist; ein Glaube, der uns nicht wachsen lässt, ist ein Glaube, der wachsen muss; ein Glaube, der nicht Fragen aufwirft, ist ein Glaube, über den wir uns Fragen stellen müssen; ein Glaube, der uns nicht belebt, ist ein Glaube, der belebt werden muss; ein Glaube, der uns nicht erschüttert, ist ein Glaube, der erschüttert werden muss. Ein rein intellektueller oder lauer Glaube ist in der Tat bloß ein vorgegebener Glaube, der sich eventuell dann verwirklicht, wenn er es schafft, das Herz, die Seele, den Geist und unser ganzes Sein miteinzubeziehen, wenn man es Gott erlaubt, in der Krippe des Herzens geboren und neu geboren zu werden, wenn wir dem Stern von Bethlehem erlauben, uns zu dem Ort zu führen, wo der Sohn Gottes liegt, nämlich nicht bei den Königen und im Luxus, sondern bei den Armen und Demütigen.«

Der tiefe Geist der Kurienreform: Bekehrung

Redet so ein Papst, der alles laufen lässt, der keinen wirklichen Führungsanpruch erhebt? Kardinalstaatssekretär Pietro Parolin, der den Reformkurs von Franziskus bereits zum vierten Jahrestag der Wahl im März 2017 auffällig laut verteidigt hatte, ging im Januar 2018 gegenüber »Vatican News« auf die letzte Weihnachtsansprache ein: »Ich denke, in der Rede – und das ist ein wiederkehrendes Motiv im Lehramt von Papst Franziskus, wenn von der Kurie die Rede ist – besteht er nicht so sehr auf den strukturellen Reformen, mit dem Erlass neuer Gesetze, neuer Normen, Ernennungen, und so weiter; sondern es geht um den tiefen Geist, der jede Kurienreform beseelen muss, und das ist die Grunddimension des christlichen Lebens, nämlich: Bekehrung. Es gilt also sicherzustellen, dass die Kurie immer mehr und immer besser – auch unter Überwindung jener Schatten, die diese Sendung behindern können – wirklich eine Hilfe für den Papst werden kann, um das Evangelium zu verkünden, um die Welt von heute zu evangelisieren.«[231] Natürlich kann man diese Einschätzung als Pflichtübung der (nominellen) »Nummer zwei« des Vatikans nach dem Papst abtun. Seine Stellungnahme zeigt, dass er mit Franziskus voll übereinstimmt und im Übrigen weitere Reformschritte ankündigte.

Auffallend deutlich war auch Parolins Verteidigung des umstrittenen Schreibens »Amoris laetitia«: Die Kirche habe sich mit den beiden Synoden und dem päpstlichen Schreiben »bewegt«, das aus einem »neuen Paradigma« hervorgegangen sei, »das Papst Franziskus mit Weisheit, Vorsicht und auch Geduld voranbringt. Wahrscheinlich sind die Schwierigkeiten, die aufgetreten und in der Kirche immer noch vorhanden sind, nicht nur einigen Aspekten des Inhalts geschuldet, sondern auch diesem Haltungswechsel, um den der Papst uns bittet. Ein Paradigmenwechsel, der dem Text innewohnt und der uns abverlangt wird: dieser neue Geist, dieser neue Zugang.« Mit Blick auf den nicht enden wollenden Widerstand sagte er: Schwierigkeiten müssten »in Rechnung gestellt und mit Engagement angegangen werden«, um Antworten zu finden, die letztlich »Gelegenheiten zum Wachstum und zu weiterer Vertiefung« seien. Beim kommenden Weltfamilientreffen in Dublin, dem ersten solchen Treffen nach Veröffentlichung von »Amoris laetitia«, verspricht er sich Fortschritte und betonte: »Ich glaube, dass Amoris laetitia nicht bloß eine Umarmung der Kirche für die Familie und ihre Schwierigkeiten in der Welt von heute ist, sondern zugleich auch ein Hilferuf an die Familien, damit sie mithelfen und zum Wachstum der Kirche beitragen.« Ob der Papst an dem Treffen vom 21. bis 26. August 2018 teilnehmen wird, ist noch offen.

Im Rückblick auf fünf Jahre Pontifikat kann man deutlich eine Linie in den Weihnachtsansprachen erkennen. Franziskus nutzt sie für programmatische Ansagen. Er hält mit seiner Meinung nicht hinter dem Berg. Er scheut drastische Bilder nicht. Er reagiert auf das, was im Vatikan geschieht. Er weiß um den Widerstand. Ob seine mittlerweile gefürchteten Weihnachtsansprachen (s)eine »spezielle Form der Mitarbeitermotivation« sind?

Hartnäckiger Widerstand: »Amoris laetitia« – Zweifel (»dubia«) und Häresievorwürfe

Am massivsten bläst Franziskus der Wind seit der Veröffentlichung von »Amoris laetitia« (AL) entgegen. Eine wahre Welle von Widerstand baute sich seit dem Frühjahr 2016 auf. Sie ebbt nicht ab, obwohl die Debatte nach Einschätzung von Kardinal Kasper als beendet gelten kann, seitdem die Richtlinien der argentinischen Bischöfe von Gran Buenos Aires und ein bestätigender Brief von Papst Franziskus in den *Acta Apostolicae Sedis* als Teil des authentischen Lehramtes veröffentlicht worden sind. Auch eine Reihe anderer Klarstellungen ist von verschiedenen Seiten aus erfolgt – wozu auch das päpstliche Schweigen gehört. Ein Papst darf sich nicht vorführen, sprich: erpressen und zu Stellungnahmen zwingen lassen, noch dazu, wenn diese ultimativ – und noch dazu von Kardinälen – gefordert werden.

Die Vorwürfe, Verdächtigungen und Unterstellungen wiegen schwer: Franziskus verwässere, ja noch mehr, er verrate die katholische Lehre! Ein Papst, der sich mit Häresievorwürfen konfrontiert sieht, das schien ein Thema für das weit zurückliegende Mittelalter oder für Renaissancepäpste zu sein, die als klerikale Playboys oder brutale Potentaten auftraten. Weit gefehlt! Zuletzt haben drei kasachische Bischöfe in einer mit 31. Dezember 2017 unterzeichneten Erklärung der von Franziskus befürworteten Einzelfall-Zulassung von wiederverheirateten Geschiedenen zur Kommunion offen widersprochen. Die Regelung verursache eine »erhebliche und ständig wachsende Verwirrung unter den Gläubigen und dem Klerus« und verbreite die »›Geißel des Ehebruchs‹ sogar im Leben der Kirche«, heißt es in der aktuellen Erklärung. Das Schreiben wendet sich auch ausdrücklich gegen die von Franziskus bestätigten argentinischen Richtlinien. Der emeritierte Salzburger Weihbischof Andreas Laun OSFS, ein Moraltheologe, schloss sich der Kritik an und machte so wieder einmal von sich reden.[232] Auch die beiden italienischen Erzbischöfe Luigi Negri (Ferrara und Commachio) und Carlo Maria Viganò, von 2011 bis 2016 Apostolischer Nuntius in den USA, schlossen sich dem Protest an, mit weiteren »Unterstützern« ist zu rechnen.

Die Bandbreite der ersten Reaktionen auf das am 8. April 2016 vorgestellte, mit Datum vom 19. März 2016 unterzeichnete Schreiben ging, wie nicht anders zu erwarten, diametral auseinander. Sie reichte von Zustimmung, Begeisterung, auch Erleichterung bis hin zu Ablehnung, Enttäuschung oder gar Wut und Häme. Die Freiburger Kirchenzeitung setzte treffsicher eine Karikatur von Thomas Plaßmann aufs Titelblatt: »Brückenbauer Schicksal«: »Das geht viel zu weit« in der einen Sprechblase, »Das ist viel zu wenig« in der anderen. Präsentiert wurde »Amoris laetitia« nicht, wie man erwartet hätte, vom Präfekten der Glaubenskongregation, sondern von den beiden Kardinälen Lorenzo Baldissseri, dem Generalsekretär der Bischofssynode, und Christoph Schönborn OP.

Kurz in Erinnerung zu rufen ist zunächst der Rahmen für das päpstliche Schreiben: Ihm gingen, erstmals in der Geschichte der Kirche, eine weltweite Umfrage und zwei Bischofssynoden im Oktober 2014 und 2015 voraus, dazwischen Studientage und Symposien, Publikationen und Bücher. Eine ringende, eine streitende und eine lernende Kirche wurde sichtbar und erfahrbar. Kein Wunder, dass Papst Franziskus mehrmals vom »synodalen Weg« (AL 2, 4, 7, 50, 199) spricht, ein Kurs, auf den er die Kirche eingeschworen hat: »Zugleich machte uns die Vielschichtigkeit der angesprochenen Themen die Notwendigkeit deutlich, einige doktrinelle, moralische, spirituelle und pastorale Fragen unbefangen weiter zu vertiefen.« (AL 2) Der Lernprozess dauert also an!

Dieser Lernprozess stieß auf Widerstand, sosehr das Schreiben von vielen Gläubigen und von der säkularen Presse willkommen geheißen worden war. Und als ob er geahnt hätte, dass sich diese vor allem auf die »heißen Eisen« (Homosexualität, geschiedene Wiederverheiratete usw.) stürzen und dann ihre Enttäuschung ausdrücken würde, ging Franziskus am 16. April 2016 in der Fliegenden Pressekonferenz auf dem Weg von der griechischen Insel Lesbos nach Rom auf erste Reaktionen ein. Gefragt, ob nach »Amoris laetitia« auch wiederverheiratete Geschiedene zur Kommunion zugelassen seien, meinte er: »Ich könnte sagen: ›Ja‹ und nichts weiter. Aber das wäre eine zu enge Antwort. Ich empfehle Ihnen allen, die Präsentation zu lesen, die Kardinal Schönborn gehalten hat, der ein großer Theologe ist. Er ist Mitglied der Kongregation für die Glaubenslehre und kennt die Lehre der Kirche gut. In jener Präsentation wird Ihre Frage ihre Antwort finden.«

Schönborns Präsentation bei der Pressekonferenz in der *Sala Stampa* trotzte den Tücken einer rasanten Rezeption. Ich halte ihn für einen der nützlichsten und wertvollsten Begleittexte. Das Grundanliegen des Papstes ist (mit einer leichten Nuance) mit dessen eigenen

Worten zusammengefasst: »Es geht darum, alle zu integrieren« (AL 297). Die offizielle deutsche Übersetzung schreibt zwar »eingliedern« statt »integrieren«, doch ein Vergleich mit anderen Übersetzungen zeigt, dass hier nicht überinterpretiert ist (*Si tratta di integrare tutti – Se trata de integrar a todos – Il s'agit d'intégrer tout le monde – It is a matter of reaching out to everyone*). Nüchtern räumt der Kardinal ein: »Um es vorweg zu sagen: kirchliche Dokumente gehören oft nicht zur leserfreundlichsten literarischen Gattung.« Jedoch ist gleich ergänzt: »Dieses päpstliche Schreiben ist lesbar. Und wer sich von der Länge nicht abschrecken lässt, wird Freude an der Konkretheit und Lebensnähe dieses Textes finden. Papst Franziskus spricht von den Familien in einer Anschaulichkeit, die in Lehrschreiben der Kirche nicht immer zu finden ist.«[233]

Schon dass der österreichische Kardinal »Amoris laetitia« zusammen mit einem Kurienkardinal – der aber eben nicht Gerhard Müller hieß – präsentierte, führte zu Spekulationen, ob der Papst hier indirekt einen Nachfolger fürs nächste Konklave präsentiert. Dass dieser dann auf dem Rückweg von Lesbos die theologischen Qualitäten Schönborns hervorhob, ähnlich wie er in anderen Zusammenhängen Kardinal Kasper lobte, wurde aufmerksam registriert.

Schönborn erklärte, warum er das Schreiben »mit Freude, Dankbarkeit und immer wieder mit starker Ergriffenheit« gelesen habe: »In der kirchlichen Rede über Ehe und Familie besteht oft eine Tendenz, vielleicht unbewusst, die Rede über diese Lebenswirklichkeiten zweigleisig zu führen. Da gibt es die Ehen und Familien, die ›in Ordnung‹ sind, die den Regeln entsprechen, in denen alles ›stimmt‹ und ›passt‹, und dann gibt es die ›irregulären‹ Situationen, die ein Problem darstellen. Schon mit dem Wort ›irregulär‹ wird suggeriert, dass diese Unterscheidung so feinsäuberlich getroffen werden kann. Wer also auf der Seite der ›Irregulären‹ zu stehen kommt, wird damit leben müssen, dass die ›Regulären‹ auf der anderen Seite sind. Wie schmerzlich das für die ist, die selber aus einer Patchwork-Familie stammen, ist mir persönlich vertraut durch die eigene Familiensituation. Die kirchliche Rede kann hier verletzend sein, ja das Gefühl geben, ausgeschlossen zu sein.«[234]

Hier »zeigt« sich ein Bischof! Auch dass er selber einen familiären Hintergrund hat. Und diesen nicht verschweigt, sondern mitbedenkt, vielleicht gerade weil die Bedingungen keine »intakten« waren. Die drei deutschen Synodenteilnehmer, Kardinal Reinhard Marx, Erzbischof Heiner Koch sowie Bischof Franz-Josef Bode betonen in derselben Ausgabe in ihrer »Würdigung«: »Der Duktus des Schreibens ist den Menschen zugewandt.«[235]

Wiederholt ist, wie schon erwähnt, in »Amoris laetitia« vom »synodalen Weg« die Rede. Der Papst gibt zu verstehen, dass er die Berichte und Texte der beiden Bischofssynoden vom Oktober 2014 und 2015 (»Relatio Sinodi«, »Relatio finalis«) aufmerksam studiert hat. Er kommt immer wieder darauf zu sprechen, wohl auch um deutlich zu machen, dass es ihm nicht darum geht, nur seine eigenen Ansichten darzustellen, sondern eine Grundstimmung der Synodenväter aufzunehmen. Diese waren, bedingt durch verschiedene kulturelle Zugänge und Einstellungen, gesellschaftliche Erfahrungen und Mentalitäten, kontrastreich und sehr verschieden[236]: »Die Gesamtheit der Wortmeldungen der Synodenväter, die ich mit ständiger Aufmerksamkeit angehört habe, ist mir wie ein kostbares, aus vielen berechtigten Besorgnissen und ehrlichen, aufrichtigen Fragen zusammengesetztes Polyeder erschienen. Deshalb habe ich es für angemessen gehalten, ein nachsynodales Apostolisches Schreiben zu verfassen, das Beiträge der beiden jüngsten Synoden über die Familie sammelt, und weitere Erwägungen hinzuzufügen, die die Überlegung, den Dialog oder die pastorale Praxis orientieren können und zugleich den Familien in ihrem Einsatz und ihren Schwierigkeiten Ermutigung und Anregung bieten.« (AL 4)

Dass Vorgänger-Päpste zitiert sind – nicht nur um künstlich Kontinuität herzustellen oder aus Höflichkeitsgründen –, versteht sich von selbst. Keiner wird so oft erwähnt wie Johannes Paul II.[237], zu Wort kommen auch Benedikt XVI., Paul VI., Pius XII. und Pius XI. Ohne ihn namentlich zu nennen, ist der Terminus »vaterlose Gesellschaft« (AL 176) von Alexander Mitscherlich erwähnt, Erich Fromms Bestseller »Die Kunst des Liebens« (AL 284) ebenso. Aber auch zeitgenössische Schriftsteller wie Jorge Luis Borges und Octavio Paz oder der dänische Film »Babettes Fest« (AL 129), den Papst Franziskus vor Jahren bereits im Gespräch mit den beiden argentinischen Journalisten Sergio Rubin und Francesca Ambrogetti genannt hatte, kommen zur Sprache – neben eigenen Texten wie den Enzykliken »Lumen fidei« (2013) und »Laudato si'« (2015), dem Apostolischen Schreiben »Evangelii gaudium« (2013), der Verkündigungsbulle »Misericordiae vultus« (2015) oder diversen Ansprachen. Mehrmals sind nationale Bischofskonferenzen (Spanien, Korea, Argentinien, Mexiko, Kolumbien, Chile, Australien, Kenia) zitiert. De facto sind alle Kontinente vertreten. Auch das bedeutet: Es zählt nicht nur »Rom« für das, was ein Papst sagt. Dieser nimmt zur Kenntnis und schätzt auch, was anderswo gedacht und erarbeitet wurde – und erwähnt das auch. Die einleitende Bemerkung des Papstes macht diese Methode verständlich: »Indem ich daran erinnere, dass die Zeit mehr wert ist als der Raum, möchte ich erneut darauf hinweisen, dass nicht alle doktrinellen, moralischen oder pastoralen Diskussionen durch ein lehramtliches Eingreifen entschieden werden müssen. Selbstverständlich ist in der Kirche eine Einheit der Lehre und der Praxis notwendig; das ist aber kein Hindernis dafür, dass verschiedene Interpretationen einiger Aspekte der Lehre oder einiger Schlussfolgerungen, die aus ihr gezogen werden, weiterbestehen.« (AL 3)

Schönborn legte eine Art Bekenntnis ab: »Es ist Papst Franziskus gelungen, wirklich alle Situationen anzusprechen, ohne Katalogisieren, ohne Kategorisieren, mit jenem Blick eines fundamentalen Wohlwollens, der etwas mit dem Herzen Gottes, mit den Augen Jesu zu tun hat, die niemanden ausschließen (vgl. AL 291), alles annimmt und allen die *Freude des Evangeliums* zuspricht. Deshalb ist die Lektüre von *Amoris Laetitia* so wohltuend. Keiner muss sich verurteilt, keiner verachtet fühlen. In diesem Klima des Angenommenseins wird die Rede von der christlichen Sicht von Ehe und Familie zur

Einladung, zur Ermutigung, zur Freude über die Liebe, an die wir glauben dürfen und die niemanden, wirklich und ehrlich niemand ausschließt. Für mich ist deshalb AL vor allem und zuerst ein *Sprachereignis*, wie es schon *Evangelii Gaudium* war. Etwas im kirchlichen Diskurs hat sich gewandelt. Dieser Wandel der Sprache war schon während des Synodalen Weges spürbar.«[238]

Der Ton macht die Musik! Das gilt auch für ein päpstliches Schreiben. Deswegen schaut Schönborn auch zurück in die Synodenaula: »Zwischen den beiden Synodensitzungen von Oktober 2014 und Oktober 2015 ist deutlich erkennbar, wie der Ton wertschätzender geworden ist, wie die verschiedenen Lebenssituationen einfach einmal angenommen werden, ohne sie gleich zu be- oder verurteilen. In AL ist dies zum durchgehenden Sprachstil geworden. Dahinter steht freilich nicht nur eine linguistische Option, sondern eine tiefe Ehrfurcht vor jedem Menschen, der nie zuerst ein ›Problemfall‹ in einer ›Kategorie‹ ist, sondern eine unverwechselbare Person mit ihrer Geschichte und ihrem Weg mit und zu Gott.«[239]

Von dieser Grundhaltung her sieht der Wiener Erzbischof das Dokument geprägt von zwei »Schlüsselwörtern«, nämlich »unterscheiden« und »begleiten«. Dass das keine Finte ist, sondern tief mit der pastoralen Grundhaltung von Papst Franziskus zusammenhängt, wird jeder nachvollziehen können, der seinen Dienst der Verkündigung aufmerksam verfolgt. Es geht nicht um eine Charme-Offensive. Ausgangspunkt ist der Respekt für jeden Menschen, unabhängig davon, wie er mit der Lehre der Kirche zurechtkommt. Bei einer Reihe von kritischen Anfragen und Einsprüchen fragt man sich, ob die, die solche vorbringen, auch wirklich konkrete Menschen im Blick haben. Wenn Amtsträger in der Kirche nicht vergessen, was konkrete Realität, auch im eigenen Leben und in der eigenen Familiengeschichte, sein kann, kommt »Barmherzigkeit« nicht nur als pastorale Methode zur Anwendung oder wird gar »gewährt«, sondern sie wird zu einem grundsätzlichen Zugang zum verwundeten Menschen, der sich von der Kirche Hilfe erhofft.

Sehr persönlich erinnerte Schönborn daran: »Ich erlaube mir, hier eine Erfahrung der Synode vom vergangenen Oktober zu erzählen: Soweit ich weiß, haben zwei der dreizehn *Circuli minores* ihre Arbeit damit begonnen, dass alle Teilnehmer zuerst einmal erzählt haben, wie ihre eigene Familiensituation ist. Dabei zeigte sich schnell, dass fast alle der Bischöfe oder der anderen Teilnehmer des *Circulus minor* in ihrer eigenen Familie mit den Themen, Sorgen und ›Irregularitäten‹ konfrontiert sind, von denen wir in der Synode meist viel zu abstrakt gesprochen haben. Papst Franziskus lädt uns alle ein, über unsere Familien zu sprechen, ›so, wie sie sind‹. Und nun das Großartige des Synodalen Weges und dessen Weiterführung durch Papst Franziskus: Weit davon entfernt, dass dieser nüchterne Realismus über die Familien ›so, wie sie sind‹, uns vom Ideal wegführt! Im Gegenteil: Papst Franziskus schafft es, zusammen mit den Arbeiten der beiden Synoden, einen zutiefst hoffnungsvollen, positiven Blick auf die Familie zu werfen.«[240]

Abgrenzungen und Ausgrenzungen, auch im Namen der Lehre, werden in dem Schreiben als »kalte Schreibtisch-Moral« (AL 312) qualifiziert, die den konkreten Menschen aus dem Blick verliert und stur an Prinzipien festhält, die unbarmherzig, rigoros, abstrakt verteidigt werden im Namen der »unveränderlichen Lehre«: »Daher darf ein Hirte sich nicht damit zufriedengeben, gegenüber denen, die in ›irregulären‹ Situationen leben, nur moralische Gesetze anzuwenden, als seien es Felsblöcke, die man auf das Leben von Menschen wirft. Das ist der Fall der verschlossenen Herzen, die sich sogar hinter der Lehre der Kirche zu verstecken pflegen, ›um sich auf den Stuhl des Mose zu setzen und – manchmal von oben herab und mit Oberflächlichkeit – über die schwierigen Fälle und die verletzten Familien zu richten‹.« Hier zitiert der Papst seine Schlussansprache vom Oktober 2015. Selbstgerechtigkeit produziert Härte: Sklerose des Herzens.

Dass es auf den einzelnen Menschen ankommt, dass die »Unterscheidung der sogenannten ›irregulären‹ Situationen« (AL 296-300) nottut, ist für den Papst evident (Man beachte: Es ist durchgehend von *sogenannten* »irregulären« Situationen die Rede, die immer in Anführungszeichen gesetzt sind!). Was Wunder, dass ein Papst, den die ignatianische Spiritualität prägt, auf das Exerzitienbuch des Ignatius von Loyola verweist (vgl. AL 94, 207). Soll er so tun, als spielten Spiritualität und Theologie seines Ordens keine Rolle für seine Art und Weise, sein Amt zu führen und zu gestalten?

Die Kritik an dem Schreiben entzündete sich hauptsächlich an Kapitel 8 (»Die Zerbrechlichkeit begleiten, unterscheiden und eingliedern«: AL 291-312). Dieses macht aber genau deutlich, dass es nicht um billige Lösungen oder pastorale Schlupflöcher und Notlösungen geht. Dass hier, übrigens mit Bezugnahme auf »Familiaris consortio« (!), das »Prinzip der Gradualität« (AL 293-295) ausführlich behandelt wird, ist ebenso neu wie erfreulich. Nicht nur, dass »Geduld und Feingefühl« (AL 294) im seelsorgerlichen Umgang eine Rolle spielen sollen, ist von Bedeutung, sondern dass erkannt wird, dass es nicht um eine »Gradualität des Gesetzes« geht, sondern um »eine Gradualität in der angemessenen Ausübung freier Handlungen von Menschen, die nicht in der Lage sind, die objektiven Anforderungen des Gesetzes zu verstehen, zu schätzen oder ganz zu erfüllen« (AL 295). Hier wird theologisch weitergearbeitet werden müssen.

Welches Bild bot sich nach außen? Es gab und gibt Theologen, die das Schreiben für »revolutionär« halten. Andere sprechen ihm grundsätzlich ab, noch auf dem Boden der gesunden katholischen Lehre zu stehen oder mindestens Widersprüchlichkeiten ausgelöst zu haben, die verwirren. Es gab und gibt Theologen, die darin eine Bestätigung der Freiburger Seelsorge-Leitlinien für den Umgang mit wiederverheirateten Geschiedenen und eine späte Rehabilitierung des seinerzeitigen Papiers der damaligen oberrheinischen Bischöfe Oskar Saier (†), Walter Kasper und Karl Lehmann sehen. Der hochbetagte Philosoph Robert Spaemann deutete in einem in der Folge in andere Sprachen übersetzten Interview im Juni 2016 an, er halte das Nachsynodale Schreiben für zweideutig, chaotisch, unklar, vielleicht häretisch, die Katholische Kirche sei durch Konflikte an der Kirchenspitze »nicht grenzenlos belastbar«. Der Freiburger Dogmatiker Helmut Hoping befand im Kölner Domradio: »Die Ausführungen des Pontifex sind aber sehr ambivalent und werden daher auch ganz unterschiedlich interpretiert. Vielleicht ist das ja beabsichtigt – eine Art jesuitischer Dialektik. Ich halte dieses Vorgehen für nicht seriös.«[241]

Ins selbe Horn bliesen vier Kardinäle, die dem Papst in einem Schreiben ihre Bedenken und »Zweifel« (*dubia*) anzeigten: Walter Brandmüller, Raymund Leo Burke, Carlo Caffara und Joachim Meisner – die beiden letztgenannten sind inzwischen verstorben – galten stets als besonders papsttreu. Als Franziskus auf ihr Schreiben nicht reagierte und ihnen auch keine Audienz gewährte, veröffentlichten sie es kurzerhand im November 2016, um den Druck auf den Papst zu erhöhen – ein durchaus subversives, jedenfalls ungewöhnliches Vorgehen. Auch der afrikanische Purpurträger Robert Sarah, Präfekt der Gottesdienstkongregation, der vom Papst bei verschiedenen Anlässen (in anderen Zusammenhängen) korrigiert bzw. »zurückgepfiffen« wurde – wiederholt seit Monaten gebetsmühlenartig, die Lehre der Kirche sei »unveränderlich«.

Das Kardinalsquartett erhielt Unterstützung von einer Reihe weiterer Initiativen. Deren prominenteste war im Juli 2017 eine internationale Gruppe von Theologen und Philosophen, die ihr Mahnschreiben unverhohlen mit »Kindliche Zurechtweisung wegen Verbreitung von Häresien« (Correctio filialis de haeresibus propagatis) betitelten.[242] Kardinal Schönborn hält Kritik für berechtigt, gibt sich aber im Rückblick in Richtung der vier »dubia-Kardinäle« – Kardinal Burke fordert nach wie vor eine »formale Zurechtweisung« des Papstes – eindeutig: »Ich halte ihr Vorgehen nicht für angemessen, dass sie die Dubia publiziert haben und gesagt haben, dass der Papst sie nicht empfängt. Das gehört sich nicht für enge Mitarbeiter des Papstes. Aber es ist selbstverständlich gut und richtig, auf diese Fragen eine Antwort zu geben.«[243]

Franziskus schwieg beharrlich – und es entstand auch darüber eine Debatte. Der Dogmatiker Jan-Heiner Tück (Wien) verteidigte den Papst: »Doktrinäre Kaltherzigkeit und liberale Gleichgültigkeit sind keine guten Ratgeber, wenn Menschen in schwierigen Lebenslagen geholfen werden soll. Das aber ist das Anliegen von Franziskus, der die Kirche gerne als ›Feldlazarett‹ bezeichnet und unter dem Vorzeichen der Barmherzigkeit eine Seelsorge fordert, die hilft und heilt statt verurteilt und ausgrenzt. Der Papst macht von seiner Definitionshoheit Gebrauch, indem er auf eine Definition verzichtet. Das führt nun zu einem neuen Lehrstil. Durch diesen Verzicht auf lehrhafte Regulierung schafft er eine Leerstelle, die einen Weg der Unterscheidung und Begleitung ermöglicht, die Betroffenen neu in die Kirche hineinzuführen. Dem Verdacht seiner Kritiker, er verlasse dadurch die Bahnen der bisherigen Lehrtradition, darf entgegengehalten werden, dass auch Franziskus eine Kultur des Provisorischen bemängelt und für verbindliche Lebensformen eintritt. Der Papst hält ausdrücklich an der Einheit und Unauflöslichkeit der sakramentalen Ehe fest und will die Symbolsprache der Bibel nicht verdunkeln, nach der die eheliche Lebensgemeinschaft von Mann und Frau ein Bild für den Bund zwischen Christus und der Kirche ist. Das sind deutliche Kontinuitätssignale, die man nicht überlesen sollte.«[244]

Dennoch empfahl Tück, dass der Papst reagieren sollte, und er lenkte dabei den Blick auf ein hinter konkreten Beanstandungen liegendes Problem, das zeigt, dass es längst nicht nur um moraltheologische Fragen geht: »Feine Risse zeichnen sich ab, die längerfristig die Einheit der katholischen Weltkirche gefährden könnten. Wenn sich die ›heilsame Dezentralisierung‹, die den jeweiligen Ortskirchen mehr Gestaltungsmöglichkeiten bei der Inkulturation des Evangeliums geben will, nicht zu einer Pathologie schismatischer Zustände auswachsen soll, müsste der Papst noch einmal das Wort ergreifen, mit seinen Kritikern reden und die Spielräume verteidigen, die er zur Implementierung einer situationsbezogenen und einzelfallgerechten Praxis der Barmherzigkeit nutzen will. Schweigen kann für einen Brückenbauer nicht die letzte Antwort sein.«[245]

Die deutschen Bischöfe haben sich mit einem eigenen Schreiben im Januar 2017 hinter »Amoris laetitia« gestellt und es ausdrücklich begrüßt. »Sie folgen«, so der Pastoraltheologe Erich Garhammer, »ganz der Linie von Papst Franziskus: begleiten, unterscheiden, eingliedern. Der Knoten ist gelöst. Jetzt geht es um eine neue Praxis jenseits jeder Schummelhermeneutik.«[246] Kardinal Marx antwortete in dem Interview von Anfang 2018 auf den Hinweis, Kritiker des Schreibens machten geltend, dass es »Leitplanken« brauche, »die man vorher nicht relativieren dürfe«: »Leitplanken sind Leitplanken. Wer will etwas gegen sie haben? Aber wie jemand sich innerhalb der Leitplanken bewegt, ist doch eine andere Frage. Um den Weg von ›Amoris Laetitia‹ geht es: das Zusammenspiel von Freiheit und Verantwortung. Es kann nicht sein, dass wir Menschen den Eindruck vermitteln, dass wir ihnen Freiheit nehmen. Wir stärken die Freiheit. Wir wollen das Gewissen nicht beherrschen, sondern bilden. Da gibt der Papst Anstöße, eine neue Lehre ist das aber nicht. Der Drive von Franziskus ist für alle Bereiche ermutigend. Ich möchte mir keine Kirche vorstellen, wo nicht dieser Schwung drin wäre.«[247] Garhammer geht einen Schritt weiter: »Die vermeintlich starre Lehre bewegt sich doch.«[248]

Was folgt aus dem Widerstand?

Welchen Reim macht sich eine kritische Öffentlichkeit von der Vielfalt solcher Stimmen, von denen hier nur ein sehr kleiner Bruchteil wiedergegeben wurde? Egal, was der Papst sagt oder schreibt oder tut: »Amoris laetitia« wird so oder so aufgenommen. Ganz unterschiedlich. Oft völlig konträr. Schon im Vorfeld der Veröffentlichung wurde ja spekuliert, wie weit der Papst in dem einen oder anderen Punkt von der bisherigen Lehrtradition abweichen würde. Ob er, wenn alles beim Alten bliebe, seine Autorität verlöre. Manche sagen jetzt: Ja, das hat er. Andere behaupten das Gegenteil. Professor Dr. Elisabeth Müller macht sich genauso ihren Reim darauf wie Lieschen Müller.

Wer sich auf die Seite des Papstes und hinter seine Texte stellt, wird manchmal belächelt oder verdächtigt. Man riskiert Sympathien. Mit

Blick auf das fortgeschrittene Alter von Jorge Mario Bergoglio SJ / Papst Franziskus denken manche vielleicht: Das sitzen wir aus, vielleicht tritt er zurück, vielleicht stirbt er bald … Dieser Papst hat die Kirche längst jesuanischer gemacht, auf den Kurs des Evangeliums zurückgeführt – ohne sich damit aggressiv von anderen abzusetzen, die einen anderen Stil bevorzugten und praktizierten. Viele sagen immer noch: Was hat der Papst in fünf Jahren wirklich zustande gebracht? Ich bewundere, täglich mehr, seinen Mut, seine Entschlossenheit und seine Gelassenheit. So spricht, so denkt, so handelt ein innerlich freier, ein geerdeter Mensch!

Die Frage ist nicht, ob Franziskus zu weit geht oder zu wenig weit. Sondern ob er danach fragt, wohin Gott in dieser Zeit die Kirche führen will. Sein Tun zeigt: Gott will, dass kirchliches Handeln »das Antlitz der Barmherzigkeit« aufzeigt, darauf hinweist – vor allem anderen.

Handelt es sich – bei »Amoris laetitia« ebenso wie bei anderen päpstlichen Texten und Äußerungen – um einen »Traditionsbruch« oder um eine »Weiterentwicklung« der kirchlichen Lehre?[249] Das ist nicht nur eine akademische Frage. Es geht um Grundsätzliches, nicht nur um die eine oder andere moraltheologische, dogmatische oder kirchenrechtliche Detailfrage. Es geht um die Art und Weise, wie heute Kirche und Glaube gelebt werden. Eberhard Schockenhoff warnte davor, das Nachsynodale Schreiben »zu einer Art innerkirchlichem Kulturkampf« zu stilisieren, »in dem es darum geht, die Substanz des Evangeliums gegen ihre schleichende Preisgabe an den ›Zeitgeist‹ der modernen pluralistischen Gesellschaft zu verteidigen«[250].

»Amoris laetitia« ist für mich – ebenso wie »Evangelii gaudium« oder »Misericordiae vultus« – ein prophetisches Schreiben! Auch eine geistliche Lektüre, die mich aufbaut. Wie schon in »Evangelii gaudium« bringt der Papst im Übrigen auch in »Amoris laetitia« ganz praktische Vorschläge für das Leben, etwa wenn er jungen Ehepaaren empfiehlt: »Es ist gut, den Morgen immer mit einem Kuss zu beginnen und jeden Abend einander zu segnen« (AL 226). Der Bischof von Rom als Seelsorger!

Papst Franziskus hat den Menschen im Blick, vor allem den verwundeten Menschen, besonders den scheiternden Einzelnen. Bloße Kasuistik, die immer recht behält, ist ihm zuwider. Genauso wie Verbotsmoral. Natürlich kann man zählen, wie oft in »Amoris laetitia« andere päpstliche Texte wie »Familiaris consortio« oder »Humanae vitae« zitiert werden und warum. Der Papst kann die Kirche nicht neu erfinden oder alles Bisherige auf den Kopf stellen. Aber ich stimme Kardinal Kasper zu: »Der Papst ändert keine einzige Lehre und doch ändert er alles.«[251]

Denn wie Franziskus auf Tradition zurückgreift und in welchen Zusammenhängen, wie er deutlich macht, dass Kirche nicht dadurch gewinnt, dass sie sich selber zitiert und nur wiederholt, was sie schon einmal gesagt hat, das ist neu – und lässt Sehende und Erkennende durchaus zu Recht von einem Paradigmenwechsel sprechen. Mit »Amoris laetitia« – und das erklärt den massiven Widerstand von verschiedenen Seiten – ist der Weg zu neuen Entwicklungen eröffnet und angezeigt. Die Debatte, ob dieser Papst ein Reformer ist oder ein Reformator, ist akademischer Natur. Mit Widerstand musste und muss der Pontifex »vom anderen Ende der Welt« rechnen, erst recht in einem so verkrusteten System wie der Römischen Kurie.

Der Kirchengeschichtler Hubert Wolf sieht in dem Nachsynodalen Schreiben »einen grundsätzlichen Paradigmenwechsel in der päpstlichen Lehrverkündigung vollzogen, der nicht nur für den Umgang mit wiederverheirateten Geschiedenen gilt. An der Doktrin als solcher änderte er nichts, aber bei ihrer Anwendung auf der Ebene der Disziplin und des seelsorgerlichen Handelns fordert Franziskus dezidiert zu neuen Wegen auf, von denen manche bis vor Kurzem noch mit dem Odium der Unkirchlichkeit behaftet gewesen wären.«[252]

Gibt es einen Franziskus-Stil?

Wie schon mehrmals betont: Am 13. März 2013 hat sich Jorge Mario Bergoglio SJ nicht neu erfunden. Als Kardinal galt er eher als scheu und verschlossen, er wirkte nicht unbedingt sehr kommunikativ. Als Papst nimmt ihn die Öffentlichkeit nicht anders wahr als meistens lächelnd, gewinnend, sehr spontan, direkt. Ich erinnere noch einmal an sein Bekenntnis von 2014: »Der Papst ist ein Mensch, der lacht, weint, ruhig schläft und Freunde hat wie alle. Ein normaler Mensch.«

Religiöse Inszenierung

Der religiösen Inszenierung, erst recht in Zeiten populärer Eventkultur, kann aber auch ein Papst nur schwer entkommen. Papst Johannes Paul II., der als junger Mann Schauspielunterricht nahm, war ein emotionaler Meister der Kommunikation. Der laute Pole der großen Gesten konnte sich praktisch selbst vermarkten. Benedikt XVI., ein Deutscher, der subtile, leise Töne bevorzugte, hat ihn klugerweise nie imitiert. Von Anfang an war jedoch klar, dass seine öffentlichen Auftritte wegen der für einen scheuen Intellektuellen typisch armen Körpersprache viel stärker als bisher geplant werden müssen. Der Münsteraner Liturgiewissenschaftler Klemens Richter wies in einem Interview aus Anlass des Deutschland-Besuchs von Benedikt XVI. im Jahr 2011 darauf hin, dass dessen Papstbesuche »viel stärker inszeniert sind« als die seiner Vorgänger.

Papst Paul VI. hatte während des Konzils die Tiara – Symbol der absoluten Machtfülle des obersten Hirten-, Priester- und Lehramtes –, die er bei seiner Krönung noch getragen hatte, abgelegt. »In den Wappen von Johannes Paul II. und Paul VI. wurde sie nur mit drei goldenen Querstreifen in der Mitra angedeutet, wie eine letzte Erinnerung an die Geschichte«, so Richter. Nun aber: »Benedikts Wappen enthält wieder die Tiara. Hier wird erkennbar, dass er die Machtfülle des Papstamtes neu bewertet. Theologisch gesehen, ist das ein Schritt zurück.«[253] Immer wieder sah man seit 2005 Requisiten aus der Vergangenheit, auch am 11. Februar 2013, als er seinen Rücktritt von einem historischen Papstthron aus verkündete.

»Der Papst trägt Prada« war eine stehende Redewendung unter Benedikt XVI. geworden. Wie alle seine Vorgänger trug er rote Kalbslederschuhe von einem Mailänder Schuster. Aus der päpstlichen Requisitenkammer wurde im Winter 2007 der Camauro, eine fellbesetzte rote Samtmütze, die zuletzt Johannes XXIII. getragen hatte, hervorgeholt. An heißen Sommertagen trug Benedikt manchmal einen Saturno genannten roten, schattenspendenden Hut, der einem Sombrero glich. Dass er den 1965 von Paul VI. bei dem Künstler Lello Scorzelli in Auftrag gegebenen modernen Hirtenstab (Ferula) mit dem expressiven, stilisierten Christuscorpus zeitweise gegen einen von Pius IX., einem ausgewiesenen Anti-Demokraten und heftigen Kritiker der modernen Gesellschaft, verwendeten Krummstab austauschte, wurde mit dem Gewicht begründet. »Zumindest«, so Richter, »wird damit nicht zufällig auf einen Papst verwiesen, unter dem die päpstliche Unfehlbarkeit dogmatisiert wurde.«[254] Die Mitren wurden zunehmend spitzer, eigens angefertigte barocke Messgewänder tauchten auf.

Hubert Wolf hat darauf hingewiesen, dass »die symbolische Kommunikation durch Kleidung und Rituale« oft mehr (be-)wirkt »als alle abgezirkelten theologischen Texte«[255]. Symbole, Kleidung, Körper- und Gestensprache, liturgische Riten und Insignien erzeugen Wirklichkeit: Kommuniziert wird auch durch Inszenierung. Ob man will oder nicht. Erst recht in der digitalen Bilderwelt im 21. Jahrundert. Wer symboltheologische Kategorien an einen Papst anlegt, kam indes von Anfang an nicht umhin, bei Franziskus einen ganz anderen als den gewohnten Stil zu entdecken.

Die Kurie und der Hof

Dabei unterscheidet Franziskus sehr wohl zwischen der Kurie und dem »Hof«. »Entsprechend seiner Kritik an der Kurie« lehnt er es ab, »Teil der vatikanischen Verwaltungsbehörde zu werden. Deren Strukturen ähneln denen absolutistischer Fürstenhöfe und gelten als intransparent, ineffizient, chaotisch und in Teilen sogar korrupt. Angesichts der Vatileaks-Affäre, bei der Dokumente vom päpstlichen Schreibtisch verschwanden, um in der Presse aufzutauchen, erkannte Papst Benedikt XVI., dass ihm die Kraft für eine Erneuerung der Kurie fehlte. Deswegen trat er zurück.«[256]

Franziskus nahm deren Erneuerung von Tag eins an entschieden in Angriff und hält daran fest, wie (nicht nur) seine fünf Weihnachtsansprachen an die Kurie zeigen. »Um Strukturen zu ändern«, so die Beobachtung von außen, »will er als Oberhaupt der Kirche, die für ihn das Volk Gottes ist und die er scharf von den vatikanischen Institutionen trennt, absolut unabhängig bleiben. Vor diesem Hintergrund ist selbst der Griff zum Telefon oder der Gang zum Briefkasten keine bloße Geste der Bescheidenheit, sondern Kampf um Eigenständigkeit und Entscheidungsfreiheit. Der Papst will weder Welt noch Kirche gefiltert durch den vatikanischen Apparat wahrnehmen. Er will sich auch nicht vorschreiben lassen, wen er wann wie lange empfangen darf.«[257]

Und es geht ihm um beides, aber in einer bestimmten Reihenfolge – und diese zeigt, dass er beides will und beides kann: eine Reform von Strukturen, der aber eine Reform der Herzen und Mentalitäten vorausgehen muss. »Ein älterer Kardinal«, so Franziskus im Dezember 2013, »hat vor ein paar Monaten zu mir gesagt: ›Die Kurienreform haben Sie schon mit der täglichen Messe in Santa Marta begonnen.‹

Da habe ich gedacht: Eine Reform beginnt immer mit spirituellen und pastoralen Initiativen, und erst dann kommen die strukturellen Veränderungen.«[258] Eine Reform der Herzen ist ein Bekehrungsvorgang: »Ich glaube, das ist der letzte Hofstaat, den es in Europa noch gibt. Die anderen Höfe haben sich demokratisiert, auch die klassischsten. Es gibt da etwas am päpstlichen Hof, das sehr an einer etwas atavistischen Tradition als Kultur festhält. Und ich sage das nicht abwertend. Das muss sich ändern: Man sollte aufgeben, was noch höfisch ist, und sich als Arbeitsgruppe im Dienst der Kirche, im Dienst der Bischöfe verstehen.«[259]

Wegen der in seinen Augen notwendigen strukturellen Änderungen (»Die Arbeit ist langwierig«[260]) hat er ja sehr rasch den Kardinalsrat (K8/K9) eingerichtet, und er führte diese Entscheidung, die lange offenließ, ob damit nicht eine »Parallelregierung« zum Staatssekretariat entsteht, auf die Beratungen und Empfehlungen im Vorkonklave zurück: »Eine sehr konkrete war, dass der künftige Papst ein Gremium von auswärtigen Beratern brauchte, die nicht im Vatikan wohnen.«[261]

Auch wenn wegen der fehlenden Autorisierung des in *La Repubblica* und im *L'Osservatore Romano* erschienenen Interviews mit dem fast neunzigjährigen Atheisten Eugenio Scalfari, dem Gründer und langjährigen Chefredakteur von *La Repubblica* (2013) – Tonbandaufzeichnungen fehlten ebenso wie schriftliche Notizen – der Ausdruck »Lepra« umstritten bleibt, muss man sehen, dass der Papst sehr genau unterschieden hat: »Oft sind Führungspersönlichkeiten narzisstisch. (…) Die Führer der Kirche waren oft narzisstisch, umschmeichelt und von ihren Höflingen zum Schlechten verleitet. Der Hof ist die Lepra des Papsttums.«[262] Es ging aber im Kern nicht um »Höflinge«, sondern um die Kurie: »Sie ist das, was man beim Heer Intendantur nennt, sie leistet die Dienste, die der Heilige Stuhl braucht. Aber sie hat einen Mangel: Sie ist Vatikan-zentriert. Sie sieht und kümmert sich um die Interessen des Vatikans, die immer noch zum Großteil weltliche Interessen sind. Diese vatikanzentrierte Sicht vernachlässigt die Welt, die uns umgibt. Ich teile diese Sichtweise nicht und werde alles tun, um sie zu ändern. Die Kirche ist – oder muss es wieder werden – eine Gemeinschaft des Gottesvolkes und die Priester, Pfarrer, Bischöfe in der Seelsorge stehen im Dienst des Volkes Gottes. Das ist die Kirche, ein Wort, das sich nicht umsonst vom Heiligen Stuhl unterscheidet, der eine wichtige Funktion hat, aber im Dienst der Kirche steht.«[263]

Diese Äußerungen wurden »wie eine Kriegserklärung an die eigene Kurie« gelesen, meinte das Nachrichtenmagazin *Focus*, das einen »Aufstand gegen den Papst« ausmachte: Geistliche in der Kurie seien entsetzt, verärgert, verunsichert, wüssten nicht, was am nächsten Tag mit ihnen geschehe, wollten aber »ihren Namen aus Angst nicht nennen, weil auch der neue Papst absoluten Gehorsam einfordere und sich Kritik an seiner Person verbitte«[264].

Ob nun wortwörtlich oder nicht – die Hintergründe um die Schwierigkeiten um Scalfaris »Nacherzählung« sind ausführlich beschrieben worden[265] –: Der Sache nach treffen diese Bemerkungen so ziemlich alles, was man seit fünf Jahren sehen und erleben konnte, und es lohnt eine »Relektüre« der Äußerungen, Ansprachen und Aktionen von Franziskus unter dieser Rücksicht!

Die Kurie soll ein Dienstleistungsbetrieb werden, eine Serviceeinrichtung, keine (selbst Bischöfe) gängelnde Kontrollbehörde. Und Franziskus braucht dafür keinen »Hof« und damit verbundene geistige Einstellungen und Verhaltensweisen, die mentalitätsmäßig den weltlichen Kirchenstaat auszeichneten, der sich von den damaligen Fürstentümern nicht groß unterschied. Wer in Betracht zieht, dass dieser durch die Pippinische Schenkung seit dem Jahr 756 aus den Ländereien des Bischofs von Rom entstand und sich im Laufe der Jahrhunderte bis 1870 immer mehr vergrößerte, darf sich nicht wundern, dass Mentalitäten nicht über Nacht verschwinden. Als nach der Volksabstimmung am 6. Oktober 1870 der Anschluss des Kirchenstaats an das neu geschaffene Königreich Italien proklamiert wurde (»Risorgimento«), ging eine mehr als tausendjährige Geschichte zu Ende. Der in den Lateranverträgen von 1929 unter Mussolini geschaffene Staat der Vatikanstadt (*Città del Vaticano*), in denen die staatliche bzw. völkerrechtliche Souveränität des Vatikans als weltlicher Sitz des Papstes durch die italienische Regierung anerkannt wurde, gilt als Nachfolgestaat des einstmals mächtigen Kirchenstaats. Der Heilige Stuhl als nichtstaatliches, eigenständiges, vom *Staat Vatikanstadt* zu unterscheidendes Völkerrechtssubjekt vertritt den Zwergstaat (0,44 km^2) völkerrechtlich auf internationaler Ebene.

Auch mit solchen Tatsachen und allem, was damit verbunden sein kann, muss ein zum Papst gewählter Kardinal, noch dazu wenn er nicht aus Italien stammt und kurienfremd ist, zurechtkommen. Auch wenn es mit Georg Gänswein, dem Privatsekretär von Benedikt XVI., den dieser kurz vor seinem Rücktritt noch zum Erzbischof ernannte, noch einen »Präfekten des Päpstlichen Hauses« gibt, der alle nichtliturgischen Zeremonien und Audienzen des Papstes vorbereitet und koordiniert (und der gleichzeitig Privatsekretär des ehemaligen Papstes geblieben ist und bei diesem wohnt), gibt es seit der Wahl von Jorge Mario Bergoglio SJ keine »Päpstliche Familie« mehr im engeren Sinne, auch wenn bestimmte Funktionen weiterhin bestehen, wenn auch nicht nach der Art eines Hofstaates.

Interessant ist, dass Franziskus auch heute noch, wie schon am Beginn seines Pontifikats, nicht nur theologische Kompetenz abgesprochen wird. Geradezu grotesk wirkt, dass ihm nach wie vor »unterstellt« wird, »seine demonstrative Bescheidenheit und Demut seien verkappte Eitelkeit, ein Hauch von Narzissmus«[266]. Solche Mutmaßungen zeugen von gekränkter Eitelkeit bei denen, die sich in eine höfische Traumwelt mit imperialem Pomp zurücksehnen und gar nicht merken, wie anachronistisch solche klerikalen Fantasien geworden sind. Ein Jesuit kann damit wahrlich nichts anfangen, noch dazu, wenn er aus Lateinamerika stammt.

Das unheimliche Gespür für den Augenblick

Wenn es etwas gibt, das das Epitheton »Franziskus-Stil« verdient, dann ist es das unglaubliche Gespür dieses Papstes für den Augenblick, für eine Situation. Bei persönlichen Begegnungen ebenso wie auf dem diplomatischen Parkett, wo sich das Überraschende und Unberechenbare manchmal geradezu als List erweisen kann, als Eisbrecher bei eingefahrenen oder ausweglosen Bahnen.

Ich nenne drei sehr unterschiedliche Beispiele, die mir dafür tyisch scheinen. Es ist, wäre der Anlass nicht so traurig, eigentlich ein banaler Vorgang: Als im August 2014 in der argentinischen Provinz Córdoba der 35-jährige Neffe des Papstes, Horacio Emmanuel Bergoglio, verunglückte und er bei dem Autounfall seine Frau Valeria und die beiden zwei Jahre und acht Monate alten Söhne José und Antonio verlor, war Franziskus tief getroffen und bat über den Pressesprecher des Vatikans um das Gebet für seine Verwandten und den in Lebensgefahr schwebenden Neffen. In der Generalaudienz vom 20. August bedankte er sich am Ende öffentlich: »Auch der Papst hat eine Familie. Wir waren fünf Geschwister. Ich habe 16 Neffen und Nichten (…). Mein Neffe befindet sich in kritischem Zustand. Ich danke sehr für die Gebete und die Beileidsbekundungen.«[267] Der Papst hat eine Familie – er zeigt damit Gesicht, er versteckt nicht, dass er trauert, dass er innerlich bewegt ist, dass er Emotionen hat.

So wie er drei Jahre später an dem Todeskampf und dem Sterben des elf Monate alten britischen Babys Charlie Gard teilnahm, dem ein wochenlanger öffentlicher juristischer Streit um die richtige Therapie vorausgegangen war, bei dem selbst US-Präsident Donald Trump seine Hilfe anbot. Vier Wochen vor dem Tod des Babys, das knapp vor seinem ersten Geburtstag verstarb, schickte Papst Franziskus mit dem Hashtag »CharlieGard« einen Tweet über die »Verteidigung des Lebens«.

Eine weitere Begebenheit geht vielleicht am meisten unter die Haut. Sie ereignete sich im Januar 2015, als Franziskus nach Sri Lanka die Philippinen besuchte, wo es orkanartige Tropenstürme gab und aus allen Wolken regnete, was Millionen von Menschen nicht abhalten konnte, ihren Glauben mit dem Papst zu feiern. Am 18. Januar kam es auf dem Sportplatz der Päpstlichen Universität Sankt Thomas von Aquin zu einer »Begegnung mit der Jugend«. Auf der Website des Vatikans sind sowohl die tatsächlich gehaltene wie auch die vorbereitete, vom Papst aus der Hand gelegte Rede zugänglich gemacht worden. Da sein Englisch schlecht ist, sprach er in seiner Muttersprache – wurde damit viel authentischer – und ließ sich Satz für Satz von Mark Gerard Miles, einem aus Gibraltar stammenden Monsignore aus dem Diplomatischen Dienst des Vatikans, (fast simultan) übersetzen (»Wenn ich spontan rede, dann tue ich das auf Spanisch. – Nein? – Denn ich beherrsche die englische Sprache nicht. Darf ich?«).

Zuerst bat Franziskus um ein kurzes Gedenken für eine am Vortag während des Gottesdienstes auf dem Areal des Tacloban International Airports durch einen umfallenden Turm ums Leben gekommene 27-Jährige aus dem Organisationsteam, die er mit Namen (Kristel) nannte. Der Papst hatte einer Reihe von Präsentationen auf Tagalog zugehört, die er in spanischer Übersetzung mitlas. Darunter waren zwei Kinder, der Junge Jun Chura und das zwölfjährige Mädchen Glyzelle Palomar. Diese berichtete von ihrem Leben als von den Eltern verlassenes Straßenkind und ihre Erfahrungen zwischen Drogen und Prostitution. Sie kam beim Ablesen nach wenigen Sätzen ins Stocken, weinte, ihre Stimme brach ab, der Junge legte etwas unbeholfen seine Hand auf ihren Rücken, um sie zu trösten. Der Papst hatte mitgelesen, er blickte auf, er nahm diese sehr berührende Szene wahr – und als Glyzelle mit Jun, sich ehrfurchtsvoll verbeugend, vor ihn trat, umarmte er zuerst beide, dann sie allein, fest – und in dieser innigen Umarmung ereignete sich etwas! Auch Kardinal Tagle (für gewisse Buchmacher unter den »Topkandidaten« des nächsten Papstes) war sichtlich gerührt.

Hier musste Franziskus reagieren, nicht funktionieren. Und er spürte: Darauf kann man nicht mit Worten antworten. Später erst ging er auf die Frage der Zwölfjährigen (»Warum lässt Gott das zu?«) ein, und selbst mit dieser Antwort bekundete er, dass er nicht auf alles eine schnelle Antwort hat und auch keine, die umfassend trösten kann. Er war sichtlich ergriffen. An den Jungen richtete er die Worte: »Ich danke dir, Jun, der du deine Erfahrung so mutig zum Ausdruck gebracht hast. Wie ich eben sagte, gibt es auf den Kern deiner Frage eigentlich keine Antwort. Nur wenn wir fähig sind, über das, was ihr erlebt habt, zu weinen, können wir etwas begreifen und etwas antworten. Die große Frage für alle: Warum das Leid der Kinder? Warum müssen die Kinder leiden? Erst wenn das Herz dahin gelangt, sich die Frage zu stellen und zu weinen, können wir etwas begreifen. Es gibt ein weltliches Mitleid, das uns nichts nützt! Ihr habt etwas davon erzählt. Ein Mitleid, das uns höchstens dazu bringt, mit der Hand in die Tasche zu greifen und eine Münze zu geben. Du hast das angesprochen. Wenn Christus dieses Mitleid gehabt hätte, wäre er vorbeigekommen, hätte drei oder vier Menschen geheilt und wäre zum Vater zurückgekehrt. Erst als Christus weinte und fähig war zu weinen, hat er unsere Tragödien verstanden.«

Dann stellte er Glyzelle als Vorbild vor: »Liebe junge Freunde und Freundinnen, der Welt von heute fehlt das Weinen! Es weinen die Ausgegrenzten, es weinen die Ausgeklammerten, es weinen die Verachteten, doch diejenigen, die wie wir ein mehr oder weniger sorgenfreies Leben führen, verstehen nicht zu weinen. Gewisse Realitäten des Lebens sieht man nur mit Augen, die durch Tränen reingewaschen sind. Ich lade jeden von euch ein, sich zu fragen: Habe ich gelernt zu weinen? Habe ich gelernt zu weinen, wenn ich ein hungriges Kind sehe, ein Kind unter Drogeneinfluss auf der Straße, ein obdachloses, ein verlassenes Kind, ein missbrauchtes Kind, ein von der Gesellschaft als Sklave benutztes Kind? Oder ist mein Weinen das eigensinnige Weinen dessen, der weint, weil er gerne noch mehr haben möchte? – Das ist das Erste, was ich euch sagen möchte: Lernen wir zu weinen, wie sie [Glyzelle] uns heute gelehrt hat. Vergessen wir dieses Zeugnis nicht! Die große Frage: Warum das Leiden der Kinder?, hat sie weinend gestellt, und die große Antwort, die wir alle geben können ist, weinen zu lernen.« Auf Youtube kann man diese anrührende Szene im Internet verfolgen. Man muss ein Mensch aus Stein sein, um dabei nicht feuchte Augen zu bekommen. »Was er damals tat – das Kind umarmen und sein Leid, an seinen eigenen Tränen sichtbar, einen Moment lang mitzutragen – ist jesuanischer als der Griff in die argumentative Mottenkiste«[268], so die Rezensentin eines Buches über die Theodizeefrage.

Es gehört nicht nur Großzügigkeit dazu, auf einen vorbereiteten Text zu verzichten und damit möglicherweise protokollarische Probleme zu verursachen bzw. zu riskieren. Es zeugt von großer Sensibilität, wahrzunehmen, was in einem bestimmten Moment »dran« ist – und was nicht. Diese Wachheit zeichnet Franziskus aus. »Franziskus-Stil« – das ist Begegnung.

»Don Camillo von Weltformat«

So handelt, kann man einwenden, ein Pfarrer – und, ja, das stimmt: Jorge Mario Bergoglio SJ hat auch als Papst nicht aufgehört – obwohl er als Souverän des Vatikanstaats mit Staats- und Regierungschefs spricht und ständig von Audienzen und Empfängen in Anspruch genommen ist –, sich Zeit zu nehmen für Menschen, an ihren Schicksalen teilzuhaben. Ich erinnere an die Antwort auf die Frage des kleinen Julius Kruse: »Ich bin gerne Papst im Stil eines Pfarrers.«[269] Als er sich zusammen mit seinen beiden Geschwistern und den Eltern Mitte Januar 2018 in einer Privataudienz von Franziskus verabschiedete, meinte sein Vater Jens-Martin Kruse, der nach zehn Jahren in Rom eine neue Stelle als Hauptpastor von St. Petri in Hamburg antritt der Papst sei für ihn »eine Art ökumenischer Primas«[270] geworden.

Papst im Stil eines Pfarrers: Deswegen nennen ihn manche auch, eher abschätzig gemeint – wie seinerzeit übrigens Papst Johannes XXIII. – den »Pfarrer der Welt«. Kreativer die Wortschöpfung des Vorarlberger Journalisten Thomas Matt: »Don Camillo von Weltformat«. Lässt sich daraus ein Stil ableiten: ein Franziskus-Stil?

Vielleicht sollte man eher häufiger die Frage stellen, was Authentizität bedeutet. Zwei Beispiele dafür: Während seiner Mexiko-Reise im Februar 2016 nahm der Papst nach einer Messe in Morelia im westlichen Bundesstaat Michoacán, bei welcher er die Jugend des Landes zum Widerstand gegen Drogen, Rauschgifthandel und Gewalt aufrief, ein Bad in der Menge. Ein Jugendlicher drängte und zog ihn aus der zweiten Reihe am Arm, daraufhin verlor der Papst das Gleichgewicht und stolperte über ein in der ersten Reihe in einem Rollstuhl sitzendes behindertes Kind. Der Vorfall wurde gefilmt und sofort ins Internet gestellt. Deutlich zu sehen ist, wie der Papst den Verursacher mit erhobener Hand und wütendem Gesicht in seiner Muttersprache anherrscht: »Sei nicht so egoistisch. Was ist los mit dir? Sei nicht egoistisch! (*No seas egoísta. Qué te pasó, no seas egoísta*).«

Eigentlich eine normale menschliche Reaktion, zumal sich Franziskus um das Kind sorgte. »So hat man den sonst so bedachten Papst selten gesehen«: ein Papst, der die Fassung verliert? Eine Schlagzeile lautete: »Gläubiger bringt Papst Franziskus in Rage«. Postwendend wurde ihm mehr Selbstbeherrschung empfohlen. Darf ein Papst nicht wie ein normaler Mensch (über-)reagieren? Und wenn er es tut: Warum sich moralisch über ihn erheben und entrüsten?

Stichwort: Dixi-Klo. Die Bodenständigkeit und Natürlichkeit des Papstes schränkt natürlich auch seine Privat- und Intimsphäre ein: Bei seinem Tagesbesuch in Mailand im März 2017 verspürte Franziskus ein dringendes Bedürfnis und stellte sich an einer transportablen WC-Kabine an. Das stille Örtchen blieb nicht lange still, der Papst wurde dabei von Hunderten Menschen beobachtet, die ihre Smartphones zückten und ihn beim Toilettengang beobachteten. Auch mein Kollege Antonio Spadaro SJ postete ein Bild davon: »Papst Franziskus nutzt ein chemisches Klo, wie die normalen Leute« (*#Papa Francesco alla Case Bianche di Milano usa il bagno chimico come la* *gente*). So entsetzt stramme Katholiken waren und so heftig in konservativen Netzgemeinden über diese »Niveaulosigkeit« geredet wurde: Die mobile Toilette befand sich vor einer heruntergekommenen Hochhaussiedlung, die Franziskus besuchte. In der »Weiße Häuser«-Wohnkaserne traf er anschließend drei junge Familien.

Als Franziskus Anfang September 2015 neue Brillengläser brauchte und sich am frühen Abend in Begleitung von Leibwächtern und einigen Polizisten in Zivil in einem Kleinwagen in die Via del Babuino bei der Piazza del Popolo fahren ließ, um den Optiker Alessandro Spiezia aufzusuchen, wurde er trotz der Dämmerung von Touristen erkannt und gefilmt. Vor dem Schaufenster und in den anliegenden Gassen bildete sich eine Menschentraube, sodass Carabinieri anrücken mussten, um die Schaulustigen zu kontrollieren. Dass der Papst darauf bestanden haben soll, den normalen Preis zu zahlen und keinen Rabatt zu erhalten, wurde bereits zur Sensation hochgejubelt.

Einen Papst menschlich zu erleben, ihn – was sicher grenzwertig ist – bei einem WC-Besuch zu beobachten, ihn beim Einkauf zu erleben, signalisiert den einen, dass auch ein Papst alltägliche Dinge benötigt und sich nicht alles diskret besorgen lässt. Andere beklagen, dass damit das Protokoll missachtet und ein Amt trivialisiert werde. Auch weil bei einem solchen, für gewöhnliche Menschen alltäglichen Vorgang außerhalb des Protokolls etwas fallen, also gesagt werden könnte, was vorher nicht abgesprochen war. Die Bewegungsfreiheit öffentlicher – und damit sicher auch gefährdeter – Personen ist massiv eingeschränkt. Darunter leidet Papst Franziskus auch, wie er bei verschiedenen Gelegenheiten immer wieder betonte.

Öffentliche Ausflüge, spontane Begegnungen und Stellungnahmen sind in mehrfacher Hinsicht riskant – Protokollchefs graut davor. Bei dem von 1981 bis 1989 amtierenden US-Präsidenten Ronald Reagan griffen Mitarbeiter bekanntlich zu einer List: Zwar galt Reagan als *great Communicator*, als solcher aber auch unberechenbar. Weil er wartenden Journalisten auf dem Rasenweg vom Weißen Haus zu dem berühmten dunkelgrünen Helikopter mit dem Funkrufnamen »Marine One« auf Fragen öfters etwas Peinliches oder Indiskretes zugerufen hatte, erhielten die Piloten die Anweisung, die Rotoren sofort anzuwerfen, sobald der Präsident die Terrasse des Weißen Hauses betreten habe, damit die Antworten des Präsidenten im entstehenden Lärm akustisch untergehen oder nur bruchstückhaft verstanden werden.

Eine Lernphase

Das lässt sich mit Papst Franziskus natürlich nicht machen – dafür ist er zu spontan. Kein Pressesprecher oder Protokollchef – im Vatikan Präfekt des Päpstlichen Hauses genannt – muss ihn vor sich selber schützen. Über Nacht gleichsam zum Medienstar avanciert, begeisterte Franziskus von Anfang an mit seiner fröhlichen Ausstrahlung, spontanen Gesten der Zuwendung und überraschenden Aktionen zwar die Massen. Und eine wahre Francesco-Mania machte sich, vor allem in Italien, in den ersten Monaten breit. Aber Franziskus hat auch mehrmals über den Verlust oder Einschränkungen seiner persönlichen Freiheit geklagt, weil er sich eingeengt fühlte, vom direkten Leben abgeschnitten. Zum Papst wird man nicht geboren. Und eine Ausbildung dafür gibt es auch nicht.

Man erinnere sich: Vor allem die Römische Kurie und katholische Fundamentalisten waren verunsichert, teilweise schockiert, dass sich der neue Papst über viele Usancen hinwegsetzte, Rubriken ignorierte und sich so gar nicht einfügen wollte in das, was sie bei Auftritten ihres »Chefs« gewohnt waren. Papst Franziskus galt schnell als »Protokollschreck«. Dass ein Schweizergardist von Natur aus Wache schieben muss und nicht darauf wartet, dass ihm der Papst einen Sessel hinschiebt, damit er sitzen kann, und dabei einen Espresso serviert – das gehörte zu den ersten Dingen, die Franziskus am Anfang einüben musste.

In einem Briefing zu den Osterfeierlichkeiten, die 2013 Ende März begangen wurden, machte der damalige vatikanische Pressesprecher

Federico Lombardi SJ, auf kleinere oder größere Änderungen in der Liturgie der ersten beiden Wochen anspielend – etwa das Predigen im Stehen, der Verzicht auf päpstliche Insignien, eine schlichtere Liturgie, vereinfachte Abläufe bei der Generalaudienz am Mittwoch usw. –, darauf aufmerksam, »diese ersten Wochen des Pontifikats seien für alle Beteiligten eine Art Lernphase, und einiges, was heute ungewöhnlich vorkommen mag, könnte sich morgen bereits in der einen oder anderen Weise eingeschliffen haben«. Ob er damit auch den Papst selber meinte oder nur seine engere Umgebung, die sich von Benedikt XVI. auf Franziskus umstellen musste, ließ er dabei offen. Aber er nahm sich selbst nicht aus: »Auch ich betrachte mich nach wie vor in einer Lernphase.«[271]

»System Bergoglio«?

Ein Papst ist Seelsorger und Theologe. Aber eben auch Staatsoberhaupt und Chef eines Verwaltungsapparates. Manche Personalentscheidungen der letzten fünf Jahre ecken an, gingen daneben, mussten revidiert werden. Auch ein Papst irrt. Auch ein Papst kann nicht alles wissen und kennen. Auch einem Papst bleiben Enttäuschungen nicht erspart.

Da und dort wurden Reaktionen von Papst Franziskus als unangemessen, sogar als grob oder, vielleicht um ihn mit seiner eigenen Rhetorik zu brüskieren, als »unbarmherzig« bezeichnet. Die abrupte Entlassung bzw. Nicht-Verlängerung des Mandats von Kardinal Müller als Präfekt der Glaubenskongregation (2017) wurde ebenso als »unbarmherzig« bezeichnet wie die Verweigerung einer Audienz für alle vier oder wenigstens einen oder zwei der sogenannten »dubia«-Kardinäle. Hätte die Lösung der Causa Franz Peter Tebartz-van Elst nicht in Deutschland gesucht werden müssen? Es war allenfalls ein »kluger« bzw. gerissener Schachzug des früheren Limburger Bischofs, sein Schicksal »in die Hände des Heiligen Vaters« zu legen und damit der Deutschen Bischofskonferenz das Handlungsrecht zu entziehen. Hätte, um eine weitere delikate Personalie zu nennen, der australische Kurienkardinal George Pell, der sich in Australien vor Gericht verantworten muss, im Vatikan gehalten werden sollen, damit er diplomatische Immunität in Anspruch nimmt?

Nach fünf Jahren fragen sich nicht wenige, ob es sich bei der »franziskanischen Wende« (Jürgen Erbacher) um ein Ein-Mann-Unternehmen oder um eine konzertierte Aktion handelt. Gibt es ein »System Bergoglio«? Wer berät den Papst? Wer arbeitet ihm zu? Wer kennt seinen Terminkalender? Wer entscheidet über seinen Tagesablauf? Wie frei, wie unfrei ist er in der Gestaltung seiner Auftritte? Was macht er selbst, wo muss er sich zuarbeiten lassen?

Natürlich sind die Namen des Kardinalstaatssekretärs, der Präfekten der verschiedenen Kongregationen und der Präsidenten der Päpstlichen Räte und anderer Einrichtungen bekannt. Manche von ihnen hat er von seinem Vorgänger übernommen, andere nicht. Wieder andere hat er nach einer Amtsperiode nicht mehr verlängert, neue Mitarbeiter von außen kamen dazu.

Anders als seine Vorgänger ist Franziskus nicht immer von einem »Schatten« umgeben. Johannes Paul II. hatte seit seiner Zeit als Erzbischof von Krakau fast vierzig Jahre lang Stanisław Dziwisz neben sich, den er ungewöhnlicherweise als Privatsekretär zum Bischof machte und der nach dem Tod des Papstes Erzbischof von Krakau (2005) und dann auch Kardinal (2006) wurde. Georg Gänswein (* 1956) ist seit 2003 persönlicher Assistent bzw. Privatsekretär von Kardinal Joseph Ratzinger gewesen und blieb auch nach dessen Wahl zum Papst in dieser Funktion. Als Benedikt XVI. nach der Vatileaks-Affäre den US-Amerikaner James Michael Harvey als Präfekten des Päpstlichen Hauses (1998–2012) ablöste, ihn am 23. November 2012 zum Erzpriester der Patriarchalbasilika *San Paolo fuori le mura* machte und einen Tag später im Konsistorium ins Kardinalskollegium aufnahm, folgte ihm Gänswein in dieser Funktion nach, wurde zwei Monate vor seinem Rücktritt von Benedikt zum Titularerzbischof ernannt und von

Papst Franziskus übernommen – seine Doppelrolle als Mitarbeiter bei »zwei Päpsten« ließ mindestens Fragen nach potenziellen Loyalitätskonflikten aufkommen.

Den legendären Satz »Das Appartamento wünscht das so oder so!« kann man allerdings nicht mehr hören, weil der neue Pontifex die Wohnung in der Terza Loggia des Apostolischen Palastes, die nur über den Trichter eines Aufzugs erreichbar ist, nie bezog und sich nur für das Angelus-Gebet dorthin begibt. Die Entscheidung, im Gästehaus Santa Marta wohnen zu bleiben, bedeutete auch das Aus für die »Päpstliche Familie«. Auch Franziskus hat Privatsekretäre, die aber nicht als »graue Eminenzen« auftreten, einfach im Stillen ihre Arbeit tun und im Übrigen auch an anderen Orten eingesetzt sind. »Ich entscheide selbst, wen ich sehen muss, und nicht meine Sekretäre«[272], wurde der argentinische Schriftsteller Jorge Milia aus einem Telefonat mit dem Papst zitiert.

Wer kennt schon außerhalb des Vatikans den Malteser Alfred Xuereb (* 1958), den Franziskus von Benedikt XVI. übernahm und der Gänswein als erster Privatsekretär nachrückte, 2014 aber auf den Posten des Generalsekretärs des vatikanischen Wirtschaftssekretariats gelangte? Oder die Namen der beiden jetzigen Sekretäre, den Argentinier Fabián Pedacchino Leaniz (* 1964), der zuvor seit 2007 in der Bischofskongregation wirkte (von einer Internetplattform wurde Don Fabián einmal als »Spion von Kardinal Bergoglio in Rom« bezeichnet), der erst seit 2014 fulltime bei Franziskus arbeitet? Und den Ägypter Yoannis Lahzi Gaid (*1975), einen polyglotten Kopten mit einer Ausbildung in orientalischem Kirchenrecht? Im *Annuario Pontificio* tauchen diese Namen nicht auf. »Offizielle Gesichter« sind nur Georg Gänswein und der seit 2007 im Amt befindliche päpstliche Zeremonienmeister Guido Marini (* 1965), der dem Papst bei liturgischen Feiern nicht von der Seite weicht (Franziskus: »Er lernt von mir und ich von ihm«). Sowohl Marini wie auch Gänswein, der durch einen Hörsturz wochenlang gehandicapt war, wurden von Papst Franziskus, entgegen anderslautenden (durch die Nicht-Verlängerung von

Kardinal Müller angeheizte) Spekulationen, im Dezember 2017 für eine weitere fünfjährige Periode in ihren Funktionen bestätigt.

Es gibt unter Franziskus viel weniger Stoff für Homestories als früher. Gerade einmal, dass Don Fabián Fan des Clubs River Plate ist, wohingegen Papst Franziskus Fan und Mitglied des Fußballvereins San Lorenzo ist, wurde bekannt. Beide Clubs gehören zu den fünf prestigeträchtigsten des fußballvernarrten Landes, wie bei Polo ein Erbe der Engländer.[273]

Zum »offiziellen Apparat« gehören der Kardinalstaatssekretär und der Leiter (»Substitut«) der Zweiten Sektion des Staatssekretariats, der im Rang eines Erzbischofs steht. Dass Franziskus sich bald von Tarcisio Bertone SDB trennen würde, war nach dem Verlauf des Vorkonklaves allen klar. Mit Pietro Parolin holte sich Franziskus im Herbst 2013 einen ausgewiesenen Spitzendiplomaten, der noch dazu Erfahrungen mit China und Moskau hat – zwei Wunschreiseziele, nicht erst von Papst Franziskus. Erzbischof Giovanni Angelo Becciu, der Sostituto, ist seit 2013 auch vatikanischer Sondergesandter für den Souveränen Malteserorden, eine Aufgabe, für die eigentlich einer der größten Widersacher von Franziskus, der von der Apostolischen Signatur (dem obersten Gerichtshof des Vatikans) dorthin (ab-)geschobene Kardinalpatron Raymond Leo Burke zuständig gewesen wäre.

Dass er die Kardinäle Gerhard Müller und Robert Sarah als Präfekten der Glaubens- und der Gottesdienstkongregation bestätigte, anders als andere, noch von Benedikt XVI. berufene Präfekten, wurde aufmerksam registriert. Müllers Nichtverlängerung zur Jahresmitte 2017 erregte Aufsehen, der inzwischen 70-jährige Kurienkardinal, der den Papst vor den Kritikern von »Amoris laetitia« immer in Schutz nahm, gab seither in mehreren Interviews seiner Frustration Ausdruck und hielt auch nicht mit Kritik am Führungsstil von Franziskus hinter dem Berg. Dass dieser wiederholt ironische Bemerkungen über seine Kongregation machte, dass er drei enge Mitarbeiter Müllers ohne Angabe von Gründen entlassen hat, dass er durch den Sekretär der Kongregation, den dreieinhalb Jahre älteren mallorcinischen Jesuiten Luis Francisco Ladaria Ferrer, der vorher an der Päpstlichen Universität Gregoriana Dogmatik doziert hatte, abgelöst wurde, hat Müller offenbar tief getroffen. Da half auch nicht, dass er ein expliziter Befürworter der lateinamerikanischen Befreiungstheologie, persönlicher Freund des peruanischen Dominikanertheologen Gustavo Gutiérrez und außerdem ein scharfer Kritiker der Piusbruderschaft ist, deren beharrliche Ablehnung des Zweiten Vatikanischen Konzils dem Dogmatiker Müller stets ein Dorn im Auge war.

Neben dem offiziellen Apparat – neben den der K9-Rat als »eine Art Kronrat«[274] gestellt ist, der nach wie vor aktiv ist – gibt es einen größtenteils unsichtbaren Kreis enger Mitarbeiter und früherer Freunde. Über diesen wird viel spekuliert. Dabei sollte doch klar sein, dass auch ein Papst Freunde und Vertraute hat – und braucht. Ganz zu schweigen von Verwandten: Von den ursprünglich vier Geschwistern des Papstes lebt nur noch seine fast zehn Jahre jüngere Schwester Maria Elena Bergoglio, mit der er regelmäßig telefoniert. Ein Neffe, José Luis Narvaja (* 1965), ist ebenfalls Jesuit (seit 1983), hat unter anderem an der Jesuitenhochschule Sankt Georgen in Frankfurt am Main studiert und sich dort auch in Historischer Theologie für die Antike und das Mittelalter habilitiert. Narvaja ist Professor und doziert nicht nur in Argentinien, sondern nimmt Lehraufträge wahr, die ihn regelmäßig nach Rom und Frankfurt führen.[275] Er arbeitet außerdem bei der *Civiltà Cattolica* mit.

Deren Direktor, Antonio Spadaro SJ, gilt als einer der engsten Vertrauten von Papst Franziskus, seit einiger Zeit gehört er auch zur offiziellen Entourage bei Papstreisen und hat zuletzt Berichte über die als privat geltenden Besuche des Papstes bei Jesuiten vor Ort, in Kolumbien und Myanmar, veröffentlicht. Einige Zeit verstärkte auch der argentinische Theologe und Philosoph Juan Carlos Scannone SJ (* 1931) das Team von Spadaro, wurde dann aber von dem jüngeren, vom Papst als Provinzial in den Orden aufgenommenen Jesuiten Diego Javier Fares (*1955) ersetzt. Aus früheren Zeiten ist Franziskus auch eng mit dem argentinischen Moraltheologen Humberto Miguel Yáñez Molina SJ (* 1956) verbunden, der an der Gregoriana eine Professur innehat. Wie bei Diego Fares war Jorge Mario Bergoglio sein Rektor des Colegio Maximo von San Miguel.

Enger Telefon- und Mailkontakt besteht zu Víctor Manuel Fernández (* 1962), dem Rektor der Päpstlichen Universität von Argentinien, den Franziskus zwei Monate nach seiner Wahl im Mai 2013 zum Erzbischof ernannte. Die beiden kennen sich von der fünften CELAM-Generalversammlung in Aparecida (2007), wo Fernández zusammen mit Kardinal Bergoglio am Schlussdokument arbeitete. Fernández ist in Anmerkung 207 von »Evangelii gaudium« zitiert, war berufenes Mitglied auf der Bischofssynode 2014 und gilt als einer der engsten Ghostwriter des Papstes. Angeblich geht das umstrittene Kapitel 8 von »Amoris laetitia« maßgeblich auf ihn zurück.

Im Oktober 2014 hat Franziskus einen anderen Vertrauten in die Internationale Theologenkommission berufen: den argentinischen Priester und Theologen Carlos Maria Galli aus dem 1888 in Buenos Aires eingemeindeten Stadtteil Flores, aus dem Jorge Mario Bergoglio stammt. Auch er war Berater in Aparecida. Zwei weitere Priester wurden von der Tageszeitung *La Stampa* als wichtige Ghostwriter ausgemacht: Die meisten Ansprachen gehen angeblich auf Paolo Luca Braida (* 1959) zurück, einen italienischen Monsignore im Staatssekretariat, der die Kontakte des Papstes koordiniert. Er löste darin Giamperio Gloder (* 1958) ab, den der Papst 2013 zum Präsidenten der Päpstlichen Diplomatenakademie und zum Vizekämmerer der Heiligen Römischen Kirche ernannte. Er spendete ihm persönlich die Bischofsweihe, seine erste als Papst.

Die Kardinäle Beniamino Stella (* 1941), Santos Abril y Castelló (* 1935), João Braz de Aviz (* 1947), Jean-Louis Tauran (* 1943), Walter Kasper (* 1933), Cormac Murphy O'Connor (* 1932), Claudio Hummes OFM (* 1924), Lorenzo Baldesseri (* 1940) genießen das besondere Vertrauen von Franziskus, auch Christoph Schönborn OP (* 1945) und Luis Antonio Tagle (* 1957) wurden vom Papst immer wieder beratend herangezogen und damit ausgezeichnet. Die neun

Kardinäle, die ihn seit 2013 bzw. 2014 speziell beraten, dürfen nicht vergessen werden, unter ihnen der Deutsche Reinhard Marx. Manche irritiert die Freundschaft mit einem Mitglied der ins Gerede gekommenen Legionäre Christi, Fernando Vérgez Alzaga (* 1945), den Franziskus selbst im November 2013 zum Bischof geweiht hat.

Andere Quellen nennen weitere Namen: den argentinischen Kurienbischof Marcelo Sánchez Sorondo (* 1942), den Kanzler der Päpstlichen Akademien der Wissenschaften und der Sozialwissenschaften und Architekten der Annäherung an die UNO-Weltklima-Agenda; den Argentinier Guillermo Javier Karcher (* 1964), der schon im Organisationsteam der Bischofsweihe von Jorge Mario Bergoglio 1992 war, päpstlicher Zeremoniär und Mitarbeiter der Protokollstelle des Staatssekretariats, das alle Dokumente passieren müssen; den brasilianischen Priester und Kommunikationswissenschaftler Dario Edoardo Viganò (* 1962), früher Direktor des Vatikanischen Fernsehzentrums CTV und nunmehr Präfekt des neu gegründeten Kommunikationssekretariats; oder den Italiener Battista Mario Salvatore Ricca (* 1956), Direktor des Gästehauses Santa Marta und persönlicher Delegat des Papstes der Vatikanbank IOR (der eine Kampagne überstand, während seiner Zeit an den Nuntiaturen in der Schweiz und in Uruguay in homosexuelle Seilschaften verwickelt gewesen zu sein).

Dieses »Namedropping« ist gewiss nicht vollständig. Es soll nur zeigen, dass der Papst trotz seines Alters ausgezeichnet vernetzt ist, bewusst Kontakte und Freundschaften pflegt, weiß, wen er wofür ansprechen muss und auf wen er sich verlassen kann. Enttäuschungen oder Fehleinschätzungen können dabei nicht ausbleiben. Auch mit Bischofsernennungen, vor allem aber mit Kardinalskreierungen betreibt der Papst Personalpolitik und sorgt so für »Blutauffrischungen« in der Kurie. Ob sich daraus ein »System Bergoglio« ableiten oder konstruieren lässt, muss der Geschichtsschreibung überlassen bleiben. Und den Indiskretionen frustrierter, sich unbeachtet oder zu wenig geförderten Zeitgenossen. Auch hier gilt der Grundsatz: Ständige

Wiederholungen machen aus Behauptungen keine Tatsachen. Dass ähnlich wie unter Johannes Paul II. statt von einer »polnischen« nun von einer »argentinischen Seilschaft«[276] gesprochen wird, kann nur Naive überraschen. Für den politischen Instinkt des Papstes spricht aber auch, dass er manche Positionen, selbst wenn es sich um ausgewiesene Widersacher handelt, nicht ausgetauscht hat. Die Altersgrenze, die für alle Ämter bis auf den Papst selbst gilt, ist eine natürliche Möglichkeit für personelle Veränderungen.

»System Bergoglio«: Wer eine Reform durchziehen will, die viele Ebenen betrifft, muss mit Widerstand rechnen. In diesem Zusammenhang von »Säuberungen« zu sprechen, zeigt schon von der Diktion her, dass viele in Rom verstanden haben, dass es nicht um kosmetische Korrekturen geht, sondern, salopp gesprochen, ums Eingemachte, und dass sich der Papst nicht einschüchtern lässt: »Ich spreche nicht gerne von Säuberung. Ich würde sagen, die Kurie wird auf den Kurs gebracht, den die Generalkongregation (die Versammlungen vor dem Konklave) gefordert hat. Nein, es gibt noch viel zu tun. Noch sehr viel!«[277]

Sein Regierungsstil kann gewiss als unorthodox bezeichnet werden. Franziskus ist es gewohnt, viel zu konsultieren. »Am Ende« vieler Beratungen, so die Erfahrung und Beobachtung vieler Beteiligter, »entscheidet aber er alleine. Hier ist er wieder ganz Jesuit.«[278] Von Franca Giansoldati gefragt, wohin die Kirche sich unter Bergoglio entwickle, antwortete der Papst 2014: »Gottlob habe ich keine Kirche; ich folge Christus nach. Ich habe nichts gegründet. Was den Stil betrifft, so bin ich nicht anders, als ich in Buenos Aires war. Doch vielleicht ein bisschen, denn das muss man, aber mich in meinem Alter zu ändern, wäre lächerlich gewesen. Was das Programm angeht, folge ich jedoch dem, um das die Kardinäle in den Generalkongregationen vor dem Konklave gebeten haben. In diese Richtung gehe ich. Der Rat der acht Kardinäle, eine äußere Körperschaft, ist dort entstanden. Es war darum gebeten worden, bei der Reform der Kurie zu helfen. Das ist im Übrigen nicht einfach, denn man macht einen Schritt, aber dann zeigt sich, dass dieses oder jenes getan werden muss, und wenn es vorher ein Dikasterium gab, so werden dann daraus vier. Meine Entscheidungen sind Frucht der Zusammenkünfte vor dem Konklave. Ich habe nichts allein gemacht. (…) Es waren Entscheidungen der Kardinäle. Ich weiß nicht, ob es eine demokratische Vorgehensweise ist, ich würde sie eher synodal nennen, auch wenn das Wort für die Kardinäle nicht angemessen ist.«[279]

Vielleicht ist Franziskus nur er selber (geblieben), auch nach seiner Wahl zum Papst. Dass er vormittags, vom Präfekten des Päpstlichen Hauses gesteuert, Termine wahrnimmt, nachmittags und abends aber auch selbst entscheidet, was er macht, wen er anruft, wen er besucht, wo er blitzartig auftaucht, hat ihm das Prädikat »Pfarrer« eingebracht, das er nicht als Schimpfwort empfindet. »Sie wissen, wie oft ich den Wunsch hatte, durch die Straßen Roms zu gehen, denn … in Buenos Aires durch die Straßen zu gehen, hat mir so sehr gefallen«, konnte er noch im Juli 2013 sagen, um dann etwas wehmütig, aber auch ernüchtert nachzuschieben: »In diesem Sinn fühle ich mich etwas eingesperrt. Doch ich muss sagen … die von der vatikanischen Gendarmerie sind sehr gut, und ich bin ihnen dankbar: Jetzt lassen sie mich etwas mehr machen.«[280]

Als »Pfarrer« meldet sich Papst Franziskus auch überraschend immer wieder am Telefon, um in verschiedenen Angelegenheiten, von denen er gehört hat, zu intervenieren oder Anteilnahme zu bekunden. Ein jüngeres Beispiel: Der argentinische Müllmann Maximiliano Acuna, Vater von fünf Kindern, dem nach einem Unfall im März 2017 bei einer Notoperation beide Beine amputiert werden mussten, erhielt im Juli darauf einen Anruf (»Ich bin Papst Franziskus«) und erzählte davon gerührt bei einer Zeremonie vor Hunderten Kollegen. Oder er rät einer betagten Frau, doch endlich ins Altenheim zu gehen … Offenbar braucht er solche Kontakte, um mit der Wirklichkeit in Tuchfühlung zu bleiben – so wie er die Morgenmesse in Santa Marta für seine Predigtimpulse nutzt.

»Ich werde es weiterhin so halten. Und ich werde sprechen, wie ich es gewohnt bin, wie ein Pfarrer, weil mir das liegt. Ich habe immer so gesprochen, zu allen Zeiten. Ich weiß nicht, ob das ein Makel ist, aber ich glaube, die Leute verstehen mich«[281]: Entwaffnender kann man es nicht zusammenfassen. So sprechen, »wie einem der Schnabel gewachsen ist«, kann sich selbst in der Politik als effizient erweisen. Das offizielle Foto beim Besuch von US-Präsident Donald Trump im Vatikan (Mai 2017) spricht Bände. Da braucht man kein Bulletin mehr, ob über Klimaschutz und Nuklearwaffen oder die Spannungen mit Nordkorea gesprochen wurde.

Es braucht das Direkte, Konfrontative, Provozierende – aber auch »stille Diplomatie«. Wer weiß wirklich, wo der Papst überall vermittelt oder interveniert hat oder vermitteln hat lassen: Kuba – USA, Nord- und Südkorea, Syrien, Russland – Ukraine? Auf dem Rückflug von seiner Ägyptenreise (29. April 2017) sagte er einer Journalistin auf die Frage, was er politischen Leadern wie Trump und anderen hinsichtlich ihrer Veranwortung für die Zukunft der Menschheit sage: »Ich rufe sie an. Ich rufe sie an und werde sie anrufen, wie ich die Verantwortlichen vielerorts angerufen habe, die Probleme auf dem diplomatischen Weg zu lösen. Es gibt Helfer – es sind viele in der Welt – es gibt Vermittler, die sich anbieten (…).« Der Papst ist auch Politiker[282] – und überrascht oder überrumpelt auch gern, wie am Ende seiner Reise nach Jordanien und Israel (2014), als er Palästinenserpräsident Mahmoud Abbas und den israelischen Staatspräsidenten Shimon Peres zu einem Friedensgebet in den Vatikan einlud.[283] Als er in Bethlehem protokollwidrig an der meterhohen, graffitiübersäten Sperrmauer, die Palästinenser und Israelis voneinander trennt, halten ließ, ausstieg und ohne ein Wort zu sagen seine Stirn gegen die Mauer drückte, als Zeichen der Trauer oder des Gebetes, sagte das mehr aus als jeder sonstige ausgesprochene Kommentar – so wie hinterher dieselbe Geste an der Klagemauer, wo er seine beiden argentinischen Freunde, Rabbiner Abraham Skorka und Imam Omar Abboud, umarmte.

»Zur Methode Franziskus«, so Bernd Hagenkord SJ, »gehört das Informelle und Außerplanmäßige« und das Motto: »Lieber zu wenig als zu viel Vorsicht! Oft hilft das.« Franziskus riskiert lieber Missverständnisse und Kritik, als sich hinter diplomatischen Floskeln zu verstecken: »So versetzt der Glaube Berge«, so Hagenkord, »wo die Politik nicht weiterkommt. (...) Undiplomatisches Handeln und Sprechen ist manchmal die beste Diplomatie.«[284]

Bei seiner Reise ins buddhistische Myanmar wartete alles gespannt, ob er die Generäle und Staatsrätin Aung San Suu Kyi mit dem »R-Wort« konfrontieren und die massenhaft vertriebenen, vergewaltigten und getöteten Rohingyas erwähnen würde, die von offizieller Seite stets »Bengalen« genannt werden. Er tat es, aber nicht öffentlich: »Im Fall dieses Generals hat er darum gebeten zu reden: Ich habe ihn empfangen. Ich verschließe nie die Türe. Du bittest um ein Gespräch? Komm. Durch Gespräch verliert man nichts, man gewinnt immer. Es war eine schöne Unterredung. Ich kann nichts [Inhaltliches] sagen, weil sie vertraulich war, aber ich habe nicht über die Wahrheit verhandelt, das versichere ich euch.« Auf dem Rückflug nach Rom resümierte er: »Ich wusste, dass ich die Rohingya treffen würde. Ich wusste weder wo noch wie, aber dies war für mich Bedingung für die Reise und man hat die Modalitäten vorbereitet. Nach vielen Verhandlungen, auch mit der Regierung, mit der Caritas hat die Regierung die Reise von jenen, die gestern gekommen sind, erlaubt. Denn es ist durch die Regierung geschehen, die sie beschützt und ihnen Gastfreundschaft gewährt, und dies ist großartig: Was Bangladesch für sie tut, ist großartig, es ist ein Beispiel für die Aufnahmebereitschaft. Ein kleines, armes Land, das siebenhunderttausend Flüchtlinge aufgenommen hat ... Ich denke an die Länder, die die Türen schließen ... Wir müssen für das Beispiel, das sie uns gegeben haben, dankbar sein. Die Regierung muss über die internationalen Beziehungen mit Myanmar mit Genehmigungen und Dialog vorgehen ... weil sie in Flüchtlingslagern sind, in einem Sonderstatus. Aber schließlich sind sie gekommen. Sie waren erschrocken, sie wussten nicht … Jemand hatte ihnen gesagt: ›Ihr grüßt den Papst, ihr sagt nichts‹ – jemand, der nicht von der Regierung Bangladeschs war – von den Leuten, die sich um die Kontakte kümmern … dann waren wir nach dem interreligiösen Dialog und nach den Gebeten religiös sehr offen. Dies hat das Herz von uns allen vorbereitet. Zumindest ich empfand so. Und es kam der Augenblick, in dem sie mich begrüßen sollten. Im Gänsemarsch – das hat mir nicht gefallen, einer nach dem anderen –, aber sofort wollten sie sie von der Bühne verjagen. Da habe ich mich geärgert und habe etwas geschimpft – ich bin ein Sünder – und habe viele Male das Wort ›Respekt‹, Respekt gesagt. Ich habe die Sache gestoppt und sie sind dort geblieben.« – Im Übrigen hat er von der verfolgten »Minderheit der Rohingya, unserer Brüder und Schwestern« gesprochen. Glaubensgeschwister sind für Franziskus nicht nur die Christen.

Die Tür zuknallen oder öffnen und offen halten? Franziskus schockiert auch gern, so wie im Januar 2018, als er Postkarten verteilen ließ, die ein Foto von Joseph Roger O'Donnell zeigen: Ein Junge trägt seinen kleinen Bruder auf dem Rücken zu Grabe, aufgenommen nach dem Abwurf der Atombombe vom August 1945 auf Nagasaki. Damit wollte er sein Ziel einer atomwaffenfreien Welt einmal mehr bekräftigen. Auf dem Flug nach Chile ließ er die Karten an Journalisten verteilen – Hintergrund waren die nuklearen Drohungen aus Nordkorea und die aggressive Reaktion Trumps.

Querbeet gefragt: Muss ein Papst Politiker treffen? Oder Facebook-Gründer Mark Zuckerberg? Werden Friedensappelle, Solidaritätsbekundungen, Gebetsgedenken bei Katastrophen und Unfällen, das Eintreten für religiöse und ethnische Minderheiten ernst genommen oder abgetan als diplomatische oder kirchliche Pflichtadressen? Muss er sich, wie 2017, in eine Vaterunser-Debatte einmischen, weil es in bestimmten Sprachen Unzufriedenheit mit Übersetzungen gibt? Was bewirken seine Interventionen, seine Anstöße? Taugt ein »Franziskus-Knotenlöser«? Riskiert er das Image eines Populisten?

Franziskus hat in fünf Jahren viele Fässer aufgemacht: Die Kurienreform ist ein Langzeitprojekt, das aber Teilverwirklichungen gezeigt hat wie das (umstrittene) Ende von Radio Vatikan, das in »Vatican News« aufgegangen ist. Mit »Evangelii gaudium« (2013), »Laudato si'« (2015) und »Amoris laetitia« (2016), um nur die drei großen, prophetischen Schreiben zu nennen, hat er heftige, ja kontroverse Debatten ausgelöst, auf Fachebene unter Experten[285] ebenso wie innerkirchlich. Sie halten bis heute an. Er zeigt sich geprägt vom Zweiten Vatikanischen Konzil, besonders von der Pastoralkonstitution »Gaudium et spes« und deren Cantus firmus: der Barmherzigkeit. Die Grundthemen des Konzils sieht er in »Evangelii nuntiandi« (1975) und im Abschlussdokument von Aparecida (2007) fortgeführt. Er wirbt dafür. Die Grundthemen haben mit dem Hauptwort »Freude« zu tun.

Begleiten, unterscheiden, integrieren – drei »Tunwörter«, mit denen sich zusammenfassen lässt, worum die Kirche beim Thema Familie – zu der auch andere Lebensformen und -modelle als die klassische Ehe gehören – ringt. Die Methode dafür lässt sich mit den drei »Tunwörtern« *gehen, aufbauen, bekennen* benennen, wie sie modellhaft in »Evangelii gaudium« auftauchen. Hier liegt auch der Grund für das Gehen an die Peripherien, an die Grenzen – des Lebens und des Denkens. Mit weiteren Überraschungen, Anstößen, Provokationen, aber auch mit Pannen und Fehlgriffen ist zu rechnen – solange Papst Franziskus im Amt ist. Solange er atmet. »Ans Aufhören«, räsoniert Matthias Drobinski, »denkt er offenbar nicht. Nach seiner Wahl hatte er gesagt, dass er sich vorstellen könnte, nach fünf Jahren im Amt zurückzutreten. Von dieser Haltung scheint der 81-Jährige abgerückt zu sein. Er würde seinem Nachfolger eine halb fertige Kurienreform hinterlassen und einen innerkirchlichen Richtungsstreit. Abgesehen davon, dass dann zwei emeritierte Päpste durch die vatikanischen Gärten spazieren würden. Franziskus dürfte 2018 alles versuchen, seinen Kurs unumkehrbar zu machen, auch durch die Ernennung neuer Kardinäle, die dann einmal seinen Nachfolger wählen dürfen. ›Solange er kann, wird er weitermachen‹, sagt ein Insider.«[286]

Verblüffenderweise gehören zur »Methode Bergoglio« auch ganz banal scheinende, mit Volksfrömmigkeit – die für ihn genauso zählt wie Theologie – zusammenhängende Phänomene. Er hat, was sich auch in seinem Bischofswappen niederschlug, ein enges Verhältnis, eine innige Andacht zur Heiligen Familie: zu Maria und Josef. Bekannt ist, dass ihn das Marienbild »Maria Knotenlöserin« sehr beeindruckt und geprägt hat, dessen Original in der Kirche St. Peter am Perlach in Augsburg hängt, wo er (wie in vielen Biografien behauptet) nie persönlich war. Er ließ eine Kopie von der Künstlerin Ana María de Berti anfertigen, die in der Kirche San José de Talar aufgehängt und am 8. Dezember 1996 gesegnet wurde. In Buenos Aires wurde die Verehrung der Knotenlöserin Kult.[287] Papst Franziskus vertraut auf das, was das Bild aussagt: Maria kann Knoten (auf-)lösen: privat wie beruflich, in Kirche, Politik und Gesellschaft. Und Franziskus ist als Papst selber ein globaler und ein kirchlicher Knotenlöser geworden. »Heiße Eisen« wie Konzil, Liturgie, Sakramentenzulassung für wiederverheiratete Geschiedene, Homosexualität – er lässt nichts aus.

Die »Methode Josef« verblüfft nicht weniger: »Ich liebe den heiligen Josef sehr, denn er ist ein starker und ein schweigsamer Mann«, bekannte er vor Millionen Gläubigen in Manila (16. Januar 2015): »Auf meinem Schreibtisch habe ich ein Bild des heiligen Josef, der schläft. Und schlafend leitet er die Kirche! Ja! Er kann es, wir wissen das. Und wenn ich ein Problem habe, eine Schwierigkeit, dann schreibe ich es auf ein kleines Blatt und schiebe es unter den heiligen Josef, damit er davon träumt! Das bedeutet: damit er für dieses Problem betet!«

Das Denken und die Lehre

Das Paradoxe an solchen Einblicken und Einsichten, hinter denen Erfahrungen stehen, ist: Sie scheinen zu funktionieren! Und man nimmt sie dem Papst ab, auch wenn ihn manche dafür naiv nennen.

Was am Tun und Denken von Papst Franziskus so irritierend ist, es aber auch attraktiv macht, ist, dass er gewohnte Wege verlässt. Auch Denkwege. Wo wir nicht weiterkommen, weil wir uns verrannt haben, eingeigelt in Positionen, wo die Kirche in einer Art Stellungskrieg verharrt, wo es um kleinste Terraingewinne geht – anstatt wirklich und wirksam weiterzukommen. Dass die Kirche »ins Wohnzimmer« schauen soll, wo sich das Leben abspielt, und nicht ins »Schlafzimmer« nach der Art einer indiskreten, klerikalen Schlüssellochmentalität – wie sich die deutsche Teilnehmerin an der Bischofssynode 2014, Ute Eberl, geäußert hat, scheint mir ein Stichwort für den Zugang von Papst Franziskus zu Themen zu sein: Er schaut die Wirklichkeit an, wie sie ist. Auch wenn sie schmerzt und wehtut. Wenn sie irritiert. Wenn sie quer zu kirchlichen Normen steht.

Kardinal Schönborn hat in dem erwähnten Interview von 2018 auch gesagt, warum er »Amoris laetitia« als »ausgesprochen wohltuend« empfindet: »Weil das große Vorgängerdokument ›Veritatis splendor‹ von Johannes Paul II. gewissermaßen die eine Seite der Wirklichkeit gezeigt hat, aber die andere nicht in den Blick genommen hat. Johannes Paul II. ging es darum festzustellen, dass es objektive Normen gibt. Und das war unbedingt notwendig. Es ist nicht so, dass ich mir selbst meine Norm bastle. Es gibt objektive Normen. Damit hat man aber nur die eine Hälfte der Sache gesagt. Und die zweite Hälfte fügt Franziskus mit ›Amoris laetitia‹ hinzu. Man spürt in dem Schreiben, wo sein existenzieller Hintergrund ist. Diese zahllosen extrem armen Familien, die er in Lateinamerika erlebt hat. Da kannst du nicht nur mit der objektiven Norm kommen! Du musst einmal hinschauen, welche zum Teil heldenhafte Verwirklichung von Menschlichkeit, von gegenseitiger Hilfe Menschen unter diesen Lebensbedingungen zustande bringen. Dieses konkrete Hinschauen hat ungeheuer wohlgetan. (…) Und darum tut es wohl und ist es hilfreich, dass Papst Franziskus sagt: Gewissen bilden ja, aber nicht ersetzen.«[288]

Verändert Papst Franziskus nur das Denken oder auch die Lehre? Nicht pastorale Schlupflöcher oder theologische Quasilösungen,

Scheinlösungen, interessieren ihn, sondern ob Kirche tatsächlich als ein Ort des Aufatmens erlebt werden kann, als Heilsanstalt. Die Kirche als »Feldlazarett«, das bedeutet auch: Wunden heilen. Dann kann man von allem anderen sprechen. Aber die »Hierarchie der Wahrheiten« ist zu beachten, Wichtiges von weniger Wichtigem zu unterscheiden, Prioritäten sind zu setzen ... Es geht nicht nur um einen Pastoralstil. Es geht um ein verändertes Denken, das auch, davon bin ich überzeugt, kirchliches Lehren verändern wird und teilweise bereits verändert hat, nicht nur das von »linken Kaplänen«.

Die Grundfrage hat Chris Loweny zusammengefasst: »Wie leben wir in der Gegenwart, zeigen angemessen Respekt für Werte und Traditionen und begleiten eine Organisation in die Zukunft? Wir werden sehen, wie die jesuitische Tradition des Papstes ihm (und uns) dabei hilft, diesen Balanceakt zu meistern.«[289]

Evangelisierung neu angehen (vgl. EG), die offene Debatte in der Kirche (vgl. Familiensynoden), neues Denken, wie es in Kapitel 8 von »Amoris laetitia« zum Ausdruck kommt, ein anderer, neuer Blick aus der Perspektive des Glaubens auf den bedrohten Planeten Erde und das unmittelbar nach seiner Wahl begonnene Arbeiten an zu verändernden Strukturen in der Kirche – die »Bilanz« dieser fünf Jahre ist so mager nicht. Es sind riesige Baustellen, es gibt unübersehbar Verwerfungen und Widerstand an unterschiedlichsten Stellen, der Papst macht auf Tempo, der Apparat kommt kaum zum Durchatmen und stöhnt – und der Papst steckt das alles scheinbar weg. Und über allem steht seine Bitte, auf die »Freude« nicht zu vergessen und so Zeugnis zu geben von der (Alltags-)Tauglichkeit christlichen Glaubens heute.

Auf die Etiketten kommt es nicht an: Türöffner, Knotenlöser, Brückenbauer. Der »evangelische Papst« Franziskus erinnert in vielem an das Verhalten Jesu. Und er erinnert damit die Kirche an ihren Ursprung. Das Leben Jesu, sein Tun, sein Verhalten, seine Verkündigung sollen die Kirche prägen und leiten, auch ihr Denken. Darauf kommt es dem ersten Jesuitenpapst der Geschichte an.

Eine arme Kirche für die Armen

Auch fünf Jahre nach seiner Wahl fragen sich manche weiterhin, manchmal auch sorgenvoll: Was beabsichtigte der Papst mit seinem Wunsch nach einer »armen Kirche für die Armen« seinerzeit, am Beginn seines Pontifikats? Und was bedeutet das heute? Auslöser war zum einen, wie schon gesehen, der kurze Hinweis von Kardinal Claudio Hummes, einem Franziskaner übrigens, im Konklave (»Vergiss die Armen nicht«), nachdem die erforderliche Mehrheit für Jorge Mario Bergoglio SJ feststand. Während der Auszählung der Stimmen schoss diesem dabei spontan einer der prominentesten Heiligen der Kirche, Franz von Assisi, durch den Kopf. Und er wählte, erstmals in der Papstgeschichte, den Namen Franziskus – ein Name, der nicht nur in italienischen Ohren Begeisterung aufkommen ließ. Es war auch ein Signal, das weit über die Grenzen der römisch-katholischen Kirche hinaus verstanden wurde.

Wie innovativ ist Armut?

Ein Name als Programm! Aber welches? Und damit verbunden: »Wohin führt Papst Franziskus die Kirche?« So fragt der Untertitel eines noch im Wahljahr erschienenen Buches, das die Herausgeberin, die Theologin Magdalena M. Holztrattner, zurzeit Leiterin der Katholischen Sozialakademie Österreichs (ksoe), mit den Fragen eröffnete: »Welche Spuren werden seine Kurskorrekturen in grundlegenden ekklesiologischen, strukturellen und politischen Fragen hinterlassen? Wie kann es gelingen, dass der Traum der beiden Päpste Johannes XXIII. und Franziskus nach einer armen Kirche und einer Kirche der Armen weitergeträumt und Schritt für Schritt an vielen Orten der Welt – und auch im Vatikan – Wirklichkeit wird? Welche Strahlkraft hat die ›Innovation Armut‹ von Papst Franziskus, um von vielen Herzen und Händen aufgenommen und umgesetzt zu werden?«[290]

Die argentinische Theologin Nancy Raimondo von der Universidad del Salvador in Buenos Aires skizziert in diesem Sammelband das Denken und Handeln von Jorge Mario Bergoglio SJ, der sich in Argentinien als Bischof für eine »Pädagogik der Präsenz« stark machte, »in der das Zuhören und die Nähe nicht nur ein Stil, sondern Inhalt der Katechese sind«: eine »Pastoral des Hinterhofes, der Türen, der Häuser, der Straßen«[291].

Pedro Bayá Casal, Pfarrer eines Armenviertels und Theologieprofessor, schildert, warum Padre Jorge »nicht unter den BefreiungstheologInnen«[292] zu finden ist, sondern sich für die »Theologie des Volkes« (Teología del Pueblo), auch »Argentinische Schule« oder »Volkstheologie« genannt, stark machte. Sie folgt der in der Pastoralkonstitution »Gaudium et spes« vorgeschlagenen Methode Sehen – Urteilen – Handeln. Volksfrömmigkeit und Volksreligiosität spielen dabei eine wichtige Rolle. Die Herausgeberin selber verbindet die Liebe des Papstes zu den Armen mit den Grundlinien und -entscheidungen des Jesuitenordens, der gegen die globalisierte Gleichgültigkeit die globalisierte Solidarität gestellt habe.[293] Mit einer »Wegwerfkultur« will er sich nicht abfinden.

Die jesuitische Option für die Armen und die Ausgeschlossenen: Glaube und Gerechtigkeit

Die »vorrangige Option für die Armen« (*optio praeferentialis pro pauperibus*) ist für den Orden nicht (mehr) verhandelbar. Sie ist eine gewachsene, gereifte Erkenntnis, die sich, auf das letzte Konzil zurückgehend, im Dekret 4 (»Unsere Sendung heute«) der 32. Generalkongregation von 1974/75 niedergeschlagen hat – an welcher der junge Jesuitenprovinzial Jorge Mario Bergoglio teilnahm.

Sie führte in verschiedenen Ordensprovinzen weltweit zu Spannungen, weil sich Jesuiten, vereinfacht gesagt, vor die Alternative gestellt sahen: Arbeit mit den Armen oder Arbeit mit den Reichen? Als stark von der Bildungsarbeit geprägte Gemeinschaft besaß der Orden seinerzeit sehr viele Schulen, Kollegien und Universitäten, die zwar nie nur für wohlhabende Schichten zugänglich waren, aber eben einen elitären Ruf hatten. Die »Option für die Armen« wurde von manchen Jesuiten als Aufforderung zum Rückzug (miss-)verstanden. Besonders in Mittel- und Lateinamerika wurden Konflikte handfest spürbar. Auch die Politik und die Bischöfe waren verunsichert, wohin diese Option den Orden, der als elitäre Bildungseinrichtung verstanden wurde, führen würde.

Jorge Mario Bergoglio hat nach Abschluss des Noviziats 1960 die sogenannten »einfachen« Gelübde der Armut, der Ehelosigkeit und des Gehorsams abgelegt. Mit den feierlichen Professgelübden im Jahr 1973 hat er sich endgültig an die Gesellschaft Jesu gebunden und diese an ihn – und damit auch an die Lebensweise des Ordens. Armut in der Gesellschaft Jesu heißt zunächst eine einfache Lebensweise, materiell gesehen Besitzlosigkeit. Das heißt aber nicht, dass der Einzelne nicht die Mittel zur Verfügung gestellt bekommt, die er für seine Arbeit braucht. Akademisch arbeitende Jesuiten benötigen andere Ressourcen als Seelsorger, Lehrer andere als Sozialarbeiter. Natürlich gibt es auch im Orden ein »Gefälle« – und es gibt Jesuiten, die nicht nur persönlich sehr bescheiden, ja karg leben, sondern in Arbeitsfelder geschickt sind, wo bittere Armut herrscht und wo schon aus Gründen der Solidarität der Lebensstil des Jesuiten sich nicht von dem der Menschen gravierend unterscheiden kann, für die er da ist.

Die Formel »Glaube und Gerechtigkeit« bringt die Richtungsentscheidung auf den Punkt, die im Gefolge der 32. Generalkongregation umzusetzen war: »Der Auftrag der Gesellschaft Jesu heute besteht im Dienst am Glauben, zu dem der Einsatz für die Gerechtigkeit notwendig hinzugehört, denn sie zielt auf die Versöhnung der Menschen untereinander, die ihrerseits von der Versöhnung der Menschen mit Gott aufgefordert ist« (32. GK, Dekret 4, Nr. 2). Dieser Einsatz wurde als integraler Bestandteil des Evangeliums verstanden.[294]

Spannungen waren damit programmiert. Verunsicherungen, was das genau für das den Orden kennzeichnende intellektuelle Apostolat bedeute, kamen auf. Einzelne Ordensprovinzen und Kommunitäten standen – im Extremfall – vor der Spaltung. Als Provinzial hatte Jorge Mario Bergoglio auf die Umsetzung der Beschlüsse der Generalkongregation ebenso zu achten wie auf die Einheit seiner Ordensprovinz. Dazu kam die veränderte politische Lage: Am 24. März 1976 wurde Isabel Perón ihres Amtes enthoben und durch eine Militärjunta ersetzt, die bis 1983 regierte und mit dem Falklandkrieg zu Ende ging. Gravierende Menschenrechtsverletzungen standen auf der Tagesordnung. Als Kollegsrektor war Bergoglio später für die Ausbildung junger Jesuiten direkt verantwortlich und erlebte auch als Pfarrer unmittelbare Not.

Allein zwischen dem 1. Dezember 1973 und dem 4. Februar 2006 sind aufgrund ihres Einsatzes für Glaube und Gerechtigkeit über fünfzig Jesuiten weltweit ermordet worden.[295] Das Massaker an sechs Jesuiten der Zentralamerikanischen Universität in El Salvador am 16. November 1989 erregte weit über Mittel- und Lateinamerika hinaus Aufsehen. Inzwischen gibt es neue Opfer zu beklagen, in Syrien etwa der niederländische Jesuit und Psychotherapeut Frans van der Lugt (1938–2014). Einige Jesuiten, wie der durch Mitglieder des IS verschleppte italienische Jesuit und Islamwissenschaftler Paolo Dall' Oglio (* 1954), werden seit Jahren vermisst.

In Lateinamerika wurde die Linie des Konzils in den Generalversammlungen des Lateinamerikanischen Bischofsrates CELAM von Medellín (1968) und Puebla (1979) fort- und festgeschrieben, zuletzt auf der fünften Generalversammlung in Aparecida (2007). In dem Schlussdokument heißt es: »Wir verpflichten uns dafür zu arbeiten, dass unsere Kirche in Lateinamerika und der Karibik mit noch größerem Eifer unseren ärmsten Geschwistern zur Seite steht, sogar bis zum Martyrium. Heute wollen wir die Option für die vorrangige Liebe zu den Armen, die auf den vorangegangenen Generalkongregationen getroffen wurde, ratifizieren und intensivieren. Vorrangig bedeutet, dass sie all unsere pastoralen Prioritäten und Strukturen durchziehen soll.« (DAp 396) Es ist nicht unwichtig, sich in Erinnerung zu rufen, dass Kardinal Bergoglio damals »mit einer überwältigenden Mehrheit zum Vorsitzenden der strategischen Kommission für die Redaktion des Abschlussberichtes (…) gewählt wurde. Er war unter den Bischofskollegen aus der Region mittlerweile so beliebt, dass seine Homilie als einzige der insgesamt 30 Predigten minutenlang beklatscht wurde.«[296] Außerdem ist seine »Handschrift« im Abschlussdokument unverkennbar: »Bergoglios Sprache und Akzentsetzung« sind nach Erzbischof Víctor Manuel Fernández, »allgegenwärtig«[297].

Die Erfahrung von Armut

In Argentinien geboren, stammt Jorge Mario Bergoglio aus einer italienischen Einwandererfamilie. Armut kannte er als Kind und Jugendlicher nicht. Es ging zu Hause bescheiden zu, Urlaube kannte man nicht, aber es gab immer zu essen. Schon als Jugendlicher musste Jorge Mario arbeiten, um Geld dazuzuverdienen. »Papst Franziskus«, so Leonardo Boff, »kommt aus dem einfachen Volk und bekannte sich stets zur politischen Strömung des Peronismus, die den Gedanken der Gerechtigkeit und der Gleichheit aller in den Mittelpunkt stellt.«[298]

Während seiner Ausbildung wurde er theoretisch wie praktisch mit Situationen von Armut konfrontiert. Er erfuhr, dass die wissenschafliche Beschäftigung mit Armutsursachen etwas anderes ist als die täglich erlebte und erlittene Armut auf der Straße. Als junger Priester, später als Weih- und Erzbischof, kannte »Padre Jorge«, wie er von vielen (auch als Bischof) in den Elendsvierteln genannt wurde,

»die Gesetze der Straße wie kein Zweiter; spontan und zwanglos bewegte er sich unter den Slumbewohnern von Buenos Aires. Im Mittelpunkt seiner Arbeit standen die durchnummerierten Armenviertel der Großstadt, die Opfer der Prostitution und die zumeist bolivianischen und paraguayischen Frauen, die unter sklavereiähnlichen Bedingungen für die fast tausend illegalen Nähstuben von Buenos Aires arbeiten.«[299] Bis zu 200.000 Menschen leben in den »villas miserias« der Hauptstadt, Schätzungen von NGOs sprechen sogar von einer halben Million. Padre Jorge »sprach durch seine Taten, nicht durch Predigt und abstrakte Abhandlungen«[300].

Sich für andere einsetzen, für sie unterwegs zu sein, wird in Argentinien, wie der Journalist Miguel Hirsch festhält, mit dem schlichten Wort »calle« (span. für: Straße) bezeichnet: »Zweifelsohne zeichnete sich der Kardinal neben seinem typischen Sprachwitz auch durch ›calle‹, das heißt durch Weisheit und Erfahrung im Umgang mit den einfachen Menschen, aus. So hat der Erzbischof von Buenos Aires mit seinen schwarzen orthopädischen Schuhen buchstäblich Hunderte, gar Tausende von Kilometern zurückgelegt, auf asphaltierten Straßen wie auf Schlammwegen, um immer wieder auf Menschen zuzugehen.«[301]

Diese Erfahrungen und Erlebnisse prägen – bis heute. Sie erklären manches, was sich in diesem Pontifikat zeigt. Wer diese Hintergründe nicht beachtet, blendet nicht nur den Großteil des Lebens von Papst Franziskus aus, sondern gewinnt auch kein Verständnis dafür, was ihn innerlich bewegt und antreibt.

In seinem mit 20. November 2016 datierten Apostolischen Schreiben »Misericordia et misera« zum Abschluss des »Jahres der Barmherzigkeit« hat Franziskus der Kirche noch einen »Welttag der Armut«[302] beschert, um das Thema nicht von der Agenda verschwinden zu lassen: »Vor dem Hintergrund des ›Jubiläums für die von der Gesellschaft Ausgeschlossenen‹ – während in allen Kathedralkirchen und Heiligtümern der Welt die Pforten der Barmherzigkeit geschlossen wurden – kam mir der Gedanke, dass als weiteres konkretes Zeichen dieses Außerordentlichen Heiligen Jahres am 33. Sonntag im Jahreskreis in der ganzen Kirche der *Welttag der Armen* begangen werden soll. Das wird die würdigste Vorbereitung für die Feier des Christkönigssonntags sein, denn Jesus Christus hat sich mit den Geringen und den Armen identifiziert und wird uns nach den Werken der Barmherzigkeit richten (vgl. Mt 25,31–46). Es wird ein Tag sein, der den Gemeinden und jedem Getauften hilft, darüber nachzudenken, wie die Armut ein Herzensanliegen des Evangeliums ist und dass es keine Gerechtigkeit noch sozialen Frieden geben kann, solange Lazarus vor der Tür unseres Hauses liegt (vgl. Lk 16,19–21). Dieser Tag wird auch eine echte Form der Neuevangelisierung darstellen (vgl. Mt 11,5), durch die das Antlitz der Kirche in ihrer ständigen pastoralen Umkehr erneuert wird, um Zeugin der Barmherzigkeit zu sein.« (MeM 21)

Rehabilitierung des »Katakombenpaktes«?

Einer der letzten noch lebenden Konzilsbischöfe, der im 95. Lebensjahr stehende Luigi Bettazzi, emeritierter Bischof von Ivrea (Italien), gehörte am 16. November 1965, also kurz vor Abschluss des Zweiten Vatikanischen Konzils, zu den Unterzeichnern des sogenannten Katakombenpaktes in den Domitilla-Katakomben. Er ist in den Jahren danach weitgehend in Vergessenheit geraten und nur noch Beteiligten oder Insidern bekannt gewesen. Es ging bei dem ursprünglichen Schema XIII der Pastoralkonstitution »Gaudium et spes« (scherzhaft auch »Schema XIV« genannt[303]) um eine Selbstverpflichtung von zunächst vierzig, später von fünfhundert weiteren Bischöfen: auf Macht und Privilegien zu verzichten und die von Papst Johannes XXIII. entwickelte Vision einer »Kirche der Armen« umzusetzen. Zu den prominentesten Unterzeichnern gehörten der Erzbischof von Bologna, Kardinal Giacomo Lercaro, oder der charismatische, auch hierzulande bekannte brasilianische Weihbischof Dom Hélder Pessõa Câmara

(1909–1999), der während des Konzils 1964 zum Erzbischof von Olinda e Recife ernannt wurde. Aus Deutschland gehörten lediglich Weihbischof Julius Angerhausen († 1990) und Bischof Hugo Aufderbeck († 1981) zu den Unterstützern.

Durch die Wahl von Jorge Mario Bergoglio SJ – nicht nur durch die Namenswahl Franziskus, sondern auch durch seine Amtsführung als Papst und die von ihm favorisierten Themen – sieht Bettazzi die seinerzeitige Option quasi rehabilitiert. Nachdem die Bewegung für die »Kirche der Armen« unter Paul VI. wegen politischer Rücksichtnahmen »in eine Art ›Quarantäne‹ versetzt, kirchlich isoliert«[304] gewesen sei, werde sie durch den gegenwärtigen Papst wieder aktuell.

Für diesen ist das Thema Armut eine theologische Kategorie. Bei einer Begegnung mit Mitgliedern kirchlicher Bewegungen am 18. Mai 2013 antwortete er, danach gefragt, was eine »arme Kirche für die Armen« bedeute: »Das ist das Problem: der Leib Christi, den Leib Christi berühren, diesen Schmerz auf uns nehmen, für die Armen. Die Armut ist für uns Christen nicht eine soziologische oder philosophische oder kulturelle Kategorie – nein, es ist eine theologale Kategorie. Ich würde sagen, vielleicht die erste Kategorie, denn jener Gott, der Sohn Gottes, hat sich erniedrigt, ist arm geworden, um mit uns den Weg zu gehen. Und das ist unsere Armut: die Armut des Leibes Christi, die Armut, die uns der Sohn Gottes mit seiner Menschwerdung gebracht hat. Eine arme Kirche für die Armen tut ihren ersten Schritt, indem sie auf den Leib Christi zugeht. Wenn wir auf den Leib Christi zugehen, beginnen wir etwas zu verstehen – zu verstehen, was diese Armut ist: die Armut des Herrn. Und das ist nicht einfach.«[305]

Das vierte Kapitel von »Evangelii gaudium« (vgl. EG 176–258) nennt Bischof Bettazzi »gewissermaßen einen kurzen Traktat zur *Kirche der Armen*«[306]. Franziskus habe die »Option für die Armen«, auch mit ausgiebigen Belegstellen der Glaubenskongregation, wieder neu ins Bewusstsein gerufen. Dass seine Kapitalismus- und Wirtschaftskritik (»Wir dürfen nicht mehr auf die blinden Kräfte und die unsichtbare Hand des Marktes vertrauen«: EG 204) aneckt, verwundert nicht. Sein politisches Credo: »Wer würde es wagen, die Botschaft des heiligen Franz von Assisi und der seligen Teresa von Kalkutta in ein Gotteshaus einzuschließen und zum Schweigen zu bringen? Sie könnten es nicht hinnehmen. Ein authentischer Glaube – der niemals bequem und individualistisch ist – schließt immer den tiefen Wunsch ein, die Welt zu verändern, Werte zu übermitteln, nach unserer Erdenwanderung etwas Besseres zu hinterlassen.« (EG 183)

Der emeritierte Religionspädagoge Norbert Mette hat in einem Buch einschlägige Texte des Papstes zu sozialen Fragen zusammengestellt, deren Fülle überrascht: Botschaften zum Weltfriedenstag, zum Welternährungstag, zum Welttag für Migranten und Flüchtlinge oder zum Welttag der sozialen Kommunikationsmittel, Briefe und Botschaften an den G20-Gipfel, an die G8-Treffen, die World Economic Foren in Davos, die Reden vor dem Europarat und dem Europaparlament oder vor dem amerikanischen Kongress, vor dem Diplomatischen Korps bei Neujahrsempfängen, bei den diversen Reisen oder beim Besuch von Flüchtlingszentren. Erstaunlicherweise (oder nicht) hat Papst Franziskus bereits mehrere Male Teilnehmerinnen und Teilnehmer an den Welttreffen der Sozialen Bewegungen angesprochen oder Botschaften übermitteln lassen. Ihnen gehört sein Herz – eben weil sie sich bei ihren Resolutionen nicht in eine verkrampfte Diplomatensprache flüchten. »Die Lehren der Kirche zu den säkularen Angelegenheiten«, so Papst Franziskus, »sind größeren und neuen Entwicklungen unterworfen und mögen Diskussionsgegenstand sein; wir können jedoch nicht vermeiden, konkret zu sein – ohne zu beanspruchen, in die Details zu gehen –, damit die großen sozialen Grundsätze nicht bloße allgemeine Hinweise bleiben, die niemanden unmittelbar angehen. Man muss die praktischen Konsequenzen aus ihnen ziehen« (EG 182).

Franziskus legt Wert darauf, in der Tradition der katholischen Soziallehre zu stehen. »Was ihn allerdings«, so Mette, »von seinen Vorgängern unterscheidet, ist die deutliche Sprache, in der seine Stellungnahmen verfasst sind. Damit findet er in der Öffentlichkeit – und zwar weit über die kirchliche hinaus – größere Aufmerksamkeit, als es bei den früheren Verlautbarungen der Fall war. Die Klarheit, mit der er spricht oder auch symbolisch handelt, irritiert.«[307] Vor allem offenbar Angehörige der eigenen Kirche stoßen sich daran – und Wirtschaftslobbyisten bis hin zur *Frankfurter Allgemeinen Zeitung*, die »Evangelii gaudium« nach wie vor auf den Satz »Diese Wirtschaft tötet« (EG 53) reduzieren, aus dem Zusammenhang reißen und kontextlos rezipieren.

Das Motto des Papstes, für soziale Fragen ebenso wie für christliches Lebenszeugnis ganz generell, lautet: »Einmischung erwünscht!« Auch auf das Risiko hin, Freunde zu verlieren. Das sagt Franziskus Jugendlichen ebenso wie Wirtschaftsbossen. An die Stelle einer sterilen, in sich immer richtigen Prinzipienethik hat er die induktive Methode von Sehen – Urteilen – Handeln gesetzt. Was Wunder, dass dem neuscholastischen Denken verhaftet gebliebene Theologen und Leser pathostriefender theologischer Abhandlungen sich damit schwertun.

An die Teilnehmer des internationalen Treffens der Volksbewegungen richtete er am 28. Oktober 2014 die Worte: »Solidarität ist ein Wort, das nicht immer gefällt; ja, ich würde sagen, wir haben es manchmal sogar zu einer Art Schimpfwort gemacht, das man besser nicht in den Mund nimmt. Aber es ist ein Wort, das sehr viel mehr bedeutet als einige sporadische Gesten der Großzügigkeit. (…) Es bedeutet auch, dass man gegen die strukturellen Ursachen der Armut kämpft (…). Der Skandal der Armut lässt sich nicht vermeiden, indem man Verharmlosungsstrategien betreibt, die letztendlich nur dazu gut sind, die Gemüter zu beruhigen und die Armen zu gut kontrollierten, harmlosen Wesen zu machen. Wie traurig ist es doch, zuzusehen, wie andere unter dem Schutzmantel vermeintlich altruistischer Werke zur Passivität verurteilt, ja verleugnet werden, oder dass sich – und das ist noch schlimmer – dahinter in Wahrheit persönliche Interessen und Ambitionen verbergen: Jesus würde sie als heuchlerisch bezeichnen.«

Sich von den Armen evangelisieren lassen

Schon in »Evangelii gaudium« war die »Option für die Armen« sehr konkret präzisiert. Franziskus zitiert an einer Stelle bemerkenswerterweise Papst Benedikt XVI., der zur Eröffnung der CELAM-Vollversammlung in Aparecida am 13. Mai 2007 eine Ansprache gehalten hatte (»In diesem Sinn ist die bevorzugte Option für die Armen im christologischen Glauben an jenen Gott implizit enthalten, der für uns arm geworden ist, um uns durch seine Armut reich zu machen«). »Die Armen«, so Franziskus »haben uns vieles zu lehren. Sie haben nicht nur teil am *sensus fidei*, sondern kennen außerdem dank ihrer eigenen Leiden den leidenden Christus. Es ist nötig, dass wir alle uns von ihnen evangelisieren lassen.« (EG 198)

Das Leben und das Wirken von Jorge Mario Bergoglio SJ, sein Wirken als Bischof von Rom, zeigen (und beweisen), dass er sich von den Armen hat ansprechen, ja evangelisieren lassen. Er war zu Beginn des Konzils 26 Jahre alt und hatte noch nicht einmal das Theologiestudium begonnen. Vom »Katakombenpakt« hat er erst viel später erfahren. Bei einer Audienz am 24. Juni 2013 hat der argentinische Bürgerrechtlicher und Friedensnobelpreisträger Adolfo Pèrez Esquivel, der Franziskus bereits kurz nach seiner Wahl getroffen hatte, dem Papst ein Exemplar des »Katakombenpakts« überreicht. »Mit Papst Franziskus«, so Martin Maier SJ, »gewinnt dieser Pakt eine neue Aktualität. Bewusst oder unbewusst hat er sich eine ganze Reihe seiner Vereinbarungen zu eigen gemacht.«[308] Erich Garhammer befindet: »Die Lebensweise von Papst Franziskus wird auf dem Hintergrund des Katakombenpakts ganz neu verständlich.«[309]

Der Lateinamerika-Experte Norbert Arntz, der von 1983 bis 1989 unter den Quechua-Indios in Peru seine »weltkirchliche Lehrzeit« absolvierte, geht noch weiter: »Dieser Papst aus dem Süden bringt der ganzen Kirche einen neuen pastoralen Stil, der den Weg der lateinamerikanischen Kirche von Medellín nach Aparecida widerspiegelt: die Option für die Armen, die Denunzierung der ungerechten Strukturen der Sünde, der Respekt vor dem Glauben und der Religiosität der einfachen Leute, die Volksfrömmigkeit in Marien- und Heiligenverehrung, die Achtsamkeit für die Mutter Erde, das Vertrauen auf die Barmherzigkeit Gottes, die immer für Vergebung offen ist. (…) Er knüpft mit seiner spirituell-theologischen Orientierung, seinem Kirchenverständnis, seiner Option für die Armen und mit seinem globalen Projekt – bewusst oder unbewusst – an die Überlegungen an, die während des Konzils eine Gruppe von Bischöfen veranlasst hatte, die Gruppe ›Kirche der Armen‹ zu bilden und am Ende des Konzils den Katakombenpakt zu schließen.«[310] Arntz empfiehlt sogar, »das Pontifikat von Franziskus im Licht des Katakombenpaktes und seiner Geschichte neu verstehen zu lernen.«[311]

In einem kurzen Statement, in dem er ihn von dem Vorwurf der Kollaboration mit dem argentinischen Militärregime entlastet, schrieb Pèrez Esquivel: »Die Agenda der Weltkirche hat sich schon jetzt verändert. Die Sehnsucht nach einer armen Kirche, der Einsatz für die Ärmsten … all das ist jetzt keine Nebensache mehr.«[312]

Vor Jugendlichen aus Jesuitenschulen in Italien und Albanien sagte Papst Franziskus am 7. Juni 2013 sehr anschaulich: »Man kann nicht über Armut sprechen, über abstrakte Armut, die gibt es nicht! Die Armut ist das Fleisch des armen Jesus, in dem Kind, das Hunger hat, in dem, das krank ist, in den Sozialstrukturen, die ungerecht sind.« Die theoretische und akademische Beschäftigung, sozialwissenschaftliche Analysen sind das eine. Gelebte Solidarität mit den Ärmsten der Armen, die Vision einer dienenden und armen Kirche, die »Gottes Lieblinge« nicht an den Rand drängt, sondern in die Mitte holt und sich von ihnen etwas sagen – ja: sich von ihnen evangelisieren – lässt, das andere.

Franziskus erinnerte in einem Interview (2015) an das Schreiben »Evangelii nuntiandi« seines Vorgängers Paul VI., wo es heißt, »dass die Armen die größere Fähigkeit haben, gewisse christliche Tugenden zu verstehen. Sie sind besser dazu geeignet. Sehr viel besser geeignet. Und die Armut steht im Mittelpunkt des Evangeliums. Die Fahne der

Armut ist evangelisch.«[313] »Eine arme Kirche für die Armen« ist für Bischof Erwin Kräutler nicht nur die Vision des gegenwärtigen Papstes, sondern die »Vision einer Kirche, wie Jesus sie will«[314].

Epilog: »Der Rest des Weges …«

Als Papst Franziskus gewählt wurde, stand er neun Monate vor Vollendung seines 77. Lebensjahres. Jetzt, nach fünf Jahren im Amt, steht er im 82. Lebensjahr. Und ist seit sechzig Jahren Jesuit.

Joseph Ratzinger war wenige Tage nach seinem 78. Geburtstag, den er kurz vor Beginn des Konklaves am 16. April begehen konnte, am 19. April 2005 gewählt worden. Offensichtlich setzten die Kardinäle damals auf Kontinuität nach dem langen Pontifikat von Johannes Paul II. Immerhin war der ehemalige Erzbischof von München und Freising von 1982 bis 2005 als Präfekt der Glaubenskongregation formell die »Nummer drei« im Vatikan gewesen und galt als »theologischer Kopf« des ersten slawischen Papstes, der im Alter von 58 Jahren ins Amt gelangt war und dieses siebenundzwanzig Jahre lang ausübte, in den letzten Jahren gesundheitlich massiv eingeschränkt. (Pius IX. ist mit 32 Amtsjahren – von 1846 bis 1878 – der absolute Spitzenreiter, danach kommt bereits Johannes Paul II., gefolgt von Leo XIII., der von 1878 bis 1903 regierte.)

Mehrere Vatikan-Experten und -Insider wie Andrea Tornielli (*Il giornale*) oder Sandro Magister (*L'Espresso*), aber auch der von Kardinal Ratzinger protegierte Publizist Vittorio Messori berichteten seinerzeit übereinstimmend, Kardinal Jorge Mario Bergoglio habe im Konklave von 2005 in den ersten Wahlgängen gleichauf mit Ratzinger gelegen und im zweiten Wahlgang die für einen lateinamerikanischen Purpurträger noch nie zuvor erreichte Zahl von vierzig Stimmen erhalten. Anders als der Jesuitenkardinal Carlo Maria Martini (wie Ratzinger 1927 geboren), der wegen gesundheitlicher Probleme abwinkte, galt Jorge Mario Bergoglio SJ damals als gemäßigt konservativ (mit sozialethischem Profil) und soll, damit es zu keiner Blockade und damit zu einer Verzögerung des Konklaves käme, auf seine Stimmen verzichtet haben. Das würde erklären, warum er 2013 so schnell (und unter dem Eindruck seiner kurzen Rede im Vorkonklave) gewählt wurde: »Papst im zweiten Anlauf«[315] sozusagen.

In einem nach seiner Wahl auch hierzulande bekannt gewordenen, weil ins Deutsche übersetzten Interview mit den beiden Journalisten Sergio Rubin und Francesca Ambrogetti hatte der Erzbischof von Buenos Aires im Jahr 2010, also drei Jahre vor seiner Wahl zum Papst, gemeint: »Ich habe die 70 überschritten, und der Rest des Weges, der mir noch bleibt, ist nicht lang. Ich werde keine weiteren 70 Jahre leben, und ich fange an, darüber nachzudenken, dass ich alles loslassen muss. Aber ich nehme das als etwas Normales an. Ich bin deswegen nicht traurig. Man möchte eigentlich allen in allen Situationen gerecht werden, man möchte am Ende sozusagen ›englische Schönschrift‹ schreiben. Sicher ist: Ich bin nie auf den Gedanken gekommen, ein Testament zu machen. Aber an den Tod denke ich jeden Tag.«[316]

Es ist bekanntlich anders gekommen. Auch wenn er selber von Anfang an – angesichts seines fortgeschrittenen Alters ein Beweis für den nicht verloren gegangenen Realitätssinn – mit einem kurzen Pontifikat rechnete: In den vergangenen fünf Jahren hat sich viel verändert. Längst nicht nur atmosphärisch, wie manche unaufhörlich glauben machen wollen, oder auf der stilistischen Ebene der Inszenierung des Amtes. Und einiges steht uns vielleicht noch bevor. Was für ein Glück!

Kenner der Papst- und Kirchengeschichte vergleichen das, was in Angriff genommen wurde, mit der nach Papst Gregor VII. (1073–1085) benannten Gregorianischen Reform im 11. Jahrhundert – seinerzeit ein Mammutprogramm für das Reformpapsttum, dessen Früchte nachhaltig spürbar waren. Vielleicht ahnen und erkennen das manche Bedenkenträger, Kritiker oder Gegner seines Kurses, was ja auch eine Erklärung abgäbe für manche Aktionen des Widerstands, der teilweise sabotageartige Züge angenommen hat.

Peter Frey, seines Zeichens auch Mitglied des Zentralkomitees der deutschen Katholiken (ZdK), schrieb in seinem Statement zur Frage, ob dieses Pontifikat eine Enttäuschung sei: »Für mich nicht. Franziskus kämpft wie viele von uns gegen Traditionen, Machtstrukturen, hartleibige Besitzstandswahrung, Bequemlichkeit und Beschränktheit. (...) Franziskus hat nie mehr versprochen, als er hält. Er wird für immer der Papst der Barmherzigkeit bleiben, für den im Kampf gegen die Pharisäer des Dogmas und des Gesetzes nichts wichtiger ist als der Mensch. Noch ist er da. Als Vorbild, Hoffnung, Antrieb. Sollten wir von uns nicht mehr enttäuscht sein als von ihm?«[317] Rainer Bucher bemerkte schon früh: »Niemand weiß, ob dieser Papst die Zeit, die Kraft, die Ressourcen, die Geschicktheit und die Bündnispartner hat, sein Programm durchzuhalten. Wenn er jesuitische Strategieintelligenz mit franziskanischer Optionsstärke verbindet, hat er eine Chance.«[318]

Der argentinische Journalist Miguel Hirsch fragte bald nach der Wahl vom 13. März 2013: »Ist er ein Papst des Übergangs? Werden ihm weitere Päpste aus Entwicklungsländern folgen, in denen die meisten Katholiken zu Hause sind? Beobachter in Buenos Aires schließen nicht aus, dass Bergoglio sich eine Frist von fünf, sechs Jahren gesetzt hat, um den Paradigmenwechsel hin zu einer wahrhaft armen Kirche für die Armen zu initiieren. Auf diesem Weg, so heißt es, wird er viele unbequeme Fragen stellen und auf die meisten von ihnen eine Antwort zu geben versuchen. Bergoglio wird Veränderungen durchsetzen.«[319]

Kardinal Christoph Schönborn OP hat in seinem ausführlichen Interview zu Jahresbeginn 2018 auf eine Beobachtung von Julius Müller-Meiningen (»Papst Franziskus marschiert alleine und seinem Apparat weitgehend fremd vorneweg. Warum wird er alleine gelassen?«) geantwortet: »Ich muss an die schönen Fotos von der Familiensynode denken, wie er da zu Fuß kommt mit seiner schwarzen Tasche und beherztem Schritt. Man hat da wirklich den Eindruck, er geht voran. Das ist ja die Erfahrung Jesu gewesen. Das Evangelium ist sehr ehrlich über die Jünger, die zum Teil sehr zögerlich waren. Sie haben auch Angst gehabt, sie haben es nicht verstanden. Sie haben untereinander gestritten. Und trotzdem ist Jesus vorangegangen. Und natürlich ist der Weg, den er vorausgegangen ist, auch ein Leidensweg. Franziskus geht wirklich zum Teil sehr alleine voran. Aber er geht voran, das ist das Entscheidende. Und es folgen doch viele. Er ermutigt viele. Es ist ein Wandel da, das ist spürbar. Ich habe schon den Eindruck, dass Franziskus der geistliche Vorausgeher in der heutigen Zeit ist. Er zieht viele hinter sich nach. Aber dazu gehört wahrscheinlich eine gewisse, manchmal auch sehr schmerzliche Einsamkeit.«[320]

Was Papst Franziskus am Christkönigssonntag 2013 mit »Evangelii gaudium«, seiner Roadmap, begonnen hat, das setzt er konsequent um – auf vielen unterschiedlichen Ebenen. Die Geschichte wird es zeigen.

Literatur

I. Papst Franziskus

Papst Franziskus: Mein Leben. Mein Weg. El Jesuita. Die Gespräche mit Jorge Mario Bergoglio von Sergio Rubin und Francesca Ambrogetti. Vorwort von Rabbi Abraham Skorka. Freiburg 2013.

Bergoglio, Jorge Mario / Papa Francisco: Reflexiones en esperanza. Madrid 2013.

Bergoglio, Jorge Mario / Papst Franziskus: Die wahre Macht ist der Dienst. Mit einer Einführung v. Michael Sievernich SJ. Freiburg 2014.

Bergoglio, Jorge Mario / Batlogg, Andreas R.: Glaube an Christus und Humanismus, in: Stimmen der Zeit 234 (2016) 75-86 (ursprünglich: Fede in Cristo e Umanesimo, in: La Civiltà Cattolica 166 [2015/IV], no. 3970, 311-316).

Bergoglio, Jorge Mario / Papa Francesco: Nei toi occhi è la mia parola. Omelie e discorsi di Buenos Aires 1999-2013. Introduzione e cura di Antonio Spadaro S.I. Milano 2016.

Papst Franziskus: Keine Kirche ohne Frauen. Mit einer Einführung versehen u. hrsg. von Gudrun Sailer. Stuttgart 2016.

Papst Franziskus: Der Name Gottes ist Barmherzigkeit. Ein Gespräch mit Andrea Tornielli. Aus dem Italienischen übers. von Elisabeth Liebl. München 2016.

Die Interviews mit Papst Franziskus. Eingeleitet von Luigi Accattoli. Hrsg. von Ludwig Ring-Eifel. Freiburg 2016.

Papst Franziskus, Vorwort, in: Daniel Pittet: Pater, ich vergebe euch. Missbraucht, aber nicht zerbrochen. Freiburg 2017, 7-9.

Franziskus: Im Angesicht des Herrn. Gedanken über Freiheit, Hoffnung und Liebe. Hrsg. von Antonio Spadaro. Freiburg 2017.

Papa Francesco con Antonio Spadaro: Adesso fate le vostre domande. Conversazioni sulla Chiesa e sul mondo di domani. Milano 2017.

II. Ausgewählte Literatur

Aparecida 2007. Schlussdokument der 5. Generalversammlung des Episkopats von Lateinamerika und der Karibik. 13.–31. Mai 2007 (Stimmen der Weltkirche 41). Hrsg. v. Sekretariat der Deutschen Bischofskonferenz. Bonn 2007 (abgekürzt: DAp).

Appel, Kurt / Deibl, Jakob Helmut (Hrsg.): Barmherzigkeit und zärtliche Liebe. Das theologische Programm von Papst Franziskus. Freiburg 2016.

Arntz, Norbert: Der Katakombenpakt. Für eine dienende und arme Kirche. Kevelaer 2015.

Augustin, George (Hrsg.): Barmherzigkeit leben. Eine Neuentdeckung der christlichen Berufung. Freiburg 2016.

Batlogg, Andreas R.: Der unerhörte Kardinal, in: Stimmen der Zeit 230 (2012) 793-794.

Batlogg, Andreas R.: Zwischen den Synoden, in: Stimmen der Zeit 233 (2015) 217-218.

Betazzi, Luigi: Die Kirche der Armen vom Konzil bis zu Papst Franziskus. Würzburg 2015.
Boff, Leonardo: Franziskus aus Rom und Franz von Assisi. Ein neuer Frühling für die Kirche. Kevelaer 2014.
Brandmüller, Walter: Der Papst: Glaubender – Lehrer der Gläubigen, in: Die Neue Ordnung 71 (2017) 244-251.
Brixner Theologisches Jahrbuch 2015: Papst Franziskus. Herausforderung für Theologie und Kirche. Hrsg. v. Jörg Ernesti, Martin M. Lintner u. Markus Moling. Brixen 2016.
Bucher, Rainer: Zuerst die Barmherzigkeit. Programmatisch Neues im Pontifikat des Franziskus, in: Die Politische Meinung 59 (2014) 212-215.
Casal Bayá, Pedro: Nehmt weder Gold noch Silber mit. Überlegungen zur Armut bei Papst Franziskus, in: Holztrattner, Magdalena M. (Hrsg.): Innovation Armut, 41-50.
Deck, Allan Figueroa: Francis, Bishop of Rome. The Gospel for the Third Millenium. Mahwah, NJ 2016.
Deckers, Daniel: Papst Franziskus. Wider die Trägheit des Herzens. Eine Biographie. München 2014.
Duhamel, Marie: Pope Francis. The Story of the Holy Father. New York 2016.
Eckholt, Margit: »... bei mir erwächst die Theologie aus der Pastoral«. Lucio Gera – ein »Lehrer in Theologie« von Papst Franziskus, in: Stimmen der Zeit 232 (2014) 157-172.
Eckholt, Margit: Ein Papst des Volkes. Die lateinamerikanische Prägung von Papst Franziskus, in: Theologisch-praktische Quartalschrift 163 (2015) 4-19.
Eckholt, Margit: An die Peripherie gehen. In den Spuren des armen Jesus – Vom Zweiten Vatikanum zu Papst Franziskus. Ostfildern 2015.
Erbacher, Jürgen: Papst Franziskus. Aufbruch und Neuanfang. München 2013.
Erbacher, Jürgen: Ein radikaler Papst. Die franziskanische Wende. München 2014.
Fares, Diego: Il profumo del pastore. Il vescovo nella visione de Papa Francesco. Prefazione di Antonio Spadaro. Milano 2015.
Fares, Diego: La figura del vescovo in Papa Francesco, in: La Civiltà Cattolica 166 (2015/II), no. 3959, 433-449; dt. Übersetzung: Hirten, nicht Herrscher. Papst Franziskus über die Gestalt des Bischofs, in: Stimmen der Zeit 233 (2015) 507-522.
Fornet-Ponse, Thomas: Für eine arme Kirche! Der Katakombenpakt von 1965 als Beispiel der Entweltlichung, in: Stimmen der Zeit 230 (2012) 651-661.
Friedrich, Otto: Impertinenz der Papstkritik, in: Die Furche (Wien), 16. 11. 2017, 1.
Garhammer, Erich: Und er bewegt sie doch. Wie Papst Franziskus Kirche und Welt verändert. Würzburg 2017.
Gemmingen, Eberhard von: Enzyklika auf zwei Beinen, in: Stimmen der Zeit 231 (2013) 433-434.
Guardini, Romano: Berichte über mein Leben. Aus dem Nachlass hrsg. v. Franz Henrich. Düsseldorf [2]1985.
Häring, Hermann: Keine Christen zweiter Klasse! Wiederverheiratete Geschiedene – ein theologischer Zwischenruf! Freiburg 2014.
Hainz, Michael: Welttag der Armen und globale Strukturen der Sünde, in: Stimmen der Zeit 235 (2017) 721-722.
Haunerland, Winfried: Eine doppelte Korrektur. Zum *Motu proprio* Manum principium von *Papst Franziskus*, in: Gottesdienst 51 (2017) 169-171.
Hirsch, Miguel: Jorge. Begegnungen mit einem, der nicht Papst werden wollte. Freiburg 2014.
Holztrattner, Magdalena M. (Hrsg.): Innovation Armut. Wohin führt Papst Franziskus die Kirche? Innsbruck 2013.
Hünermann, Peter: Amoris Laetitia. Die Eröffnung der »kulturellen Rezeption« des II. Vatikanischen Konzils durch das Magisterium, in: Zeitschrift für Katholische Theologie 139 (2017) 297-314.
Ignatius von Loyola: Briefe und Unterweisungen. Übersetzt von Peter Knauer (Deutsche Werkausgabe, Band 1). Würzburg 1993.
Ivereigh, Austen: The great reformer. Francis and the making of a radical pope. New York 2015.

Kasper, Walter Kardinal: Das Evangelium von der Familie. Die Rede vor dem Konsistorium. Freiburg 2014.
Kasper, Walter Kardinal: Nochmals: Zulassung von wiederverheirateten Geschiedenen zu den Sakramenten? Ein dorniges und komplexes Problem, in: Stimmen der Zeit 232 (2015) 435-445.
Kasper, Walter Kardinal: Papst Franziskus. Revolution der Zärtlichkeit und der Liebe. Stuttgart 2015.
Kasper, Walter Kardinal im Gespräch mit Raffaele Luise: Das Feuer des Evangeliums. *Mein Weg mit Papst Franziskus.* Ostfildern 2016.
Kasper, Walter Kardinal: Barmherzigkeit im Kirchenrecht, in: Stimmen der Zeit 234 (2016) 230-238.
Kasper, Walter Kardinal: »Amoris laetitia«: Bruch oder Aufbruch? Eine Nachlese, in: Stimmen der Zeit 234 (2016) 723-732.
Kiechle, Stefan: Grenzen überschreiten. Papst Franziskus und seine jesuitischen Wurzeln (Ignatianische Impulse 57). Würzburg 2015.
Kräutler, Erwin: Habt Mut! Jetzt die Welt und die Kirche verändern. Innsbruck 2016.
Kruse, Jens-Martin: »Lasst uns tilgen die parteiischen Namen und uns Christen heißen«. Martin Luther heute begegnen in ökumenischer Perspektive, in: Stimmen der Zeit 234 (2016) 291-305.
La Bella, Gianni / Maier, Martin (Hrsg.): Pedro Arrrupe. Generaloberer der Jesuiten. Neue biographische Perspektiven. Freiburg 2008.
Lowney, Chris: Franziskus – Führen und Entscheiden. Was wir vom Papst lernen können. Freiburg 2015.
Maier, Martin: Papst Franziskus und die Kirche der Armen, in: Holztrattner, Magdalena M. (Hrsg.): Innovation Armut, 123-136.
Marx, Reinhard Kardinal: »Gott denkt größer«. Ein Gespräch mit dem DBK-Vorsitzenden, in: Herder Korrespondenz 72 (2018) 17-21.
Mette, Norbert: Nicht gleichgültig bleiben! Die soziale Botschaft von Papst Franziskus. Ostfildern 2017.
O'Malley, John W.: Die ersten Jesuiten. Würzburg 1995.
O'Malley, John W.: The Jesuits. A History from Ignatius to the Present. London 2014.
Parolin, Pietro Card.: Le parole di Francesco. Intervento al Salone Internationale del Libro. Città del Vaticano 2014.
Politi, Marco: Franziskus unter Wölfen. Der Papst und seine Gegner. Freiburg 2015.
Puente Rubén, Armando (coord.) con la colaboración de Álex Rosal y Carmel López-Arias: Papa Francisco. Cómo piensa el nuevo Pontífice. Alcobendas 2013.
Puente Rubén, Armando: Yo, argentino. Las raíces argentinas del Papa Francisco. Buenos Aires 2015.
Rahner, Karl: Rede des Ignatius von Loyola an einen Jesuiten von heute, in: ders.: Sämtliche Werke. Bd. 25: Erneuerung des Ordenslebens. Zeugnis für Kirche und Welt. Bearbeitet v. Andreas R. Batlogg. Freiburg 2008, 299-329.
Raimondo, Nancy: Franziskus, der Papst vom Ende der Welt für die Welt. Zwei Pinselstriche seines Denkens und seiner Pastoral in Argentinien, in: Holztrattner, Magdalena M. (Hrsg.): Innovation Armut, 29-40.
Rees, Wilhelm: »Visionen sollten geltendes Recht werden«. Gespräch mit Otto Friedrich, in: Die Furche (Wien), 30. 11. 2017, 4-5.
Riccardi, Andrea: Franziskus. Papst der Überraschungen. Krise und Zukunft der Kirche. Würzburg 2014.
Scavo, Nello: Bergoglios Liste. Papst Franziskus und die argentinische Militärdiktatur. Eine Geschichte von verschwundenen Menschen und geretteten Leben. Freiburg 2014.
Schavan, Annette (Hrsg.): Päpste vor Parlamenten. In Verantwortung vor Gott und den Menschen. Freiburg 2015.
Schockenhoff, Eberhard: Traditionsbruch oder notwendige Weiterbildung? Zwei Lesarten des Nachsynodalen Schreibens »Amoris Laetitia«, in: Stimmen der Zeit 235 (2017) 147-158.
Schönborn, Christoph Kardinal: Ansprache anlässlich des Festaktes »50 Jahre Bi-

schofssynode« (17. Oktober 2015), in: ders. (Hrsg.): Berufung und Sendung der Familie. Die zentralen Texte der Bischofssynode. Mit einem Kommentar von P. Michael Sievernich SJ. Freiburg 2015, 66-79.

Schönborn, Christoph Kardinal: Präsentation, in: Papst Franziskus, Amoris laetitia – Freude der Liebe. Nachsynodales Schreiben Amoris Laetitia über die Liebe in der Familie. Freiburg 2016, 19-30.

Schüller, Thomas: Barmherzigkeit und Gerechtigkeit. Eckpfeiler kirchlicher Rechtskultur im Spannungsfeld von Gesetz und Liebe, in: Internationale katholische Zeitschrift Communio 46 (2017) 416-424.

Sievernich, Michael / Switek, Günter (Hrsg.): Ignatianisch. Eigenart und Methode der Gesellschaft Jesu. Freiburg 1990.

Sievernich, Michael: Pater Jorge Mario Bergoglio – Papst Franziskus, in: zur debatte. Themen der Katholischen Akademie in Bayern 4/2013, 7-10.

Sievernich, Michael: Das theologische Profil von Papst Franziskus / Pater Jorge Mario Bergoglio, in: Theologisch-praktische Quartalschrift 163 (2015) 20-29.

Sievernich, Michael (Hrsg.): Papst Franziskus. Texte, die ihn prägten. Darmstadt 2015.

Sievernich, Michael: Von der Kunst persönlicher und pastoraler »Unterscheidung« im Kontext der Familie, in: Theologische Quartalschrift 196 (2016) 355-370.

Silber, Stefan: Die Revolution der Barmherzigkeit. Impulse aus der lateinamerikanischen Theologie der Befreiung, in: Theologisch-praktische Quartalschrift 164 (2016) 348-356.

Spadaro, Antonio: Das Interview mit Papst Franziskus. Hrsg. von Andreas R. Batlogg. Freiburg 2013.

Tellechea, Ignacio: Ignatius von Loyola. »Allein und zu Fuß«. Eine Biographie. Solothurn ²1995.

Tück, Jan-Heiner: Barmherzigkeit. Vom Unbehagen an einer viel beschworenen Vokabel, in: Internationale Katholische Zeitschrift Communio 45 (2016), 185-190.

Waldenfels, Hans: Sein Name ist Franziskus. Der Papst der Armen. Paderborn 2014.

Waldenfels, Hans: Papst Franziskus und seine geistlichen Wurzeln, in: Zeitschrift für Missionswissenschaft und Religionswissenschaft (ZMR) 98 (2014) 26-36.

Waldenfels, Hans: Wann, wenn nicht jetzt? Papst Franziskus: Weckrufe an die Kirche. Kevelaer 2017.

Wandinger, Nikolaus: Aus persönlicher Gotteserfahrung unterscheiden, entscheiden und (dramatische) Prozesse anstoßen. Zur ignatianischen Spiritualität von Papst Franziskus, in: Brixner Theologisches Jahrbuch 2015, 201-215.

Weß, Paul: Ist kirchliche Lehre korrigierbar?, in: Die Furche (Wien), 16. 11. 2017, 14.

Wolf, Hubert: Konklave. Die Geheimnisse der Papstwahl. München 2017.

Zulehner, Paul M.: »Ich träume von einer Kirche als Mutter und Hirtin«. Die neue Pastoralkultur von Papst Franziskus. Ostfildern 2018.

Zwiefelhofer, Hans: Dienst am Glauben und Einsatz für die Gerechtigkeit, in: Sievernich / Switek (Hrsg.): Ignatianisch, 657-669.

Anmerkungen

1 Richard Gaillardez, Is the Pope a Catholic?, in: The Tablet (London), 7. 10. 2017, 4-5.

2 Walter Kardinal Kasper, Papst Franziskus. Revolution der Zärtlichkeit und Liebe. Stuttgart 2015, 41.

3 DIE ZEIT, 6. 5. 2016.

4 Zit. nach: ‹https://landesbischof.bayern-evangelisch.de/upload/sermon/ELKB_Landesbischof_Predigt_St._Michael_München_2017-07-16.pdf›.

5 Grigorios Larentzakis, Ökumenische und kirchliche Anliegen an den neuen Papst aus orthodoxer Sicht, in: Gerda Schaffelhofer (Hrsg.), Tu es Petrus, 108-125, 124.

6 Zit. nach: »Einen Schleier trage ich nie«, in: DIE ZEIT, 1. 6. 2017, 50.

7 Zit. nach: ‹www.horstkoehler.de/wp-content/uploads/2016/11/Laudatio-auf-S.H.-Papst-Franziskus-Horst-Köhler-2016.pdf›.

8 Christian Geyer, Ein gewisser frischer Ton. Punktlandung: Ist Franziskus der Luther von 2017?, in: Frankfurter Allgemeine Zeitung, 29. 10. 2016, 11.

9 Jens-Martin Kruse, »Lasst uns tilgen die parteiischen Namen und uns Christen heißen«. Martin Luther heute begegnen in ökumenischer Perspektive, in: Stimmen der Zeit 234 (2016) 291-305, 299.

10 Ebd. 298.

11 Matthias Drobinski, Gehe in Unfrieden, online abrufbar unter: ‹www.sueddeutsche.de/panorama/katholische-kirche-gehe-in-unfrieden-1.3570052›.

12 Walter Kardinal Kasper, Papst Franziskus, 16 f.

13 Vgl. Gerda Schaffelhofer (Hrsg.), Du bist Petrus. Anforderungen und Erwartungen an den neuen Papst. Graz 2013.

14 Vgl. dies. (Hrsg.), Gebete für Papst Franziskus. Graz 2014.

15 Ein Jahr im Amt. Mit Ferruccio Bortoli (Corriere della Sera, Mailand), 5. März 2014, in: Die Interviews mit Papst Franziskus, 77-89, 81.

16 Antonio Spadaro, Das Interview mit Papst Franziskus, 47.

17 Vgl. ‹www.la-croix.com/Religion/Actualite/Cardinal-Gerhard-Ludwig-Mueller-La-mission-du-pape-est-d-unifier-le-monde-2015-03-29-1296678›: »Le pape François est aussi plus pastoral, et la Congrégation pour la doctrine de la foi a une mission de structuration théologique d'un pontificat.«

18 Original in: ‹www.osservatoreromano.va/it/news/abitudine-non-e-fedelta›; deutsche Übersetzung: Christoph Söding.

19 Wer bin ich, ihn zu verurteilen? Pressekonferenz auf dem Rückflug aus Brasilien, 28. Juli 2013, in: Die Interviews mit Papst Franziskus, 19-41, 20.

20 Die Interviews mit Papst Franziskus, 80.

21 Jürgen Erbacher, Papst Franziskus 27.

22 Ebd. 28.

23 Ebd. 31.

24 Austen Ivereigh, The Great Reformer, 357: »Not much longer than the Gettysburg address – 363 words in Spanish, compared to Lincoln's 271 in English – and comparable in its simplicity and lyrical quality, his remarks reminded his listeners what they were there for, and, in a larger sense, who they were. (…) In the fog of endless interventions

that week theorizing and analyzing, Bergoglio's call to action rang out clear and strong, like the summons of a monastery bell across a field.«

25 Paul Vallely, Papst Franziskus, 169.

26 »Glaubensbekenntnis«, in: Süddeutsche Zeitung, 17./18. 12. 2016, 49.

27 Jürgen Erbacher, Papst Franziskus, 150.

28 Ebd. 156.

29 Ich folge hier der Übersetzung von Michael Sievernich (Pater Jorge Mario Bergoglio – Papst Franciscus, in: zur debatte 4/2013, 7-10, 10).

30 Ebd.

31 Michael Sievernich, Eine dienende Kirche im urbanen Raum, in: Jorge Mario Bergoglio SJ / Papst Franziskus, Die wahre Macht ist der Dienst, 9-32, 19 f.

32 Jorge Mario Bergoglio, »Dann stieg er auf den Berg und rief die zu sich, die er ausgewählt hatte, und sie kamen zu ihm«, in: Jorge Mario Bergoglio SJ / Papst Franziskus, Die wahre Macht ist der Dienst, 65-76, 74.

33 Werben um die Sympathie Mexikos. Mit Velentina Alazarki (Televisa, Mexiko), 12. März 2015, in: Die Interviews mit Papst Franziskus, 210-244, 224.

34 Vgl. Austen Ivereigh, The Great Reformer, 350 f.

35 Vgl. Hubert Wolf, Konklave. Die Geheimnisse der Papstwahl. München 2017.

36 J. Oscar Beozzo, Das äußere Klima, in: Giuseppe Alberigo / Klaus Wittstadt (Hrsg.), Geschichte des Zweiten Vatikanischen Konzils, Bd. 1, 403-456, 433.

37 Giuseppe Alberigo, Die Ankündigung des Konzils. Von der Sicherheit des Sich-Verschanzens zur Faszination des Suchens, in: ebd. 1-60, 2.

38 Ebd. 10.

39 Vgl. Jan Grootaers, Zwischen den Sitzungsperioden. Die »Zweite Vorbereitung« des Konzils und ihre Gegner, in: Alberigo / Wittstadt, Geschichte des Zweiten Vatikanischen Konzils, Bd. 2, 421-617, 608.

40 Eduard Schick, Ein Jahrhundertereignis. Rückschau auf das Zweite Vatikanische Konzil nach dreißig Jahren, in: Stimmen der Zeit 213 (1985) 795-807, 805.

41 Vgl. Gertrud Widmann, in: dies. (Hrsg.): Die Bilder der Bibel von Sieger Köder. Erschließende und meditative Texte. Ostfildern [3]1997, 200 f.

42 Antonio Spadaro, Das Interview mit Papst Franziskus, 49.

43 Walter Kardinal Kasper, Papst Franziskus, 18.

44 Vgl. Nello Scavo, Bergoglios Liste, 163-210.

45 Ebd. 12.

46 Ebd. 141.

47 Ebd. 160.

48 Zit. nach: ‹www.schattenblick.de/infopool/religion/christen/rcfr0027.html›.

49 Christiane Florin, Kapitalisten sind immer die anderen, in: Christ & Welt, 4. 4. 2013, 1.

50 Erich Garhammer, Und er bewegt sie doch, 29.

51 Walter Kardinal Kasper, Das Feuer des Evangeliums, 57.

52 Am 22. April 1541 legten Ignatius von Loyola und fünf seiner ersten Gefährten (Jean Codure, Diego Laínez, Alfonso Salmeron, Claude Jay und Paschase Broët) in der Liebfrauenkapelle von San Paolo fuori le mura in Rom ihre feierlichen Gelübde ab.

53 John W. O'Malley, Die ersten Jesuiten, 331.

54 Ebd. 318.

55 Ignacio Tellechea, Ignatius von Loyola, 315.

56 Ludwig Koch, Bischöfe, in: ders. (Hrsg.): Jesuiten-Lexikon. Die Gesellschaft Jesu einst und jetzt. Paderborn 1934, Sp. 213-215, 214. – Papst Marcellus II. starb bereits nach drei Wochen im Amt am 1. Mai 1555. – Der Ausdruck »Pflanzschule« bzw. »Pflanzstätte für Bischöfe und Kardinäle« findet sich in einem Brief von Juan de Polanco SJ, dem Sekretär des Ignatius, den dieser in dessen Auftrag an Francisco de Borja SJ am 1. Juni 1552 schrieb; vgl. Ignatius von Loyola, Briefe und Unterweisungen, 406–408 (Nr. 2620).

57 Karl Rahner, Rede des Ignatius von Loyola an einen Jesuiten von heute, 312.

58 Vgl. dazu Andreas R. Batlogg, Der unerhörte Kardinal, in: Stimmen der Zeit 230 (2012) 793-794.

59 John W. O'Malley, The Jesuits, 112: »Upon his election the members of the Society were so utterly surprised by the choice as was everybody else and perhaps more so. They in no way anticipated that one of their own number might be chosen. (…) Nonetheless, having a Jesuit as pope, an eventuality that through centuries seemed almost unthinkable, might somehow open a new page in the history of the Society of Jesus.«

60 Daniel Deckers, Franziskus, in: Frankfurter Allgemeine Sonntagszeitung, 17. 3. 2013, 10.

61 Rudolf Mitlöhner, Der Ignatius von Assisi, in: Die Furche (Wien), 15. 3. 2013, 1.

62 Hans Zollner, Erster Jesuit als Papst, in: Münchner Kirchenzeitung, 24. 3. 2013, 6.

63 Leonardo Boff, Franziskus aus Rom und Franz von Assisi, 111.

64 Daniel Deckers, Franziskus, in: Frankfurter Allgemeine Sonntagszeitung, 17. 3. 2013, 10.

65 Johannes Röser, Petrus Franziskus, in: Christ in der Gegenwart 65 (2013) 127 f., 128.

66 Antonio Spadaro, Das Interview mit Papst Franziskus, 31.

67 Ebd. 32.

68 Ebd.

69 Ebd. 33.

70 Ebd. 36.

71 Ebd. 41.

72 Paul Vallely, Papst Franziskus, 50 f.

73 Antonio Spadaro, Das Interview mit Papst Franziskus, 41 f.

74 Vgl. Austen Ivereigh, The Great Reformer, 220 f.

75 Vgl. Paul Vallely, Papst Franziskus, 116.

76 Andreas Englisch, Franziskus, 213.

77 Zit. nach: Austen Ivereigh, The Great Reformer, 219.

78 Diese Charakterisierung deckt sich mit der von Marie Duhamel (Pope Francis, 86): Der Kardinal sei ein Bonvivant gewesen und das glatte Gegenteil des Jesuiten, den er zum Weihbischof machte: »Impulsive, passionate, sarcastic, and uncompromising, be had a live of good food and wine.«

79 Austen Ivereigh, The Great Reformer, 219.

80 Vgl. ebd. 221.

81 Vgl. den in mehreren Sprachen, aber nicht auf Deutsch, auf der Website des Vatikans abrufbaren Brief: ‹http://w2.vatican.va/content/francesco/it/letters/2013/documents/papa-francesco_20130316_lettera-preposito-generale-gesuiti.html›.

82 Vgl. Acta Romana Societatis Iesu 25 (2013) 749-751 (wo dieses Statement auf Englisch, Spanisch und Französisch veröffentlicht ist): »(the election) which opens for the Church a path full of hope«.

83 Vgl. ebd. 752-757.

84 Vgl. ebd. 771-776.

85 Hans Waldenfels, Sein Name ist Franziskus, 14.

86 Auf dem Flug von Colombo (Sri Lanka) nach Manila (15. Januar 2015) ging Papst Franziskus auf diese Art von Heiligsprechung ein. Peter Faber, »ein Glaubensbote für Europa«, kam dabei eigens zur Erwähnung. – Vgl. auch Stefan von Kempis (Hrsg.), Drei Päpste und ihre Lieblingsheiligen, 187 f.: »Sein ›Trick‹ war die sogenannte ›äquipollente‹ Heiligsprechung, die sein Vorgänger Benedikt im Fall der heiligen Hildegard von Bingen (…) aus dem vatikanischen Werkzeugkasten hervorgezogen hatte, nachdem sie jahrhundertelang darin geschlummert hatte.«

87 Seit 1963 gibt es eine deutsche Übersetzung von Peter Henrici SJ, die 1989 neu aufgelegt wurde: Peter Faber, Memoriale. Das geistliche Tagebuch des ersten Jesuiten in Deutschland. Nach den Manuskripten übersetzt u. eingeleitet von Peter Henrici (Christliche Meister 38). Trier [2]1989.

88 Antonio Spadaro, Das Interview mit Papst Franziskus, 40.

89 Ebd. 39.

90 Michael Sievernich, Peter Faber (Pierre Favre): *Memoriale*, in: ders. (Hrsg.),

Papst Franziskus. Texte, die ihn prägten, 95.

91 Erich Garhammer, Und er bewegt sie doch, 46.

92 Vgl. Acta Romana Societatis Iesu 25 (2013) 826-841.

93 Daniel Deckers, Papst Franziskus, 16.

94 Das Wappen ist auch im Amtsblatt des Vatikan, in den »Acta Apostolicae Sedis« erklärt; vgl. AAS 105 (2013) 372-373.

95 Vgl. ‹https://pro-heraldica.de/Blog/das-papstwappen-von-papst-franziskus/›.

96 Papst Franziskus, Mein Leben, 54.

97 Ebd. – Der Papst kommt darauf auch in der Bulle »Misericordia vultus« (Nr. 8) von 2015 zu sprechen.

98 Papst Franziskus, Mein Leben, 49 f. – Die Begebenheit ist von Weihbischof Bergoglio, von Kardinal Bergoglio und von Papst Franziskus unterschiedlich erzählt worden. Im Interview mit Andrea Tornielli vom Juli 2015 (Der Name Gottes ist Barmherzigkeit, 31 f.) nennt Papst Franziskus den Beichtvater namentlich: Carlos Duarte Ibarra aus Corrientes. Sein Sterben nach einer Leukämieerkrankung im Jahr darauf ließ ihn in Tränen ausbrechen. Daniel Deckers (Papst Franziskus, 67-69) macht darauf aufmerksam, dass diese Begebenheit 1990 von Bergoglio in seine Internatszeit in Ramos Mejía verlegt wurde, als er dreizehn oder vierzehn Jahre alt war; vgl. auch Esther-Marie Merz / Mathilde Schwabeneder, Franziskus, 41-43, wo irrtümlich das Jahr 1954 genannt ist.

99 Romano Guardini, Berichte über mein Leben, 20.

100 Walter Kardinal Kasper, Papst Franziskus, 45.

101 Walter Kardinal Kasper, Das Feuer des Evangeliums, 69.

102 Ebd. 56.

103 Vgl. Austen Ivereigh, The Great Reformer, 359 f.

104 Vgl. ebd. 360.

105 Walter Kardinal Kasper, Das Feuer des Evangeliums, 70.

106 Ders., Das Evangelium von der Familie, 7.

107 Das deutsche Original der auf Italienisch gehaltenen Rede ist abgedruckt in: Johannes XXIII., Ansprache zur Eröffnung des Konzils am 11. Oktober 1962, in: Peter Hünermann / Bernd Jochen Hilberath (Hrsg.), Herders Theologischer Kommentar zum Zweiten Vatikanischen Konzil. Bd. 5. Freiburg 2006, 482-490; lat. Allocutio *Gaudet Mater Ecclesia*, in: AAS 54 (1962) 786-796.

108 Erwin Kräutler, Habt Mut!, 16.

109 Ebd. 22.

110 Rainer Bucher, Zuerst die Barmherzigkeit, 114.

111 Zit. nach: ‹www.kathnews.de/papstinterview-konzil-zur-haelfte-umgesetzt›.

112 Vgl. ‹www.bistum-erfurt.de/presse_archiv/elisabethjahr_2007/›.

113 Online abrufbar unter: ‹www.kath-kirche-vorarlberg.at/organisation/caritas/links-dateien/scheckkarten-zur-barmherzigkeit›.

114 Zit. nach: ‹http://de.radiovaticana.va/news/2016/10/24/papst_franziskus_bei_den_jesuiten_seid _%E2%80%9Efrei_und_gehorsam%E2%80%9C/1267409›.

115 Vgl. George Augustin (Hrsg.), Barmherzigkeit leben. Eine Neuentdeckung der christlichen Berufung. Freiburg 2016.

116 Vgl. Kurt Appel / Jakob Helmut Deibl (Hrsg.), Barmherzigkeit und zärtliche Liebe. Das theologische Programm von Papst Franziskus. Freiburg 2016.

117 Walter Kardinal Kasper, Papst Franziskus, 47.

118 Walter Kardinal Kasper, Das Feuer des Evangeliums, 13.

119 Zitiert nach: Stefan Silber, Die Revolution der Barmherzigkeit, 348.

120 Walter Kardinal Kasper, Das Feuer des Evangeliums, 15.

121 Ebd. 19.

122 Walter Kardinal Kasper, Papst Franziskus, 49.

123 Münchner Merkur, 8. / 9. 10. 2016, 2.

124 Walter Kardinal Kasper, Barmherzigkeit. Grundbegriff des Evangeliums – Schlüssel christlichen Lebens, 19 f.
125 Walter Kardinal Kasper, Barmherzigkeit. Grundbegriff des Evangeliums – Schlüssel christlichen Lebens, 22.
126 Papst Franziskus, Der Name Gottes ist Barmherzigkeit, 25 f.
127 Ebd. 26.
128 Ebd. 48.
129 Ebd. 102.
130 Ebd. 48.
131 Vgl. Laura Díaz / Raoul Löbbert, Der warmherzige Hirte (Sie liest / Er liest), in: Christ & Welt 21.1.2016, 2.
132 Walter Kardinal Kasper, Das Feuer des Evangeliums, 18.
133 Ders., Barmherzigkeit im Kirchenrecht, in: Stimmen der Zeit 234 (2015) 230-238, 235.
134 Ebd. 234.
135 Die deutsche Fassung ist online abrufbar unter: ‹https://www.erzbistumberlin.de/fileadmin/user_mount/PDF-Dateien/Amtsblaetter/Amtsblatt_201702_AnlageMotuProprio.pdf›.
136 Vgl. AAS 108 (2016) 1071-1074; ‹http://w2.vatican.va/content/francesco/es/letters/2016/documents/papa-francesco_20160905_regione-pastorale-buenos-aires.html›.
137 Vgl. etwa Paul Weß, Ist kirchliche Lehre korrigierbar?, in: Die Furche, 16. 11. 2017, 14.
138 Vgl. Wilhelm Rees, »Visionen sollten geltendes Recht werden«. Gespräch mit Otto Friedrich, in: Die Furche, 30. 11. 2017, 4-5.
139 Walter Kardinal Kasper, Barmherzigkeit im Kirchenrecht, 234.
140 Jan-Heiner Tück, Barmherzigkeit, 185.
141 Ebd. 186.
142 Rainer Bucher, Zuerst die Barmherzigkeit, 114.
143 Ebd.
144 Zitiert nach: Jan-Heiner Tück, Barmherzigkeit, 185.
145 Ebd. 187.
146 Walter Kardinal Kasper, Das Feuer des Evangeliums, 17.
147 Ebd. 20.
148 Ebd. 25.
149 Walter Kardinal Kasper, Barmherzigkeit. Grundbegriff des Evangeliums – Schlüssel christlichen Lebens, 19.
150 Ebd. 22.
151 Papst Franziskus, Vorwort, in: Daniel Pittet, Pater, ich vergebe euch, 7-9, 8.
152 Ebd.
153 Papst Franziskus, Der Name Gottes ist Barmherzigkeit, 72.
154 Matthias Drobinski, Zweifel zugelassen, in: Süddeutsche Zeitung, 20. 10. 2015, 4.
155 Guido Horst, (Kommentar:) Es braucht einen Pontifex, in: Die Tagespost, 4. 1. 2018, 1.
156 »Gott denkt größer«. Ein Gespräch mit dem DBK-Vorsitzenden Kardinal Reinhard Marx, in: Herder Korrespondenz 72 (2018) 17-21, 21.
157 Ebd.
158 Antonio Spadaro, Das Interview mit Papst Franziskus, 54.
159 Ebd. 54 f.
160 Vgl. dazu Eberhard von Gemmingen, Enyzklika auf zwei Beinen (2013).
161 Vgl. Walter Kardinal Kasper, Das Evangelium von der Familie, 78-85 (Stellungnahme), 86-92 (Nachwort: Was können wir tun?); vgl. auch ders., Nochmals: Zulassung von Wiederverheirateten, Geschiedenen zu den Sakramenten? Ein dorniges und komplexes Problem, in: Stimmen der Zeit 232 (2015) 435-445; dazu: Erich Garhammer, Und er bewegt sie doch, 114-117.
162 Vgl. dazu Hermann Häring, Keine Christen zweiter Klasse! Wiederverheiratete Geschiedene – ein theologischer Zwischenruf! Freiburg 2014.
163 Vgl. Andreas R. Batlogg, Zwischen den Synoden, in: Stimmen der Zeit 233 (2015) 217-218.
164 Vgl. Antonio Spadaro, Das Interview mit Papst Franziskus, 42-46; EG 119.
165 Antonio Spadaro, Das Interview mit Papst Franziskus, 44.
166 Christoph Kardinal Schönborn, Ansprache anlässlich des Festaktes »50 Jahre Bischofssynode« (17. Oktober 2015), in: ders. (Hg.), Berufung und Sendung der Familie, 66-79, 78.

167 »Gott denkt größer«. Ein Gespräch mit dem DBK-Vorsitzenden Kardinal Reinhard Marx, 19.
168 Ebd.
169 Der Vortrag ist online zugänglich unter: ‹www.dbk.de/fileadmin/redaktion/diverse_downloads/presse_2017/2017-163a-Festakt-150-Jahre-Bischofskonferenz-in-Fulda-Vortrag-Prof.-Pottmeyer.pdf›.
170 Vgl. Diego Fares, Il profumo del pastore. Il vescovo nella visione de Papa Francesco. Prefazione di Antonio Spadaro. Milano 2015; vgl. dazu dessen kurzen, aus der »Civiltà Cattolica« übernommenen Artikel »Hirten, nicht Herrscher. Papst Franziskus über die Gestalt des Bischofs«, in: Stimmen der Zeit 233 (2015) 507-522.
171 Relatio der deutschen Sprachgruppe zum ersten Teil des *Instrumentum laboris* (9. Oktober 2015), in: Christoph Kardinal Schönborn (Hrsg.), Berufung und Sendung der Familie, 80-83, 83.
172 Relatio der deutschen Sprachgruppe zum dritten Teil des *Instrumentum laboris* (20. Oktober 2015), in: ebd. 88-95, 88.
173 Vgl. ‹www.pro-pope-francis.com/›.
174 Peter Frey, in: My Pope needs me! Fünf Prominente bekennen, warum sie Papst Franziskus gerade jetzt unterstützen, in: Christ & Welt, 9. 11. 2017, 5.
175 Zit. nach: ‹www.europe-infos.eu/europeinfos/de/archiv/ausgabe163/article/5938.html›.
176 Zit. nach: Annette Schavan, Einführung, in: dies. (Hrsg.), Päpste vor Parlamenten, 11-31, 21.
177 Zit. nach: Kathrin Zeilmann, Der Papst gegen den Ostblock, in: Focus, 16. 10. 2008.
178 Zit. nach: Schavan, Päpste vor Parlamenten, 115-125, 123.
179 Schavan, Einführung, in: ebd. 23.
180 Zit. nach: »Einen Schleier trage ich nie«, in: Die Zeit, 1. 6. 2017, 50.
181 Online abrufbar unter: ‹www.katholisch.de/aktuelles/aktuelle-artikel/kongress-im-vatikan-ringt-um-zukunft-europas›.
182 Online abrufbar unter: ‹www.dbk.de/fileadmin/redaktion/diverse_downloads/presse_2017/2017-182a-COMECE-Kongress-Rom-Statement-Kard._Marx.pdf›.
183 Paul M. Zulehner widersprach damit der zuvor geäußerten Position von »Furche«-Chefredakteur Rudolf Mitlöhner in der Wiener Wochenzeitung »Die Furche« und übernahm den Text in seinem Blog: ‹https://zulehner.wordpress.com/2016/07/29/besinnt-sich-europa-fragen-an-chefredakteur-rudolf-mitloehner-von-die-furche/›.
184 Vgl. ‹www.zdrk.de›.
185 Arne Perras, Mehret euch weniger, in: Süddeutsche Zeitung, 21. 1. 2015, 4.
186 Thomas Kirchner, Papst befürwortet Geburtenkontrolle, in: Süddeutsche Zeitung, 21. 1. 2015, 1.
187 Gasbarri war 34 Jahre lang (Mit-)Organisator päpstlicher Auslandsreisen und ging nach der Mexiko-Reise (Februar 2016) in den Ruhestand; vgl. zur Person: Ulrich Nersinger, Der Reisemarschall des Papstes – »Ein knochenharter Job«, in: Die Tagespost, 19. 9. 2017, 10.
188 Vgl. Christiane Florin, Die Klaps-Causa, in: Christ & Welt, 12. 2. 2015, 1.
189 Matthias Drobinski, Faust, Karnickel, Klaps, in: Süddeutsche Zeitung, 7. / 8. 2. 2015, 4.
190 Vgl. Stefan Orth, Rustikal. Papst Franziskus erntet mit seinen flapsigen Bemerkungen Proteste, in: Herder Korrespondenz 69 (2015) 113.
191 Online abrufbar unter: ‹www.sueddeutsche.de/panorama/papst-zum-schlagen-von-kindern-heiliger-vater-das-ging-daneben-1.2340551›.
192 Online abrufbar unter: ‹http://w2.vatican.va/content/francesco/de/homilies/2017/documents/papa-francesco_20170422_omelia-nuovi-martiri.html›.
193 Online abrufbar unter: ‹www.welt.de/debatte/kommentare/article164010190/Der-Papst-sollte-seinen-KZ-Vergleich-zuruecknehmen.html›.
194 Zit. nach: ‹http://blog.radiovatikan.de/konzentrationslager/›.

195 Zit. nach: Antonio Spadaro, Die Spuren eines Hirten. Ein Gespräch mit Papst Franziskus, in: Franziskus, Im Angesicht des Herrn, 7-31, 10.

196 Ebd. 11.

197 Ebd. 17.

198 Ebd. 23.

199 Ebd. 23 f.

200 Ebd. 38.

201 Ebd. 39.

202 Ebd.

203 Giuseppe Romano, Anmerkung des italienischen Übersetzers, in: Franziskus, Im Angesicht des Herrn, 70-78, 71.

204 Ebd.

205 Online abrufbar unter: ‹http://diepresse.com/home/meinung/gastkommentar/5207697/Die-neue-Flapsigkeit-im-Vatikan-und-in-der-Hofburg›.

206 Andrea Riccardi, Franziskus. Papst der Überraschungen, 40.

207 Ebd. 33.

208 Paul M. Zulehner, »Ich träume von einer Kirche als Mutter und Hirtin«, 7.

209 Otto Friedrich, Impertinenz der Papstkritik, in: Die Furche, 16. 11. 2017, 1.

210 Ebd.

211 Ebd.

212 Matthias Drobinski, Des Papstes heiliger Zorn, in: Süddeutsche Zeitung, 29. 12. 2017, 2.

213 Ebd.

214 Vgl. Claudio Rendina, Pasquino, statua parlante. Quattro secoli di pasquinate. Roma [4]1996.

215 »Wo bleibt deine Barmherzigkeit?« (4. 2. 2017); online abrufbar unter: ‹http://blog.radiovatikan.de/wo-bleibt-deine-barmherzigkeit/›.

216 Zitiert nach: ‹www.kath.ch/newsd/kardinal-ultrakatholiken-urheber-kritischer-papstplakate/›.

217 Online abrufbar unter: ‹www.tagesschau.de/ausland/vatikan-159.html›.

218 Ebd.

219 Guido Horst, Der Ton wird giftiger, in: Die Tagespost, 9. 12. 2017, 5.

220 Bernd Hagenkord, Unruhe stiften, in: Herder Korrespondenz spezial, April 2015, 4-7. 7.

221 Zit. nach: »Einen Schleier trage ich nie«, in: Die Zeit, 1. 6. 2017, 50.

222 Online abrufbar unter: ‹www.deutschlandfunk.de/reformen-von-papst-franziskus-er-entlaesst-leute-die-nicht.694.de.html?dram:article_id=381083›.

223 Vgl. ‹www.katholisch.de/aktuelles/aktuelle-artikel/regel-fuer-den-papstbesuch-jammern-verboten›.

224 Gerhard Kardinal Müller, Der Papst. Sendung und Auftrag. Freiburg 2017, 100.

225 Vgl. ebd. 101-105.

226 Rudolf Neumaier, Der Papst kommt auch vor. Glaubenspräfekt geißelt wieder einmal den Zeitgeist, in: Süddeutsche Zeitung, 15. 5. 2017, 12.

227 Matthias Drobinski, Des Papstes heiliger Zorn (vgl. Anm. 212).

228 Antonio Spadaro, Das Interview mit Papst Franziskus, 54.

229 Vgl. ‹http://blog.radiovatikan.de/schlagwort/claudio-aquaviva/›.

230 Vgl. Claudius Aquaviva, Anweisungen zur Behandlung von Krankheiten der Seele. Hrsg. v. Thomas Neulinger (Geistliche Texte 22). München 2002.

231 Zit. nach: ‹www.vaticannews.va/de/vatikan/news/2018-01/parolin--kurienreform-ist-ein-gutes-stueck-vorangekommen.html›.

232 Vgl. ‹www.vaticannews.va/de/welt/news/2018-01/amoris-laetitia--kasachische-bischofsgruppe-widerspricht-papst.html›.

233 Online abrufbar unter: ‹www.katholisch.at/aktuelles/2016/04/08/amoris-laetitia›.

234 Christoph Kardinal Schönborn, Präsentation, in: Papst Franziskus, Amoris laetitia – Freude der Liebe. Nachsynodales Schreiben Amoris Laetitia über die Liebe in der Familie. Freiburg 2016, 19-30, 19 f.; online zugänglich unter: ‹www.erzdioezese-wien.at/expose-kardinal-schoenborn-amoris-laetitia›.

235 Ebd. 11-18, 14; online zugänglich unter: ‹www.dbk.de/presse/details/?suchbegriff=amoris&presseid=3092&cHash=7a94511e4f07b1a155c4d8eca45ee178›.

236 Vgl. Michael Sievernich, Die Bischofssynode zur Familie, in: Stimmen der Zeit 234 (2016) 87-97.

237 Ausführlichst mit »Familiaris consortio« (1981), außerdem mit Bezugnahmen auf »Dives in misericordia« (1980), »Christifideles laici« (1988), »Mulieris dignitatem« (1988) »Redemptoris missio« (1990), »Evangelium vitae« (1995) und »Vita consecrata« (1996).
238 Christoph Kardinal Schönborn, Präsentation, 20 f.
239 Ebd. 21.
240 Ebd. 23.
241 Online abrufbar unter: ‹www.domradio.de/themen/papst-franziskus/2016-04-13/dogmatiker-hoping-ueber-amoris-laetitia›.
242 Vgl. deren Website: ‹http://www.correctiofilialis.org/de/›.
243 Interview in: Christ & Welt, 11. 1. 2018, 2-3, 3.
244 Jan-Heiner Tück, Der Papst ist kein Häretiker, in: Neue Zürcher Zeitung, 18. 11. 2017; online abrufbar unter: ‹www.nzz.ch/feuilleton/papst-franziskus-ist-kein-haeretiker-ld.1329013›.
245 Ebd.
246 Erich Garhammer, Und er bewegt sie doch, 131.
247 »Gott denkt größer«. Ein Gespräch mit dem DBK-Vorsitzenden Kardinal Reinhard Marx, 21.
248 Erich Garhammer, Und er bewegt sie doch, 101.
249 Vgl. Eberhard Schockenhoff, Traditionsbruch oder notwendige Weiterbildung? Zwei Lesarten des Nachsynodalen Schreibens »Amoris Laetitia«, in: Stimmen der Zeit 235 (2017) 147-158.
250 Eberhard Schockenhoff, Die Unauflöslichkeit der Ehe und die zivilen Zweitehen von Getauften, in: Stimmen der Zeit 234 (2016) 99-114, 100.
251 »In der Liebe selber entscheiden«. Kardinal Walter Kasper war der Frontmann des Papstes im Streit um die Ehe- und Sexualmoral. Ein Gespräch über das Reformpapier »Amoris laetitia« und warum Franziskus auf die Freiheit setzt, in: DIE ZEIT, 16. 4. 2016, 56.
252 Hubert Wolf, Radikal barmherzig, in: Süddeutsche Zeitung, 11. 4. 2016, 13.
253 Thomas Assheuer, Alte Pracht, sportiver Stil (15. 9. 2011); online abrufbar unter: ‹www.zeit.de/2011/38/Interview-Richter/komplettansicht›.
254 Ebd.
255 Hubert Wolf, Konklave, 170.
256 Stephan U. Neumann, Vom Reform-Papst zum Konzils-Papst?, in: Christ in der Gegenwart 65 (2013) 491-492, 491.
257 Ebd.
258 Programmatisches vor dem ersten Weihnachtsfest. Mit Andrea Tornielli (La Stampa, Turin), 10. Dezember 2013, in: Die Interviews mit Papst Franziskus, 64-76, 74.
259 Werben um die Sympathie Mexikos, in: Die Interviews mit Papst Franziskus, 210-244, 232.
260 Programmatisches vor dem ersten Weihnachtsfest, in: Die Interviews mit Papst Franziskus, 74.
261 Einblicke in die vatikanische Diplomatie. Mit Henrique Cymerman (La Vanguardia, Barcelona), 13. Juni 2014, in: Die Interviews mit Papst Franziskus, 108-115, 114.
262 Ein Ungläubiger im Vatikan. Mit Eugenio Scalfari (La Repubblica, Rom), 1. Oktober 2013, in: Die Interviews mit Papst Franziskus, 42-63, 47 f.
263 Ebd. 48.
264 Stephan U. Neumann, Vom Reform-Papst zum Konzils-Papst?, 492.
265 Vgl. Ein Ungläubiger im Vatikan, in: Die Interviews mit Papst Franziskus, 42-43.
266 Stephan U. Neumann, Vom Reform-Papst zum Konzils-Papst?, 492
267 Online abrufbar unter: ‹http://w2.vatican.va/content/francesco/it/audiences/2014/documents/papa-francesco_20140820_udienza-generale.html›: »Vi ringrazio anche per le preghiere e per le condoglianze per quello che è accaduto nella mia famiglia. Anche il Papa ha una famiglia. Noi eravamo cinque fratelli; ho sedici nipoti e uno questi nipoti ha avuto un incidente stradale: è morta la moglie, i due figli piccoli di due anni uno e di pochi mesi l'altro, e lui in questo momento è in stato critico. Vi ringrazio tanto, tanto delle condoglianze e della preghiera.«

268 Barbara Stühlmeyer, Wo Wissenschaft und Theologie sich treffen, in: Die Tagespost, 30. 12. 2017, 6 (Rezension zu: Gerhard Haszprunar: »Neue Antworten auf Hiob«).
269 Mitte Januar 2018 wurde Jens-Martin Kruse, der nach zehn Jahren in Rom neuer Hauptpastor von St. Petri in Hamburg wird, mit seiner Frau und seinen drei Kindern vom Papst zum Abschied in Privataudienz empfangen.
270 Zit. nach: ‹www.vaticannews.va/de/vatikan/news/2018-01/evangelischer-pfarrer--papst-eine-art-oekumenischer-primas.html›.
271 Online abrufbar unter: ‹http://de.radiovaticana.va/storico/2013/03/29/vatikan-sprecher_erste_pontifikatswochen_sind_lernphase_f%C3%BCr_alle/ted-678053›.
272 Zit. nach: Jürgen Erbacher, Ein radikaler Papst, 74.
273 Vgl. Daniel Deckers, Papst Franziskus, 40 f.
274 Jürgen Erbacher, Ein radikaler Papst, 43.
275 Vgl. ‹www.jlnarvaja.com.ar/›.
276 Jürgen Erbacher, Ein radikaler Papst, 95.
277 Nach einer stürmischen Familiensynode. Mit Elisabetta Piqué (La Nación, Buenos Aires), 7. Dezember 2014, in: Die Interviews mit Papst Franziskus, 180-199, 185.
278 Jürgen Erbacher, Ein radikaler Papst, 44.
279 Das römische Interview. Mit Franca Giansoldati (Il Messagero, Rom), 29. Juni 2014, in: Die Interviews mit Papst Franziskus, 116-127, 126.
280 Wer bin ich, ihn zu verurteilen?, in: Die Interviews mit Papst Franziskus, 28.
281 Werben um die Sympathie Mexikos, in: Die Interviews mit Papst Franziskus, 244.
282 Vgl. Jürgen Erbacher, Weiter denken. Franziskus als Papst und Politiker. Ostfildern 2018.
283 Vgl. Matthias Kopp, Franziskus im Heiligen Land. Päpste als Botschafter des Friedens: Paul VI. – Johannes Paul II. – Benedikt XVI. – Franziskus. Kevelaer 2014, 301-312.
284 Bernd Hagenkord, Methode Franziskus, in: DIE ZEIT, 30. 11. 2017, 11.
285 Vgl. Peter Fendel / Benedikt Kern / Michael Ramminger (Hrsg.), Tun wir nicht, als sei alles in Ordnung! (EG 211) Ein politisch-theologischer Kommentar zu *Evangelii Gaudium*. Münster 2014; Franz Segbers / Simon Wiesgickl (Hrsg.), »Diese Wirtschaft tötet« (Papst Franziskus). Kirchen gemeinsam gegen Kapitalismus. Hamburg 2015; Christian Bauer / Michael Schüssler (Hrsg.), Pastorales Lehramt? Spielräume einer Theologie familialer Lebensformen. Ostfildern 2015; Julia Knop / Jan Loffeld (Hrsg.), Ganz familiär. Die Bischofssynode 2014/15 in der Debatte. Regensburg 2016.
286 Matthias Drobinski, Des Papstes heiliger Zorn (vgl. Anm. 212).
287 Vgl. Erich Garhammer, Und er bewegt sie doch, 52.
288 Zit. nach: Christ & Welt, 11. 1. 2018, 3.
289 Chris Lowney, Franziskus – Führen und Entscheiden, 123.
290 Magdalena M. Holztrattner, Einleitung, in: dies. (Hrsg.), Innovation Armut, 9-14, 10.
291 Nancy Raimondo, Franziskus, der Papst vom Ende der Welt für die Welt, in: Magdalena M. Holztrattner (Hrsg.), Innovation Armut, 29-40, 33.
292 Pedro Bayá Casal, Nehmt weder Gold noch Silber mit, in: Magdalena M. Holztrattner (Hrsg.), Innovation Armut, 41-50, 44.
293 Vgl. Magdalena M. Holztrattner, Man muss den Spieß umdrehen, in: dies. (Hrsg.), Innovation Armut, 63-72, 71.
294 Vgl. Hans Zwiefelhofer, Dienst am Glauben und Einsatz für die Gerechtigkeit, in: Sievernich / Switek (Hrsg.), Ignatianisch, 657-669: Jean-Yves Calvez, Glaube und Gerechtigkeit. Die soziale Dimension des Evangeliums. München 1987.
295 Vgl. »Jesuiten, die seit dem Generalat von Pedro Arrupe ermordet wurden (1973 bis heute)«, in: La Bella, Gianni /

Maier, Martin (Hrsg.), Pedro Arrupe, 611-615.

296 Miguel Hirsch, Jorge. Begegnung mit einem, der nicht Papst werden wollte, 63.

297 Ebd. 65.

298 Leonardo Boff, Franziskus aus Rom und Franz von Assisi, 69; vgl. dazu Daniel Deckers, Papst Franziskus, 53-65.

299 Miguel Hirsch, Jorge. Begegnung mit einem, der nicht Papst werden wollte, 79 f.

300 Ebd. 82.

301 Ebd. 82 f.

302 Vgl. dazu Michael Hainz, Welttag der Armen und globale Strukturen der Sünde, in: Stimmen der Zeit 235 (2017) 721-722.

303 Vgl. Norbert Arntz, Der Katakombenpakt, 74.

304 Luigi Bettazzi, Die Kirche der Armen, 91.

305 Vgl. dazu Thomas Fornet-Ponse, Für eine arme Kirche! Der Katakombenpakt von 1965 als Beispiel der Entweltlichung (2012).

306 Luigi Bettazzi, Die Kirche der Armen, 100.

307 Norbert Mette, Nicht gleichgültig bleiben!, 14.

308 Martin Maier, Papst Franziskus und die Kirche der Armen, in: Holztrattner, Magdalena M. (Hrsg.), Innovation Armut, 123-136, 123.

309 Erich Garhammer, Und er bewegt sie doch, 139.

310 Norbert Arntz, Der Katakombenpakt, 26.

311 Ebd. 27.

312 Adolfo Pérez Esquivel, Vorwort: »Bergoglio trug dazu bei, den Verfolgten zu helfen«, in: Nello Scavo, Bergoglios Liste, 9-15, 12.

313 Werben um die Sympathie Mexikos, in: Die Interviews mit Papst Franziskus, 238.

314 Erwin Kräutler, Nur Mut!, 124.

315 Jürgen Erbacher, Papst Franziskus, 34.

316 Papst Franziskus, Mein Leben, 48.

317 Peter Frey, in: My Pope needs me! Fünf Prominente bekennen, warum sie Papst Franziskus gerade jetzt unterstützen, in: Christ & Welt, 9. 11. 2017, 5.

318 Rainer Bucher, Zuerst die Barmherzigkeit, 115.

319 Miguel Hirsch, Jorge. Begegnung mit einem, der nicht Papst werden wollte, 126.

320 Zit. nach: Christ & Welt, 11. 1. 2018, 3.